中国社会科学院创新工程学术出版资助项目

西藏哲学社会科学学人丛书

言说西藏的方式

郭克范 ◎ 著

中国社会科学出版社

图书在版编目(CIP)数据

言说西藏的方式/郭克范著.-北京：中国社会科学出版社，2020.6
ISBN 978-7-5203-6077-7

Ⅰ.①言… Ⅱ.①郭… Ⅲ.①西藏问题—研究 Ⅳ.①D677.5

中国版本图书馆CIP数据核字(2020)第065855号

出 版 人	赵剑英
责任编辑	任　明
责任校对	张依婧
责任印制	李寡寡
出　　版	中国社会科学出版社
社　　址	北京鼓楼西大街甲158号
邮　　编	100720
网　　址	http：//www.csspw.cn
发 行 部	010-84083685
门 市 部	010-84029450
经　　销	新华书店及其他书店
印刷装订	北京君升印刷有限公司
版　　次	2020年6月第1版
印　　次	2020年6月第1次印刷
开　　本	710×1000　1/16
印　　张	17.75
插　　页	2
字　　数	300千字
定　　价	88.00元

凡购买中国社会科学出版社图书，如有质量问题请与本社营销中心联系调换
电话：010-84083683
版权所有　侵权必究

目　录

写在前面的话 …………………………………………（1）

在西藏话题中建立中国论述 …………………………（3）
如今，我们如何言说西藏？
　　——穆戈《藏漂》读后感 ………………………（7）
何谓西藏？ ……………………………………………（9）
高原上的望果节（外一篇） …………………………（17）
仓央嘉措：另类的六世达赖喇嘛 ……………………（22）
根敦群培·知识分子 …………………………………（26）
根敦群培杂谈 …………………………………………（39）
霍康家族史略述 ………………………………………（54）
清代乾隆治藏特点评析 ………………………………（62）
20世纪上半叶西藏政事的现代性分析 ………………（72）
1923年九世班禅出走内地事件检讨 …………………（89）
从旧西藏的高利贷盘剥看民主改革的意义 …………（120）
西藏一九五九 …………………………………………（123）
西藏革命在中国人民革命中的意义 …………………（157）
西藏民主改革：被延迟的革命 ………………………（193）
曼陀罗：西藏发展的认识问题 ………………………（209）
毛泽东治藏思想漫谈 …………………………………（229）
西藏传统中受到忽视的一面 …………………………（241）
关于"西藏自古以来是中国的一部分"命题 …………（250）

"西藏问题"的议题设置 …………………………………………（256）
事过境未迁
　　——对美国总统见达赖的评说 …………………………（267）

编后记 ……………………………………………………………（275）

写在前面的话

西藏是一个巨大的话题；西藏一直就是一个话题。

西藏一直在被言说；西藏，其实一直不知如何去言说。2008年，成为言说热度的一个分水岭，拉萨"3·14"事件之后，西藏一时成了全球性言说的热点，北京奥运会火炬在世界各地的传递活动，更是把热点话题再次升高温度——以"自由"之名而行"独立"之实的"西藏问题"。在汹涌的言说大潮中，在出于各种不同目的言说的大潮中，西藏本身的言说难题却依旧被人忽略或者说受到掩盖。

就个人来说，认识到西藏是一个巨大的话题，认识到西藏话题存在着言说上的复杂性，经历了一个过程。

25年前，独自一人进藏之时，我对西藏的了解几近于零，连现在广为人知的"高原反应"这个词都没听说、不知道。五年基层工作的经历，主要是做行政文字的事情，走遍了那个县域的"七沟八梁"，很多鲜活的见闻，很吸引人。自己试图去了解、去理解、去找自己能够找到的纸面上的东西，去学。也试着写一些与工作没有多大直接联系的文字，当然谈不上"研究"二字。后来到了地区工作，看的地方就更多了。

前后一共8年。这段时光，不经意间见证了西藏从缓慢发展到快速发展的进程。

把"研究"作为职业之后，自己开始也并没有清楚地意识到更深的东西。关于西藏，看到的多了，读到的多了，想了一些，便有了不理解：简单的事理，有时被人弄得复杂不堪；复杂的事情，有时被人简单化地处理；把历史美化，把历史切割，在一些政治性的言说中比比皆是。一个阅读体验，阅读北京大学强世功教授的大作《中国香港：政治与文化的视野》，让我对一些问题看清楚了些。

强世功教授"把香港作为中国的中心问题来思考，将其看作是理解中国的钥匙","从当下的中国或未来的中国看香港",给人以深刻的启迪。2003—2007年,强教授受邀到香港中央联络办公室做研究工作,他对香港问题的思考,即展现在《中国香港:政治与文化的视野》一书中,这本书2008年首版于香港。2008年以来,香港发生了很多事情,这些事情发生的原因及其实质指向,都内含于强教授的分析之中,这让人感叹。

事实上,把香港置于一个重要地位的认识,可以认为来自毛泽东。1949年1月31日,苏共中央政治局委员米高扬到达西柏坡,中共中央毛泽东主席与他进行了多次谈话,其中谈到了香港、澳门、台湾、西藏,对于中国国内区域性的,但是又需要从全局上去认识和看待的问题,毛泽东就谈到这几处。准确地说,是三处,因为澳门问题与香港问题是可以并谈的。

这也是文献记载中,毛泽东首次专门谈到西藏问题。我想,台湾、西藏发生的问题,一方面是中国的内政问题、历史问题,同时也牵涉西方世界对华战略问题,准确地说,也是中美关系问题。要透彻认识西藏,也应该有强教授那样的眼光和见识,也需要做类似的研究。

我想,我可以做一点事情,就如何言说西藏提出一些自己的看法。

这里编入的文字,虽然主要写于"研究"生涯,但是远远谈不上是系统地去言说,更谈不上有多么深入,真正要做这样的研究,它们只能算是"前期准备";只是因为有了这点认识,借着这个机会,放在一本书里。

也就是说,以"言说西藏的方式"为名,把自己多年来写的一些文字,集合成一本书,本不在自己的计划之中;也就是说,有意识地围绕这个大题目写文章,还是操笔为文很久以后的事情,是距今还不是太远的认识。

写这些话的时候,时间已经到了2015年9月中旬。西藏自治区"五十大庆"活动、西藏自治区社会科学院"三十大庆"活动,已经告一段落。"五十大庆"活动之前,8月下旬,中央召开了第六次西藏工作座谈会。这次会议,总结提炼出了"依法治藏、富民兴藏、长期建藏、凝聚人心、夯实基础"的西藏工作重要原则,完整阐述了党的治藏方略。中央第六次西藏工作座谈会的言说西藏,有很多内容值得好好体味。

在西藏话题中建立中国论述

2013年3月9日，习近平总书记参加了十二届全国人大一次会议西藏代表团的审议，并发表了重要讲话。党的十六大之后，历届历次全国人代会，党的总书记都会到西藏代表团参加审议，习近平同志作为新任党的总书记，延续着这一通例。这一举动表明，新的中央领导集体一如既往地对西藏工作给予了高度的重视。如果我们把党的十八大对"道路自信、理论自信、制度自信"的阐述，以及随后习近平同志对于中国梦的两次重要阐述联系起来分析，这一举动还表达了另一层姿态意义：把西藏作为中国的中心问题来思考，将其看作理解中国的一把钥匙。

北京大学强世功教授2003—2007年受邀到香港中央联络办公室做研究工作，他在对香港问题以及通过香港对中国问题的思考中，鉴于研究者把香港问题简单化的状况，提出要"把香港作为中国的中心问题来思考，将其看作是理解中国的钥匙"，我这里借用了强教授的观点来认识。强世功感慨地说："如果说中苏论战中，我们还能用马克思主义理论为自己的生存方式进行辩护，那么，这30年来，我们虽然接受了另一套西方话语，但已经丧失了用这套话语进行自我辩护的能力，更严重的是我们在'与世界接轨'的过程中似乎丧失了进行自我辩护的文明冲突和政治意识。"[①]

这是全球化的时代，全球化给世界带来的重大变化就是对于时间和空间概念的改变：空间压缩了时间。这个世界上掌握着最大话语权的西方社会理论，已经成功地把历时性消弭到无足轻重的地步，成功地造就一个"共时性"的"全球化关键性认识"。似乎这个世界没有传统与现代的问题了，"全世界都是同时代人，都同样的现代，同样的后现代，具备同时代性"（甘阳语）。从冷战结束之际，现在流行的国际话语就在做着这

---

① 强世功：《中国香港：政治与文化的视野》，三联书店2010年版，第119页。

工作。在那些以"去意识形态化"名义宣扬的新自由主义意识形态攻势，在这个世界也在中国，成了吸引人的说法（因为它表面上似乎是在克服西方中心主义），并逐渐渗透到中国的国民心态之中。虽然自2008年以来，这个世界出现的，对于中国而言种种的活生生的反面教材，起到过一定程度的消毒作用，但是离扭转话语主导地位还有着不小的距离。在当前的国际主导话语下，国家的整体历史经验被切割了，导致了对于自身历史经验的摒弃；造成的后果十分严重：掩盖历史的具体过程，把历史割裂开来，甚至对立起来。

改革开放新时期的30多年时间里，我们党不断地提出阶段性目标，比如"翻两番""建设小康社会"，党的十八大也提出了"两个一百年"目标。在可以"到达"的时间里，提出这样的目标，有相当大的合理性。同时，我们还需要有更开阔的视野，具有家国情怀、天下胸怀，这是一个伟大民族应有的品性。这个"家"就是中华民族这个家。面对统一与分裂这一纠缠了中国百年的大问题，家国情怀、民族尊严，是强有力的凝合剂和感召点。中华民族的形成与发展过程，更是天下情怀的展现与实践。新中国成立60周年前后，在社会舆论上，在理论界，对于中国模式、中国道路的讨论很多，这也是寻找恰当的中国论述的努力。"中国梦"概念的提出和阐发，体现的是中华文明的自信，是党和国家的领导层自觉地发展出具有说服力的中国论述的努力。

习近平同志参加西藏代表团的审议，从姿态意义上，具有在西藏话题上建立中国论述的意义；实质意义上在西藏话题上建立中国论述，体现在习近平同志讲话中提出的"治国必治边，治边先稳藏"重要思想。这一思想，强调的是西藏在国家安全、国家发展中的地位，以及国家治理次序的思考；其中，更重要的是所蕴含的方法论，从中国看西藏，从当下的中国、未来的中国看西藏。

在这个时代，与西藏有关的叙事林林总总，似乎谈得越多，越让人看不清楚。我们在极短的时间里，经历着他人在极长时间内遭遇的困难。这是对于我们国家的一个基本认识，这一认识同样适用于西藏地区：生态平衡问题、社会稳定问题。强世功先生说，改革开放时期在精神层面上造成了一个后果，当年毛泽东主席这代领导人以坚定的政治自信，大手笔地处理西藏反帝反封建的重大问题，而如今，"西藏"竟然成为一个在国际上的问题。西藏的历史地位问题，虽然有过一些纠缠，但是在学理上实际上早就不是一个问题；而在经过许多扑朔迷离的时代风潮后，它竟然在这个时代成了在国际上被不断言说的话题。在西藏，社会稳定问题是有着特殊内涵的，本来我们已经成功地避免了、跨过去了，而现在又不得不再走一遭；谈论"西藏问题"，我们不得不一次又一次地清理那些关键性的概念、词语，它们要么被遮蔽，要么被抽象化，也有的被完全改造。

毛泽东同志关于社会矛盾运动的理论，用在国家治理上，强调的是在社会基本矛盾未发生根本性变化的情况下，要善于分析把握社会的主要矛盾和矛盾的主要方面，任何一个复杂的、大规模的社会体，不可避免地呈现出多种多样的问题和冲突，国家治理者如果四面出击，不分问题的轻重缓急，那么可以预见的后果只能是既无法解决矛盾，又有可能造成社会的混乱。简单地说，就是要具备对复杂系统治理中的问题进行有效排序的能力，同样"一筐子"问题，要解决它们，次序问题十分重要，不同问题解决的力度十分重要。

西藏社会的和谐稳定发展，是我们要努力实现的目标。实现这一目标，要看我们把其中的矛盾和问题放在多大的"筐"中，如果只是把西藏视为"筐"，解决问题的方法选择就难以脱出就事论事；我们需要把它放在中国这个"筐"中，这个"筐"中的一切，都是内部之物，它与整体的关系会有位置的不同，特点明显，部分与部分之间相比较的差异性，不是相互之间明确的"他者"界定标识，而是在为这个整体提供历史的多样性，增添文化的丰富性，是这个整体始终保持活力和创新动力的源泉。

我们党提出和谐社会重大理念时，提出实现中华民族伟大复兴的"中国梦"概念时，都是在中国这个你我共有的家园里，而且有意识地不设限制的边界，体现出中华民族特有的天下情怀。在这个范围之中出现的矛盾和冲突，是"之中"的"地方"之间的矛盾和冲突，是自己人内部的矛盾和冲突，也就是说不是民族国家中的民族问题。当然，西藏所面对的，有一个流亡分裂主义集团和支持它的西方反华势力，一些矛盾和冲突确实是"外部"势力挑起的，甚至是策划和实施的，我们一再强调的"做好自己的事情"，不是无视外部干扰破坏，它的落脚点在于努力消除外部影响的社会基础。

从历史的、当下的中国来认识西藏，更重要的，从未来的中国认识西藏，转变从西藏看西藏的思维惯性，把西藏视为中国的核心去理解中国。

作为方法论，我们其实已经做出过不少理论上的探索，建立人民民主的西藏，是毛泽东时代由构想变成现实的伟大成就。作为国家的一部分，表面上看起来，西藏地区似乎在这一进程中落后于国家的主体部分若干年（比如说民主改革、社会主义改造就是如此），如果考虑西藏地区长期历史停滞的状况，其跟上的速度是惊人的；何况，这其中还包含了凡俗人等更关注点在形式上的转变，不仅忽略了"未变"之中的"变"的必然性和趋势的增长，更忘记了思想观念上"变"往往滞后于物质层面的"变"，对于后者速度上的追求所造成的断裂，甚至要付出数倍于前者之慢的时间——还不一定能达到相应的效果。

20世纪80年代对于西藏特殊论的强调，在方法论上是一次严重的倒退。把自然存在的特殊性置于普遍性之上，"思考"的结果是，"左"的影响是造成西藏地区社会经济面貌改变不大的原因。对策是"没完没了"的落实政策，英雄史观大行其道，人民史观被置而不论。在一定程度上走到否定人民民主的新西藏的构建史上，即使在出现动荡局面之后，还是把责任推到"左"的咒语上，继续落实特殊人群的政策，在恶性循环之中走入几乎无法收拾的地步。

中央做出西藏的发展、稳定、安全涉及国家的发展、稳定、安全的论断，是在认识上把西藏放到更宽阔的视野来对待的重要步骤，而进一步的探索则是"中国特色西藏特点发展路子"观点的提出。从中国思考西藏方法论的建立，习近平同志提出的这一重要思想给予我们的启示很多，包括借鉴中华文明中国家治理的政治智慧，来建立我们自己的话语。古代中国治理国家的制度设计中，思考重心不在经济发展速度和管理效率的最大化上，总是追求以最大限度减少社会冲突和规避冒险性发展作为基本原则。

习近平同志"治国必治边，治边先稳藏"思想具有丰富的内涵，这里仅就其昭示的在西藏话题建构中国话语方面，进行了初步的解读。当然，建构中国话语还是一项重大的、处于"未完成式"的任务，需要社会各方面为之努力。

2013 年

如今，我们如何言说西藏？
——穆戈《藏漂》读后感*

我一直有一种看法：西藏这个巨大的题材并不适合于虚构。我在阅读马丽华以艺术化解说《芜野尘梦》为内容的长篇小说《如意高地》时，唯一感到突兀和别扭的，是作家自己自视甚高的关于"黑衣人"的虚构，甚至想，删去与黑衣人有关的所有文字，《如意高地》称得上是一部优秀作品。

马原在一篇随笔中，不解为何人们要把"八角街"说成是"八廓街"。其实很简单，八廓街是围绕大昭寺的转经道，如是名之，不过是藏语发音的译名，其意为"中转经道"（与大昭寺内的囊廓、围绕拉萨老城区和布达拉宫的林廓，构成具有象征意义的内、中、外三道系统），而不是可能令人望文生义的这条圆形道有八个角。我从马原的疑惑中推测，西藏之于他的创作而言，就是一个背景性存在，与西藏本身没有多大关联。

我曾经说过，这个时代，西藏在成为一个重要的话题，关于西藏的图书大有泛滥之势，而实际上，却又是关于西藏的好书匮乏的时代。如何言说西藏，一直就是一个难题。它总是被一些大词所笼罩，按作家阿来的说法，就是它被"形容词化"；而最为混乱不堪的，就是政治上的言说。

西藏是发现之地，西藏是感受之地。不是狂妄地发现西藏，而是对于自己的发现，在这个很难用褒或贬的表达来说明的大时代里，在这个热闹浮华让人难以静下来的时代里，发现自己，是有意义的；也许一直到21世纪初，在西藏，还存在着可以有所体会、有所感受的氛围。如是的写作，才是可能的，才是需要的，我以为。

作者把他费尽心力完成的《藏漂》一书寄给我，问我可否写点什么。

---

* 穆戈：《藏漂》，东方出版社2012年版。

我首先想到的，就是这样一些个人的想法。也就是说，散文化的写作才是合适的，哪怕是小说创作；也就是说，不要拘泥于故事的描写，对于所见所闻，需要有所舍弃，需要拉开距离。而对于作品本身，我很难做到"拉开距离"地看待，我不是合适的评价者。

作者在藏的数年，我们是邻居；这部作品却是自老李回京后开始构思与写作的。从初稿到出版这么多年，我算得上是过程的"大致的"见证者；书中所涉之人与事，其原型的影子有的知道一二，有的也全然不知。感受最深的，是作者为之巨大的付出。那么多年的时光，念兹在兹的，就在这部书稿的打磨上。现在终于出版了，为作者感到高兴的同时，还有更多的期待——我一直非常喜欢此前作者的那些富有哲理而又充满激情的文章。

大致上从1995年开始，也就是中央第三次西藏工作座谈会之后，新型支援西藏方式实施以来，西藏在以"加速度"的方式发生着巨变。听、读一些人关于西藏的谈话、文字，常常感到他们引用的数据和想表达的"现状"，虽然只是与所谈时相差了不过一年甚至不过半年的时间，也已经大大"落伍"了。有些变化，太快了未必是好的。曾对一位现在已经退休了的朋友感叹，有些方面还是慢一点好。看得出，朋友并没有明白我的意思。这种快速的社会变迁，在作者离开西藏后这些年，又上新的台阶了。如果近几年作者在藏，还能写出这样的文字来吗？我想大约很难吧，这不仅仅有年龄的关系。

2012 年

何谓西藏？

关于西藏，似乎每个人都有话要说，在这个说话便利的时代，很多人也确实在说。这也是出版业畸形繁荣的时代，关于西藏的图书也在大量出现。关于西藏，人们都说了些什么？人们又知道些什么呢？作家阿来说，西藏是一个形容词："西藏在许许多多的人那里，是一个形容词，而不是应该有着实实在在内容的名词。一个形容词可以附会许多主观的东西。名词就是它自己本身。但在更多的时候，西藏就是一个形容词化的存在。"[①] 作家范稳为西藏找到一个描述性的词——慢，他是指一种生活状态，从文化意义上说的，他说，慢是"一种负重，一种敬畏"，而不是有闲阶级所谓的雅。

什么是西藏？一直就是一个问题，现在仍然是一个问题。

在拉萨市，出租车、人力三轮车、个体经营的中巴车和各机关公用车、迅速增长的私家车，以及比较而言并不发达的公交车，共同构建了这座城市的交通系统。近十年内，拉萨城市面貌变化之大、规模扩张之快，对我们这些生活在这座城市的人来说，都叹为观止。现在大约不会出现这样的情形了吧：在拉萨搭乘中巴车，从西往东沿当热路行驶，车上的卖票人一路拉客人，多这样吆喝：拉萨！拉萨！意思是车是开到拉萨去的。这不就是拉萨吗？但大家一般不会产生疑惑：这里的"拉萨"是指以八廓街为中心的老城区。对一座城市如此，扩大到西藏，认识上的歧义丛生也就不奇怪了。

2003年6月23日，印度总理访华，与我国签署了《中华人民共和国和印度共和国关系原则和全面合作的宣言》，其中提出："印方承

[①] 阿来：《大地的阶梯》，人民文学出版社2001年版，第272页。

认西藏自治区是中华人民共和国领土的一部分，重申不允许西藏人在印度进行反对中国的政治活动。"可能有人还记得，当时国内媒体对之给予了很高的评价，说这是印度方面首次在外交文件中如是明确声明；而媒体之外的谈论就复杂些：对于西藏，印度政府从来没有公开反对过"一个中国"政策，但是这一点也没有影响其政策的两面性，这样一个多少有点"虚"的表态，又有多少实质性意义呢？正如大家所知道的，其两面性依然如故，达赖问题还是印度方面对待我们的一张牌。

引用这一段，我感兴趣的是其中"西藏人"的定位问题。在汉语表述中，"西藏人"可以视为在西藏自治区内工作、生活并有西藏户口的人，它不是一个族群概念。我想，中方之所以会要求印方在联合声明中做出这段表述，是希望印度方面能对"在印度从事反对中国的政治活动"的、我们称之为"达赖集团"的那些人有所制约。而这些人当中，相当部分并不是"西藏人"，而是来自西藏自治区以外的其他藏族聚居区。基本词语内涵的模糊，直接造成了表达上的困难——包括在外交文件中，我们是看不到使用"藏族"这一我们常用的族群概念的。

还可以举一点例子。在中央党校学习期间，学校安排大家到一些地方进行学习考察，与中青班的学员们不同，一年制西藏班的学员均来自西藏，也就是因为这个原因吧，我们所到之处受到的欢迎与热情接待，就有了更集中的含义，也有了别样的含义。各地的领导同志在致欢迎词中，多有"向来自雪域高原的藏族同胞"表示欢迎的话语，而学员中不仅有"藏族同胞"，还有其他民族的"同胞"。

实际上，在正式话语中，我们总在强调族群概念，似乎非此即不能体现对少数民族的尊重。其实不然。2007年党的十七大，胡锦涛同志在看望西藏代表时有一段讲话，在向西藏人民问好时，他用的词是"乡亲们"，而不是我们常见的"西藏各族人民""藏族同胞"，给人以深刻的印象。

那些鼓噪"西藏独立"的人，念念不忘的有一个概念——大藏区，他们在进行"理论阐述"时，有的人很坚持一点，就是把他们认为的大藏区一概名之为"西藏"。和平解放之后，西藏进行的区划调整，经历了一个过程，划分为现在的格局，与传统性划分有一致的地方，也有一些不同之处。如果"抽象"地看待这一结果，可以认为，同属国家领土，有什么需要去斤斤计较的地方呢。但是这一抽象方法实际上并不存在。达赖方面在这个问题上大做文章，纠缠于大藏区，"言外之意"其实很明显。不论是有意还是无意，对"西藏"内涵的不同认识，实质上已经包含了看西藏的方式问题。

可以做一点名称的考证。

西藏，在唐朝时期称吐蕃；元明时期称乌斯藏，"乌斯"即"卫"的切音，在藏语中意思是地望上中央，乌斯藏即卫藏，是当时对西藏的通称。清朝早期称卫藏，清朝康熙二年（1663年），"西藏"之名出现在官方文献上，《清实录·圣祖朝》卷九记载："康熙二年五月乙未，西藏班禅胡土克图故，遣使致祭。"有学者考证，这是官方文献中最早出现"西藏"的记载。"藏"者，乌斯藏之简称也，因位于全国的西部，故名之以"西"，这里并没有把卫与藏进行区分，而是采取统称的方式。在一些史书、研究文章中，也有分前藏、后藏的说法，前藏即"卫"，后藏即"藏"。

行政区域的设立与划分，最初时往往强调自然地理条件，讲"山川形便"；随着发展变化，中央政权会出于政治的考虑而在一定程度上打破自然条件的制约。

"藏区"作为一个地理概念是有其相对稳定的内涵的，如果作为一个政治实体，则是虚假的，也就是说，作为政治概念的藏区从来没有实际存在过。"藏区"在英语中与"西藏"可以是同一个表达，达赖方面也就借此把藏区作为一个政治概念来大肆鼓噪"西藏"问题，并能够左右相当一部分的国际舆论。

对于西藏的行政划分，从13世纪元朝中央政府行使行政管辖权时即已开始，元朝将藏区划分为三个行政区域：乌思藏纳里速古鲁孙等三路宣慰使司都元帅府（即现在的卫、藏、阿里地区）、吐蕃等处宣慰使司都元帅府、吐蕃等路宣慰使司都元帅府这三个平行机构，辖于总制院（后宣政院）下。

明朝时，按魏源《圣武记》卷五记载，"固始汗者，本厄鲁特部，于明季吞并东二部（即喀木、青海），以青海地广，令子孙游牧，而喀木（注：即康区）输其赋。其卫地则第巴奉达赖居之，藏地则藏巴汗居之。第巴……乞师于固始汗，剪灭之，以其地居班禅，与达赖分主二藏，尽逐红帽、花帽诸法王，事在崇德十年。"

清朝雍正年间，藏区各个地域的行政隶属关系大致确定下来。

1913年10月至1914年7月，在英国策划下，西姆拉会议在印度召开。其间，英国人麦克马洪以调解人身份提出"调停约稿"十一条，将西藏、青海、西康和甘肃、云南、四川的藏区统称为西藏，借用俄国制造的将蒙古分为"外蒙古""内蒙古"以分裂的做法，将金沙江以西称为"外藏"，让其完全"自治"，金沙江以东称为"内藏"，提议由"中藏共管"。中国政府代表拒绝在约稿上签字而会议破裂。就是这样一个不具备法律效力的会议文件，成了后来制造分裂活动的某种"依据"。而且在会议期间，麦克马洪私下与西藏地方代表夏扎·边觉多吉以秘密换文的方式划出一条中印边界东段的"麦克马洪线"，该线西起不丹边境，向东延伸到西藏、云南与缅甸接壤处，将门隅、珞瑜、察隅在内的9万多平方公里中国领土划归英属印度。

和平解放时期，具体说在昌都战役之后，昌都解放委员会成立之时，西藏的行政区划大致如下：拉萨地区、日喀则地区、江孜地区、阿里地区、藏北地区、昌都地区（包括昌都帕巴拉辖区、以丁青为中心的三十九族地区、包括察隅、波密、墨脱在内的波密地区）、工布地区（以太昭为中心，由噶厦直接管辖）、塔布地区（1954年前，与工布地区一起属于波密分工委领导；1954年合并成立塔工分工委）。其中昌都地区属于昌都解放委员会领导，日喀则地区的主要区域属班禅堪布会议厅委员会领导，1956年西藏自治区筹备委员会成立时，实际存在着包括班禅堪厅、昌都解委会、噶厦三个地方政权机构。

对于我们这个国家而言，西藏是一个什么样的存在？它是国家的一部分，是内在于中华人民共和国的。这应该是一个常识性的认识，不过常识不一定能够得到明确的认同。

2008年拉萨"3·14"事件之后，学界对于我们党的民族政策进行了反思，其中有一种观点是对以民族区域自治制度为核心内容的民族政策表示质疑，并用欧美、印度等国和苏联为正反例子进行说明，提出的替代方案是，"去政治化"，以"文化化"的手段来做中国的民族工作，表面看起来是有说服力的。但是，其中有一个重大的缺陷。

民族区域自治制度，初建于新中国成立之初，1957年中央在青岛召开的民族工作座谈会上，周恩来总理的报告对此进行了完整的阐述，实际上提出了这一制度的完整框架和基本内容，概括地说，就是民族自治与区域自治的统一，政治因素与经济因素的统一。我们现在实施的民族区域自治制度，理论构架上并没有超出它。为什么前30年，民族问题上并没有出现重大的问题，而在20世纪80年代后，问题不断呢？

有两个问题需要辨证。第一个问题是，对于成文法的迷信。谈论民族问题的时候（还有宗教问题），常常出现形而上学的方法，那就是认为过去我们没有民族区域自治法，从而对过去我们实行民族区域自治制度存疑；而在改革开放之后有了相关法律，如何如何。第二个问题是，政策实施过程中所作的策略性安排超出制度本身的做法的认识。那么，我们是否可以这样去看问题呢：理论上认识的基本到位与政策措施的背离是可能同时存在的。不能把实践中的背离归结到理论上出现重大错误。

对于民族区域自治制度，我们需要反省的是，在民族区域自治制度的框架下，我们提出并实施的政策措施，有哪些是不恰当的；如果要进一步探讨问题的话，那就需要全面把握时代特征，在此基础上不仅从理论上，还要从实践上进行创新。

回到开头作家阿来所说的话题。

只要你去关注，你就能像我一样，总是可以从各种媒体上读到类似这样的话语：西藏是一个神秘、神奇的地方。不惟普通的游客，也包括我们国家的高级领导人，刚到西藏，多会如是评价。也许在他们看来，这是一种赞扬。在青藏铁路通车之后，这样的认识也包含着旅游的谋划，说白了，就是一种眼前利益的过度关注。

西藏是一个形容词，更是一代代人累积造成的。

人们在谈论西藏的神秘时，多少会与藏传佛教特有的活佛转世有点关系，而其中，最为人津津乐道的是活佛转世中的种种神迹，其累加效应在强化活佛的光环，它已经成了这一特殊的制度中不可或缺的一部分了。活佛转世制度，从实行之初，主要的考量标准其实不是宗教的，而是经济的考量。宗喀巴被誉为藏传佛教改革的大师，是藏传佛教这一宗教体系的集大成并严格规范者，凡是有利于藏传佛法发展的东西，均加以利用，并进行合理性改造，而当他创立格鲁派时，兴起于噶举派的活佛转世制度，已经实行了100多年，但是一直到他去世，他都没有对这一制度表现出任何兴趣。他创立的是教主制度——甘丹池巴制度。对此，似乎很少受到重视。

从20世纪90年代初开始，国家鉴于活佛转世工作的混乱局面（也是作为一项与达赖集团争夺宗教控制权的斗争），依据历史上形成的成文与不成文制度，启动了活佛转世工作。时至今日，大大小小（政治影响力）的活佛也转了不少了，不管怎么说，一位活佛的转世，也是人们生活中的一件不大不小的事情吧，这就有相关的宣传报道。有意思的是，每每活佛转世报道中，我们都能发现对于作为转世者的种种神迹——好像没有了这些外在附着现象，转世者的真实性就要打折扣似的。

几年前，因事我到一座寺庙去，刚被认定为转世灵童的小活佛也在那里。我便听到不少人说，小活佛到达寺院之时，彩虹升起，令信众大为叹服云云。有一次我到墨脱县仁青岗寺去，当我们到达山顶能够看到寺庙后，我们发现了一个美好的景观，我们走到哪个方向，哪个方向就出现彩虹。陪同我一同前往的县民宗局领导说他到过那么多次，这种景象还是头一次看见。

在建立活佛转世规矩时，对于神迹的渲染，其实就是一种号召性的策略。策略变成"方略"，多半是那些大活佛们——比如达赖喇嘛、班禅额尔德尼、热振、策默林、第穆、济咙、德珠以及像噶玛巴等——他们的经师、伴读，或者生前交往密切人员的功劳。大的活佛去世之后，一般会在较短的时间内编撰出他们的传记，这些写传人不约而同地渲染传主的神奇之处。

大活佛们写自传的很少，个别写自传的也多会回避笼罩在他们头上的多彩光环，而五世达赖喇嘛阿旺罗桑嘉措是一个例外。在历世达赖喇嘛中，第五世享有很高的地位，这与他所处的历史环境有关，格鲁派掌握西藏地方政权即在他的时代完成；置于藏传佛教历史中看，五世达赖喇嘛也可以称得上是最卓越的学者之一。他在自传中毫不隐晦地讲述了那些所谓的神迹，现在读来都很有意思。

在被认定为五世达赖后不久，"在为我举行的宴会上，有一个自称为第巴的耳聋的家奴负鼓敲打，我抛掷朵玛，表演一些平常的节目。因此，有人议论说：'这是遍知一切索南嘉措和云丹嘉措抛掷酬神食子的习惯动作。'如果演此小技者皆为活佛，那么世间的活佛则多不胜数了。噶居巴将前世达赖喇嘛用过的佛像和念珠拿出来让我看，我并没有说认识这些东西的话，但是他出门后说我都认识，是完全可信的转世。所以后来我学经时，每当我不努力时他就悔恨地说：'那时你并没有认出前辈的用品。'"——里面提到索南嘉措、云丹嘉措，分别是第三世、第四世达赖喇嘛。

作为达赖喇嘛，那时他的住锡寺是哲蚌寺，五世达赖到哲蚌寺甘丹颇章坐床后，僧俗人等都会来请求活佛加持，"其中稍一疏忽，没有把手放到蒙古人格敦嘉措的头上，他便心中犯疑，以为是自己以前伤过云丹嘉措大师的心，又没有筹备礼物呈献的缘故，于是再没有请求加持，便以披单掩面，羞愧而退。在色拉孜布地方，他向仲尼嘉雅巴、强林然坚巴、达普温布达曲等人讲述了上述情况，（对我是云丹嘉措的转世）万分信服。实际上那一天不止是格敦嘉措我不认识，在场的人我没有认识的。吉雪夏仲意云请求加持时，说：'我是托果南杰'，企望我会因此说认识他，但我只是想：'这个像地方首领样的人是谁？'并不认识他。"

一次，"在朝拜大昭寺各佛殿时，我的孩子稚气未消，没有说任何祈愿的话。在来到外围巡礼道边时，从街市跑出一头骡子，从我的右边穿过去了，有些人说这不吉利，得做经忏法事，还有人说是退敌咒语起作用的结果。看来这只是骡子受惊而已，没有什么吉凶可言。"

"由于我经常居住在（哲蚌寺）洛色林扎仓，在经会之间也很清闲。我说：'在谈话之外，我应该怎样读经呢？'察巴噶居巴回答说：'我亦无能为力。'他看了我一眼，说道：'你想要像上师八思巴那样学经，这怎么能做到呢？'我开玩笑说：'我将来的成绩并不比众生怙主八思巴小。'格敦达杰等人后来听到此话，说：'这是预知未来的言语。'实际上有感怎能不言呢！"

"图巴台吉主仆请求我去蒙古地方，回想以前的事（指拉尊哇等请求他去青海之事），我不禁落泪。蒙古的汗王们说我这是回忆起索南嘉措和俺答汗会晤的情形所致。又有人说我这是预见到他们一行返回蒙古时土默特被察哈尔王攻灭而落泪的，这是我在内地时，班智达鲁易坚赞所说的，此类无稽之谈加进上师们的传记中，并没有什么益处。"①

不厌其烦地摘录这些，是因为这些记述已经说得很清楚了，无须我做"进一步"的阐释。

2010 年

---

① 分别见五世达赖喇嘛阿旺洛桑嘉措著《五世达赖喇嘛传》，陈庆英等译，中国藏学出版社 2006 年版，第 44—45、51、54、58 页。

高原上的望果节（外一篇）

一

一次完整的望果节大体上是这样的：

以一个特定的场院作为整个活动的起点，以浑厚的寺院法号作为召唤，在浓浓的桑烟中，僧人、村民、歌手、骑手被召集到这场院之中。场院中放着供桌，上面供放着供品饰物，环绕它成弧形排列的是僧人，前面是两位主持宗教祈祷活动的喇嘛，他们用低沉的声音、整齐的音节颂祷着；僧人队伍的后面是面向他们的两排男女歌舞者，他们边唱边跳，歌舞的热烈程度远不及日常的活动——在仪式举行过程中，着装醒目的九位骑手将乘着马来到这里，他们下马之后就加入这支队伍；后边是更大的成半圆形站列的男女村民。

祈祷、敬酒（僧人除外）、献哈达……在整个过程中时间最长，伴随着的是长号、中号、钹做出的乐声，僧人、村民均着最干净、最漂亮的服装，背着经书，手中拿着麦穗、花枝或其他自然生长的绿色植物。

由僧人、村民、歌舞者、骑手的秩序排列以顺时针方向绕行寺院一周，至"吾康"殿时再祈祷。

然后，进入广阔的田野，依旧是以顺时针方向，出民居，绕行等待收割的庄稼地。中途吃一顿午饭，直到下午五点左右回到出发地。第一天就此结束。

第二天活动的主角是骑手们。人们早早就准备好饮食、坐垫桌椅、娱乐工具来到举行骑射表演旁边的林卡之中。骑射活动有三个内容：马术、射箭、跑马拾哈达。先后有7次比赛。

活动结束，人们回到林卡中娱乐，热烈欢快的果谐也开始登场。娱乐活动整整持续三天（或更长）。尔后，农事劳动便全面开始。

望果节的内容对每一个乡村而言都是不尽相同的，上面的描述只是我在桑耶村看到的望果节，而其他乡村许多内容就不一样了。

二

扎囊沟的望果节就比桑耶村简单多了，转地头与骑射活动、民众歌舞均在同一天举行，没有僧人队伍。

在桑耶沟桑甫村见到的望果节是分天举行。过程略有区别：第二天骑射活动之前，有一简短的祈祷仪式。规模小得多。

在扎塘村我见到的新的内容是有藏戏表演。

只有细节的差别，没有本质的不同。这是我在藏南腹心地带农区见到的望果节的感受。

三

"望果节"的字面意思是"转地的节日"，每年开镰收割前几天举行，没有固定的日子。一般以村为单位，是农村除藏历新年的又一重大节日。

据历史记载，望果节起源于雅砻地带（今山南）五世纪末布德贡杰时期。后随历史的演变，先后染上了苯教、宁玛派、格鲁派的色彩。

时间的流逝在这块土地上给人以缓慢之感，但变化依然可见。节日的宗教色彩在销蚀（纯粹的宗教节日不在此列），日常世俗的欢庆越来越占据着主导。

四

所谓日常生活，在传统农业的背景下，一般是指随节令而耕作、收获而休憩，是日出日落中的炊烟；是周而复始的出生、抚育、成长与死亡；是寻常的眼神与动作——是规范化的生活，以日、月、年为节奏而不是以小时、分秒为节奏的生活。

那是一种宁静而沉寂的流程，而节日不是作为点缀而是作为本应具有的形态醒目地插入日常生活之中。它带给人的除轻松娱乐功能外，也带来了对于日常观念的暂时颠覆，通过年复一年的举行得到强化——也产生消解。

作为望果节的观者，有两点不难体会：生活的戏剧化（表演化）、时间的多重化。

戏剧化也是仪式化，那是节日必不可少的内容，具体存在于骑射、一定程式的转圈、桑烟、服饰装扮及其他一些物什上的节日安排。这个时候，流水式的生活发生了某种程度上的退隐，"狂欢节"上升为主导形式。规矩、烦恼、辛苦劳作、对明天的筹划等与狂欢不相一致的一切离开舞台，进入观众席中。你可以看出，舞台上进行着的是艺术形式。

对时间畏惧、耿耿于怀是题外之义，与狂欢节本身无涉。

五

大大小小的宗教节日、民间节日在西藏难以尽数，其来源有两类：一是通过某个或某些关键人物或是事件而形成，有规范和秩序可以寻找；一是由"规范"的解释相异或是在操作过程中为"适应"而增减内容、因记忆偏差而相异，更多的是民间因天、人、事予以附会而成，对于这一类，无法以脉络清楚、分类了然、价值分明的形式来分析。

唯有望果节才能称为西藏核心地带农区的狂欢节。狂欢节是一个中性词，正确的理解不应带有褒贬感情色彩。它与其他仪式典礼最大的不同在于，它不由群众之上的人物和机构来组织和决定审美导向，它由群众自己举行，每个人就在其中，每个人都是主角。它主要不是体现在开始部分的仪式之中，而在后面的依据自由法则所产生的活动里。在这个范围内，没有乞求，没有神秘主义和虔敬行为。

1996 年

外篇：目睹农耕仪式的举行

这是 3 月 16 日，我在桑耶寺做调查，有幸目睹了桑耶村村民举行的开耕仪式。

在桑耶寺外围，有桑耶村两个生产组的村民同时举行这仪式，二者相距不过百十来米，我选择了紧靠桑耶寺外围墙的一处去观看。

我到来的时候，仪式已经拉开了序幕，煨桑之烟浓浓而起。村民们还在陆续走向指定的地点，他们背着装有青稞酒和供物的藤编背筐，背着柏枝，到了的人们将一小捆的柏枝放在燃堆旁，取出一部分放到燃堆上，然后洒上青稞酒，撒上糌粑，并向立在旁边的石头供上糌粑。

这是一块已经初耕过的耕地，地里已经送上农家肥，一小堆一小堆地堆放着。

地的中央有一条形藏桌，上有"切玛"和供品，其前立着一个挂上了绘有坛城的唐卡的"特薪"；供品桌后又是两张并排着的条桌，桌后一排垫子上坐着的是桑耶寺的三位喇嘛、村里的一对青年夫妻，另一排垫子上坐着的是两对"金童玉女"——听一起来观看仪式的地区民族宗教事务局的班觉老人讲，挑选小孩有规定，必须是父母双全、属相相同而且有一定年龄范围内的，垫子上的这几对男女均着干净崭新的全套藏装，与其他人的随便着装形成醒目的对比，套上轭具和经过装饰的四组牛在地旁悠闲地立着。

村民们依次向诵经的喇嘛、向今天的几位光彩照人的代表敬酒与酥油茶，向所有的人奉供品（青稞和熟食）；好客的村民也端着铜质酒坛，走向我，并献上了表示祝福的哈达，我也以同样的心情回敬吉祥。

都到齐了，围成一圈坐在耕地里，只有主持仪式的人在走动，还有一个往燃堆上添加柏树枝的人守候在香味四溢的浓烟周围。这是一个晴朗的日子，这里没有高声喧哗，各种声调不高的话语声、诵经声、燃烧声混合在一起，嗡嗡而成一片平和的气象。几个小孩子以其童稚的方式表达他们内心的高兴，绕着跑着的是温驯的狗——等待序幕的结束和高潮的到来。

主持仪式的几个人，向人们敬献一遍切玛之后，向四组开启春耕首耕的牛喂上饮食，在牛头、轭中系上哈达。然后，"首席主持"将"特薪"

拔出来，立到地边，那对青年夫妻执锹将肥料堆拨散开来，那么，首耕就开始了。

持"特薪"者走在最前面，捧着切玛和酒器的年轻夫妻随后，再就是"二牛抬杠"式的四犁相继而耕，男孩掌犁，女孩播种，如此象征性地耕播三圈——人们就坐在圈子里面。这就是仪式的高潮与收束，以后的内容属于歌唱。桑烟仍在以持久的姿态升起。

这是在雅鲁藏布江北岸，两年前，我曾在江南的河谷深处的雪拉村，见识过春耕的收耕仪式，那就要简单得多。

撒下最后一把作物种子，整好最后一片耕地，卸下犁，双牛的轭具还在——耕地承包到户了，同一个村子，不再需要统一的时间大家一起来做收耕仪式，谁家先干完谁家就在结束的那一天，在最后播种的地块举行。

在四只牛角上涂上早已准备好的青油，在轭杆中间的楔子上涂上酥油，再在四只牛角上涂上酥油。洁白的瓷碗里盛有漂亮的酥油花，倒上青稞酒，给劳作了一季的牛儿喝下，再给它们犒赏糌粑饼。就这些。

然后几个人随便坐在地边埂上，轻斟慢饮，相互唱起祝愿的歌，他们知道我这个旁观者不会饮酒，同意我只做一下表示。我坐在一块石头上，看那两头并驾不散的牛悠闲地反刍。是下午，太阳已经失去了日中的强烈，走向温柔。

在县里工作，总有一些机会生活在乡村那些可敬的村民中间，也就能时常目睹对于我来说属于别样的仪式，我就从这些点点滴滴的观看中，开始我对这片土地的理解。在这里，劳动是一种歌唱，仪式也成了歌唱的一部分，仪式庄重而不沉重，已经融入了日常生活之中，成为习惯。只有我这个旁观者，对之一往情深，生怕错过每一个细节。

1994 年 4 月

仓央嘉措：另类的六世达赖喇嘛

西藏历史人物中，第六世达赖喇嘛仓央嘉措是知名度很高的一位。仓央嘉措的高知名度，与其说来自他的达赖喇嘛身份，不如说是因为他的另类特点。

现在我们说仓央嘉措是第六世达赖，不会有人提出异议，但是在历史上却是有大争议的。一度享有第六世达赖喇嘛之名的，包括他就有三位，还有益西嘉措、格桑嘉措，都出现在他之后。

这与仓央嘉措身处多事之秋有关。

第五世达赖喇嘛阿旺洛桑嘉措去世（1682年）之后，当时的第悉·桑结嘉措与蒙古和硕特部汗王发生了权力之争，当然还有其他方面的原因，桑结嘉措隐瞒了第五世达赖喇嘛去世的消息。后来康熙发现了五世达赖喇嘛去世的情况，对桑结嘉措进行了严厉的斥责，桑结嘉措承认了五世达赖喇嘛确实早已去世的实情，并声言其转世实际上早就着手进行了。

史料记载，第悉·桑结嘉措在五世达赖喇嘛去世后数年，便派了两名心腹到各地去寻访其转世，只是公开的说法是寻找其他活佛的转世。1685年他得到门隅地区达旺寺的喇嘛、管理达旺一带事务的错那宗（宗相当于县）的宗本（相当于县一级的行政官员）的报告，在遥远的门隅有一个灵异的孩子。他曾两次派人查看，秘密认定为五世达赖喇嘛的转世，下令将其秘密迎请到错那宗，不过，错那宗本对这一命令发生了误解，实际上以软禁的方式将其监控在错那宗。

1696年，仓央嘉措作为转世的身份分层次开始向社会公开；1697年被请到浪卡子地方。次年由第六世班禅为之剃度受戒，尔后送到拉萨，在布达拉宫完成相关仪式。也就是说，仓央嘉措差不多是在成年时才仓促登上达赖喇嘛之位的。

西藏地方的权力斗争，在仓央嘉措成为达赖喇嘛之后依然没有和缓。

身处高处，或明或暗的斗争都绕不开他，在这种情况下，仓央嘉措逐渐失去对于佛教经典的学习兴趣，甚至说："我没有接替上世去宏法正道的愿望。"1702年，他不仅拒绝接受比丘戒，还向班禅退还了以前所受的出家律义和沙弥戒。①

此后，他便穿上了俗装，开始了"放荡"的世俗生活。游玩于拉萨老城区、龙王潭、沃卡、琼结、贡噶等地。白天，大多带上一帮年轻侍从在龙王潭游玩；夜里，住进市区自己喜欢的女子家中。应该就是在此前后，他开始写作抒情诗作——在他"离开"之后的岁月中，那些情歌在民间、在僧侣中间广为流传。

此时，权力斗争出现了重大变化，和硕特汗王处死第悉后，对仓央嘉措的行为表示了强烈不满。汗王先想借助护法神之口废黜他的达赖身份，没有成功。最后于1706年时，宣称他不是五世达赖喇嘛的真正转世，要把他请到蒙古地方去。

临行之际，哲蚌寺的僧人把他抢到寺里与汗王对峙。他进行了劝阻，只身回到蒙古人军中。此后上路，到了当雄地方时生病，仍然带病前行，抵达青海湖时，病情加重而去世。见于文字的说法，带有浓重的抒情色彩，他"消失在风尘中"——后人据此演绎出了充满怀念之情的《仓央嘉措秘史》。

在他被宣布为假达赖后，重新寻找六世达赖喇嘛的工作开始。或者是幸运，或者是不幸，哲蚌寺僧人益西嘉措成了第六世达赖喇嘛。这里需要说明的是，这个时候，达赖系统转世认定方式还处于完善阶段，没有后来逐渐发展出来的一整套仪轨和历史定制——不过虽然没有金瓶掣签这一体现中央权威的仪式，但是在整个过程中确实体现了中央的权威，只是方式有区别而已。

益西嘉措的达赖身份受到权力斗争另一方的质疑，成为又一位牺牲品，不久之后取消了他的这一身份。

这时，格桑嘉措作为达赖的候选人身份开始出现，后来得到了清廷的认可，颁发了金册金印，名之为第六世达赖喇嘛。整个事件完全平息之后，才逐渐将他视为第七世达赖喇嘛。

所以在正规的达赖喇嘛世系中，第六世就是仓央嘉措，益西嘉措不再

---

① 牙含章编著：《班禅额尔德尼传》，西藏人民出版社1987年版，第66—67页。

被人提及，格桑嘉措是第七世。

仓央嘉措是一位杰出的抒情诗人，有人直接称之为"情僧"。在他的时代，当一名世俗诗人而不是一位道歌者如米拉日巴，是与他的身份极不相称的异数，难以见容于正统人心，传统正史采取的态度是回避；也因为他的身份，受到了一些容忍，而他的诗作，却主要靠民间传唱的形式流传。

其中有一首因为被赋予了转世指点的意义而被载入正史，就是那首关于白鹤飞到理塘即返回故乡的诗作。史书阐释说：当时无人能解其中含义，后来在理塘找到转世（即格桑嘉措），于是人们才了解到这是他的预言。

诗作中提到了琼结达娃卓玛，那是一位感动过第五世达赖喇嘛的女子。听说了，便成为一个符号，仓央嘉措将她作为感情寄托的代表，寄托了体会的、思考的有关那些美好女子的情怀——正是因为他的一篇诗作的提及，现在"琼结达娃卓玛"成了一个具有广泛意义的符号，一次次进入歌唱，一次次进入书写的文字。甚至还有人强作解人，"坐实"确实有一个仓央嘉措时代的年轻女子琼结达娃卓玛，甚至演义出伪传说。

除了佛教阳面之作，那些时代其他的作品是没有作者之名的，但仓央嘉措的未堂皇载之于籍的诗作，却有着署名。流传之中便出现了添加、假托，仓央嘉措为人们提供了一个借以流传的平台。这也使后来的"考古"者们对于版本的甄别议论纷纭。真的有那种必要吗？有时我想。更何况，缺乏对人心理解的判断又是那么令人不快。

与仓央嘉措的"风流"联系在一起的还有黄房子。拉萨一些市民的房子有涂为黄色的，传说就是他曾经去住过的女子之家特有的。

作家韩素音1975年时来到拉萨，希望能够看看黄房子，但她没有看到，没有了。我不知道是什么时候重新出现的，在八廓街的主道和支道，在城关区娘热乡的某处，现在又可以看到黄房子了。它们被赋予了浪漫的内涵，成了一个醒目的文化符号。

仓央嘉措尽可以"风流浪荡"，在动荡的世情面前闭上眼睛，但他却不能拥有一座属于自己的房子、一个家庭，虽然他已经退戒，自以为已经还俗。如果那些传说是真的，那么黄房子是否可以视为一种别样的家呢？

"不要嘲笑仓央嘉措风流浪荡，他与凡人所追求的，没什么两样。"我想，理解还是有的，最普通的理解往往最接近事物的真相。

数百年争议不休的仓央嘉措，最出乎意料的当为出生地所属的争议：他是出生在中国西藏地方还是出生在印度？

他出生的具体地点是没有争议的，那就是门隅地区的达旺地方。

人们应该可以理解，20世纪90年代，当我在一本英文刊物上读到一篇西方人写的有关门达旺的游记时，那种强烈的不快。他写道：门达旺是仓央嘉措的出生地，他是唯一一位出生在印度的达赖喇嘛。

正如很多人知道的，仓央嘉措的出生地，现在处于所谓的"麦克马洪线"以南、印度实际控制区内。包括达旺在内，中印边境东段印度实际控制区，是一片广大的区域，有九万多平方公里。主要围绕这片区域，有1962年的中国对印自卫反击作战，有新中国成立以来延续至今的中印外交纠缠。很多人可能注意到中国政府在诸多外交场合使用的一个词：民族感情，在处理领土争端问题上必须要考虑到民族感情因素。我想，对于仓央嘉措归属问题就是一个重大的牵涉民族感情的问题。

人们应该同样可以理解，当我得知，在2009年11月，达赖喇嘛第十四世"到访""印度阿鲁纳恰尔邦"的门达旺，并认为那里也是印度的领土时，那种油然而生的愤怒。

如果让我相信活佛转世在理论上是可以成立的，如果让我相信达赖喇嘛这一活佛系统中的每一位在"佛理"上就是同一位的话，我无法调和这其中的"同一"关系。有人曾经如此调侃地解释：这就是为什么第十四世达赖自称为"印度之子"的原因！

20世纪90年代，我有事到错那县去。县城处在一个大坝子中，海拔超过4000米，四周是山体，我们去了位于山腰上的一座小寺——贡巴孜。当时我并不知道它与仓央嘉措的关系，寺庙的主持对我们说，当年六世达赖就是被"软禁"在这里的。就是在那儿，仓央嘉措度过了一段与世隔绝的日子。

我曾经长久地站在寺外，看着阴沉而寒意深深的大坝子、环立的雪山，想象他年轻的、风中站立的姿态，在贡巴孜、在哲蚌山下、在消失前的风尘之中。

2010年

根敦群培·知识分子

在沉寂了几十年后,根敦群培的形象逐渐浮出水面,俨然有形成一股强劲话语之势。

与许多历史人物及事件不同,根敦群培是以其学术感召力和现实的借鉴作用成就其形象的,这大约也就是这一话语成立的现实必然性之所在。在现今,还有一种话语在知识界占据一个醒目的位置,那就是所谓知识分子话语。根敦群培话语目前还有地域与领域的局限,但其扩展的趋势当可预期:他的学术成就虽然主要在藏学领域,但他的学术成就与知识分子情怀具有很强的超越地域和领域的辐射可能,必将为藏学以外的人文关怀者所重视。在知识分子话语范围之内谈根敦群培话语带有挑战性,也可以说,这也正是当前谈论根敦群培话语的价值和现实意义所在。

就个人而言,对根敦群培的关注是与对其他几位历史人物的关注一同产生的。在我检视自己所学时,一部不平衡的藏族史[1],凸显出松赞干布、宗喀巴、仓央嘉措、根敦群培四位人物形象来,他们均为其所在领域的第一人,亦是最后一人。这对一部延绵长久的民族史、地方史来说谈不上是一件幸事,但无论如何他们在自己的时代都是以不同的挑战者姿态出现的,直到现在,这种形象依然鲜明;对了解、熟悉这一历史的人们而言,他们是不同类型的英雄式的存在,赢得了不同人群的敬仰。即如根敦群培,他的知识分子品性、他的文风与学风[2]已经融入传统,成为后世学人宝贵的精神借鉴资源,这对于缺乏知识分子传统的西藏而言意义尤为重大。根敦群培这一形象作为有价值的参照系的存在,怎么评价都不为过,而且随着时间的推移,这一形象的力量将会越来越突出和重要。

---

[1] 或者说作为历史在其相关内容和清晰程度上的失衡,比如过分关注宗教史并难以摆脱神话色彩,对于民间社会生活形态和经济史的忽视。

[2] 在知识分子话题中,根敦群培杰出的学问和成就倒是其次的问题。

在得知杜永彬先生从事根敦群培研究的消息之后，我是十分关心的。当他的研究以《二十世纪西藏奇僧——人文主义先驱更敦群培评传》[①] 为书名于 2000 年 1 月由中国藏学出版社出版后，我是首批读者之一。客观地说，在读完全书之后，既高兴又有不少遗憾。高兴的是我得以了解更多（也可以说更完整）的根敦群培的生平事迹，作为国内学者所著的第一部根敦群培研究专著，其开拓性价值功不可没；遗憾的是在体现根敦群培许多亮点的地方，作者浅尝辄止，未能深掘，在行文上也多少有一些芜杂和重复。这也是我不想单纯地写一篇书评的原因。写作本文之初，我拟的题目是"根敦群培与知识分子"，后来发现局限性太大，勉强改成现在这个样子，意思不过是在知识分子话题之下，从根敦群培谈起，拓开一些，希求把问题阐述得更清楚一些。

一

根敦群培一生极富传奇色彩，但生平并不复杂。1903 年出生于今青海省南部的同仁县[②]，其父为藏传佛教宁玛派一位小活佛；1920 年进入藏传佛教格鲁派六大寺之一的甘肃省拉卜楞寺；1927 年赴藏入格鲁派最大的寺院拉萨哲蚌寺学习；1934—1945 年游学于南亚；1945 年年底返藏；1946 年 7 月在拉萨以莫须有的罪名被捕入狱；1949 年年底获释；1951 年藏历八月因病去世，终年 48 岁。他生活的年代几乎刚好与西藏近代期相始终；那个时期，西藏社会出现了若干松动的迹象，中世纪状态开始酝酿自身否定的变动，但这种变动的力量仍然十分薄弱，与守旧的力量相比还处于不堪一击的地位。

自 15 世纪藏传佛教格鲁派的创立，或者更晚一些，自 17 世纪中叶政教合一的甘丹颇章地方政权的建立起，影响及于近代的藏文化精神指向开始定型。其意义不仅在于一个占压倒性地位的藏传佛教教派的形成，更在于通过宗教整合在寺院系统和民间系统中树立了强有力的精神统治地位。人们宗教成就的体现，并不在于宗教实践，自然更不在于通过知识的理解

[①] 名字的汉语异法，通行的是根敦群培，杜著译为更敦群培。
[②] 在人文地理上，根敦群培的出生地和随后学习之地的甘南藏区属于安多地区，而以拉萨和日喀则为中心的西藏腹心地带被称为卫藏地区。

以形成一种改造的力量,而在于宗教知识的掌握。宗教学养的高低与宗教地位的获得与否成了衡量个人在社会上成就大小的尺度,特别是对那些不属于大大小小的活佛系统的学人而言——因为宗教系统之外几无学人的立足与成长之地,此"学人"可直接置换为"学僧"——换一种表述,就是其时在具有"为知识而知识"的传统的同时,并不存在"对客观知识负责"的深究态度。在一个庞大的体系面前,学人只是从中汲取并有所取得、有所记述与阐述,而不是予以发展和突破。宗教通过政权的力量体制化之后亦在僵化,蒙蔽着生活之眼;知识通过无处不在的仪式化内容在取代着宗教哲学的内容,并与实际生活发生严重的背离。进入西藏近代,藏传佛教自身的危机已越来越突出地表现出来:与世势变化隔膜,与实际生活过分疏离,其不适应性开始外在化。

藏传佛教属大乘佛教,而对形式的追求使之背离了度人的大乘精神。不论是否明确作为一个出发点,利己成了宗教界人士的实践基础,一旦延展到利他的层次,都逃避不了为己之利之势的指责,即使有一些利他的形式上的表现。这实质上可以归结到制度化因素上。

那个时代知识者与政权的关系方面,政权掌握实施者除了从寺院系统的上层产生外,主要从规模极为有限的僧俗官员学校毕业生中选出,能进入这种学校的学生的身份资格是有明确要求的,即制度所限定的利益集团,其学习内容是实用型的(官场实用型)。由于这些制约,学习不可能允许也无须有现代政治经济理念的影响,培养出来的有知识的从政者,难以有忧民伤世的思想和人文情怀。宗教文化的整肃并一统天下,以及与政权的结合,封闭了创新之门,抑制甚至扼杀着社会的生机。

有这样一句经典的表述:"政治是经济的集中表现。"工商业的发展也确实能导出新的认识萌芽的产生和壮大——而这一转换过程所需要的初始条件和延伸条件在旧西藏均无从谈起。既无基本的工业,其商业又充满浓厚的殖民色彩和"官僚集团"色彩,没有具有自由身份的市民阶层,没有相关的在政治和社会接受上的理论代言人。

这就是根敦群培所处的历史背景和时代背景,甚至无须察看事实就能明白:他的言行既没有社会氛围的支持甚至宽容,更没有引为朋类的同行者,他的探索与批判立场的建立只能是个案性的,他的成就在自己的时代不可能得到公正的对待与认识,生前连从学理和立场上论辩的回应者也没有,只有"暗箱操作"式的压制与迫害。

回到知识分子话题本身。客观地说，任何一种文化传统都有其两面性。同是两面性，有模棱两可的，也有有所坚执的，包括藏文化在内的中华文化属于前者。① 正如有的论者所论及的，中庸之道加上"文字游戏法"，中华文化在与问题相遇之时由于有对面面俱到的顾虑，常常使问题提出之时就受到了消解，而且历史的积淀和惯性在形成让人浑然忘之的话语权力摆脱不开的制约，这自然会对知识分子的形成带来消极影响。这是在大文化系统下知识分子问题的一个方面。

知识分子还有其自身问题的另一面。作为一个有着相对特殊利益和地位的群体，他们在实际生活面前有意识地保持距离，无根无系地寻求他们自己也未曾厘清的所谓价值中立，对制度化的一些立场、观点采取与价值相关的态度似乎有辱其洁，这实质上不是批判精神的体现，因为这其中并没有批判，只有无端的拒斥；而对欧美知识界揄扬的某些话语不加批判地予以认同，甚至自动解除批判意识，并以此作为其评判的价值标准。这种知识界的在"为学术而学术"名义下的拒斥与接受态度，至今未得到有效的清算。

知识分子概念谈论得太多，已经失去了共识性，勉为其难地下一个定义成了愚蠢的行为。不同立场的人使用这个概念，坚持的是某种观点的倾向性，对歧见丛生的词来说，这不失为一种有效的方法。我选择的知识分子属性有以下三点：怀疑精神、独立人格、责任意识——之所以不将批判精神、前瞻性归入其中，是基于这样的理由：怀疑精神是在一种牢固根基上的怀疑体现，其实践体现就是批判性活动，前瞻性也就展示在其导向的深度里和成果上，无须重复。

二

在神权统治的封闭性地区，在世俗学校教育几乎不存在的地区，出现现代意义上的知识分子，可以称之为奇迹。追寻这奇迹发生的过程，看他如何在一个有悠久传统的停滞社会中突围出去，批判地审视自己的"母体"，是值得一试的。

---

① 鲁迅先生有言："中国人自然有迷信，也有'信'，但很少'坚信'。"可为一种注解。

杜永彬先生在根敦群培研究专著中，述其人生历程时是按照根敦群培生活之地为标识的，我仿此方式进行。

安多·热贡时期（1903—1920年），即其家乡生活时期。

这一时期最有价值的部分我以为在两点：一是性格因素；二是受到宁玛派与格鲁派的双重影响。杜著有意无意地忽视了前一点，读者只能从其幼年即被传说为一活佛转世、随父学经、7岁时其父病逝中略加推测。作者只以"幼年时代所具备的先天的遗传基因"这样一句有神秘色彩的话语笼统带过，在后面的评述中也只是略微探讨了其学术偏爱与行为方式的幼年影响。

这一时期，根敦群培主要在宁玛派寺庙度过，最后两年左右进入格鲁派寺庙学习。虽然在以后的岁月里他未再专门修习宁玛派经典，但他幼年扎根基的学习给他提供了第一个比较因素。格鲁派宗教观的基点是"缘起性空"，悟此即可"成佛"；而宁玛派则认为体认"明空赤露之心"即可成佛，故"清静圆满"之心乃佛性之所在。同样是悟，前者注重的是层递性，讲逻辑推导，是一种知识论的悟；后者更多地带有伦理学色彩，讲求豁然开朗，此即所谓渐悟与顿悟之别。二者既相区别又有联系，它们的宗教哲学观从本质上说都是拒绝偶像崇拜的，只是格鲁派对修习次第的重视[①]，带来对经典的重视而另开出偶像崇拜。根敦群培从本质出发，日后从经典的正确性判别标准中以格鲁派僧人身份导出"心即是佛"的结论，批判性种子其实早已孕育其中。

安多·甘南时期（1920—1927年），也就是拉卜楞寺时期。

这一时期备受关注的是他的离经叛道行为：在辩经活动中，"用逻辑推理而不是引经据典的方式"而出奇制胜；"以反对体现嘉木样的佛学观的'教材'的方式"嘲弄辩经大法会。恰白·次旦平措先生在评述这一点时分析指出："他对因明学的思想做到彻底理解和正确掌握，对各方面的知识都有自己的思考和出色的分析，形成自己独特的见解……"[②]

这一时期，与在当地传教的美国基督教牧师交往，使他有机会接触到英文和基督教，形成又一重可资比较的参照系。属于"五明"之一的工

[①] 针对当时佛教界缺乏秩序和规范而导致混乱局面和颓势，从其新宗教观出发，宗喀巴在创建格鲁派的过程中提出了重修习次第和戒律的主张，并不带有偶像崇拜色彩。

[②] 恰白·次旦平措等：《西藏通史——松石宝串》，陈庆英等译，西藏古籍出版社1996年版，第957页。

巧明，对于修习佛法的人而言，并没有多大的实用性价值，也并不要求他们以一门技术来对待它，但根敦群培却是以实际操作的态度来对待，这自然不同于普通匠人的态度，他于无意之中闯入了一种与现代文明相关的领域。从他后来的表现来看，最迟在这一时期结束前，他表现出了对于诗艺、绘画的良好的天赋和扎实的基础。一位具有艺术家气质的学人，其敏感之心在压抑的氛围中容易表现出率性而为的反抗姿态，如仓央嘉措；这种气质也决定了根敦群培不可能成为教条式的学究性人物，良好的天赋和不受禁锢的个性使他敢于怀疑，在他人视为理所当然之处发现问题。

卫藏时期·上（1927—1934年），可以称为哲蚌寺时期。

根敦群培在拉卜楞寺的言行已使他难以继续在彼立足，可能他也感到在那个环境中不会学到更新更多的东西了，在赴藏前他曾这样宣称：

作为一只布谷鸟，留在乌鸦当中有什么用！

当时像哲蚌寺这样的格鲁派大寺院，每一扎仓甚至大的康村同时也是一个颇具实力的经济团体，有自己的牧场溪卡，有的具有自己的商号，但其收益分配鲜能及于普通学僧，而且根敦群培又无"良好"出身（如贵族子弟，有自己经济支持的活佛），在这种情况下，他以自己杰出的绘画才能得以有了生活上的保障，对其独立人格的发展不啻为有效的保护。

在哲蚌寺，他顺理成章地进入了招收安多僧人的果莽扎仓鲁本康村。由于在学经制度、学术传承上果莽扎仓与拉卜楞寺关系密切，都是以曾任哲蚌寺堪布、拉卜楞寺的创建者第一世嘉木样活佛为宗师，根敦群培在学业上可谓驾轻就熟，也使他更有可能看轻并"挑剔"经典。在多次辩经会上，他常以脱出常规的方式获胜，并令一些大学者尴尬。其时已经出现了对根敦群培两种截然相反的评价，一方面是对他的言行予以责难，甚至施以人身打击；另一方面是认为他"将是一位佛法道行圆满的圣人"，这其实是他自身矛盾的外在表现。他是从更高层次上来看待佛教，批判性地审视经典和佛教在西藏的表现形态。像当年同样来自安多的宗喀巴一样，如果客观条件允许，他未尝不可能对藏传佛教有所革新和重新规范而成为一代佛教大师，但客观条件已经不可能如设想的造就，假设也就不可能实现。

> 我熟悉佛经的基本要点以及对这引进要点的注疏，但是，这不实践，要这个格西的称号有什么用呢？它只不过是一种毫无意义的称呼而已。

根敦群培看透了知与行的关系，二者处于断裂状态，也就明白了求知的无意义，当机会来到，便决然地抱着求新知的态度开始了在藏的考察活动，接着即赴南亚。

南亚时期（1934—1945年）。

自14世纪后期宗喀巴的西行意图未能实现后，西行之路几告中断，进入20世纪，藏人赴印等地之路已经打开，但已经与所谓后弘期最初二百年蔚成大观的"求法"之因无关，西行的人们多是基于政治和经济的原因。可以说，数百年后，根敦群培是不关政治经济原因而西行的又一人，但有一点重大的区别，那就是杜著中所指出的由"求经"向"求知"的重大变化。

进入异域，那是佛教的发源地，但是佛教已经衰落，他感触最深的是迥然不同的生活环境和距离效果所产生的对西藏的新认识，在1936年1月的一封信中他这样写道：

> 我对卫藏已不感兴趣，真希望回到自己的家乡，但是没有钱，我很悲伤。金钱，只有它才是世界的主宰。

对根敦群培这一时期的作为，我借用杜著中的综述：

> 在印度、锡兰等南亚国家生活12年，更敦群培不仅掌握了英文和梵文、巴利文等语言工具，而且几乎走遍了南亚的山川，考察了名胜古迹，对印度、锡兰的历史、语言、宗教、民俗等进行了深入研究，发表了一系列著译作品，……还受到印度文化和西方文化的强烈影响，思维方式和价值观念都发生了重大变化，……离开西藏时，是僧人、诗人、画家和学者，他返回西藏时，已经是一个精通印藏的学术大师和抛弃佛教神学史观的人文学家了。

最后几项参照系完成的同时，涉猎广泛（包括最能招致非议的性学而有深邃之见的学术成就，暗示着根敦群培作为知识分子的完成。

杜著中提到根敦群培在"摩诃菩提学会"的刊物上用英文发表过一篇"论述六世达赖喇嘛仓央嘉措的生平"的文章，可惜的是看不到对这篇文章的详细介绍。我以为，一位异端性人物对另一位类似人物的评价中是可以看到一些有用的思想分析资料的。

处在社会转型时期，他虽然没有社会政治变革的具体文章传世，但他在印度时与"西藏革命党"人士的关系[①]，同时代人记述下来的他的言行，其鲜明的社会革命性倾向是确实的。在神权统治条件下，他的进步性体现在与同时代主张维护和守旧的学人的比较之中。

卫藏时期·下（1945—1951年）。

开始撰述体现其新史学观的历史名作《白史》，只写了吐蕃时期松赞干布到芒松芒赞这一段即遭厄运；死后出版不因袭成说且在正统藏传佛教界引起轩然大波的佛学著作《龙树〈中论〉奥义疏》。他本该有更大的学术上的收获的，却因政治原因而以所谓伪造藏钞罪被噶厦政府逮捕入狱，狱中生活给他以毁灭性的打击，出狱后不久即迎来了西藏的和平解放，但却走到了生命的尽头，与他所向往的新生活擦肩而过。在某种意义上可以说，一个时代以一个背叛这个时代的人的结束而结束。新的时代在许久之后才有条件和可能给予他公正的理解。

三

赛义德（Edward Said）这样看待知识分子，他们是"有倔强性格的彻底的个人，而最重要的是，他们须处于几乎随时与现存秩序相对立的状态"。[②] 我把它当作根敦群培的一个注解。我想补充说明的是，根敦群培作为知识分子不完全在于其桀骜不驯的个性和广博的知识，而在于他对知识系统的不盲从，努力去寻根问底；在于其对"不言自明"的所处知识界观点的不迷信：

[①] 与梅·戈尔斯坦《喇嘛王国的覆灭》一样，杜著中并没有提出令人信服的证据而以可能性下结论，肯定根敦群培是"西藏革命党"的成员，似有轻率之嫌，但问题的本质不在这里，形式上的加入与否并不是最重要的，重要的是根敦群培的社会变革倾向。

[②] 赛义德：《知识分子论》，单德兴译，三联书店2002年版，第24页。

>现在所有的藏族学者，当听到"非有"、"非无"的教言时，首先询问此教言的宣说者是谁，倘若此教言是某位藏地昔贤说的，就把说此话者诬蔑为愚笨的断见者。倘若认出此教言是由佛和龙树等宣说的，于是就辩解说：佛所说的"非有"是实有之义，"非无"是于世俗中非无之义，以达到与自己的欲望相吻合的目的，以便弥补其言辞的漏洞。

——针对学者们对经典言论一心进行的阐述，这无疑是一种有力的批判：对某些言论放弃追问是否合理有效，先予接受，再行寻找合理与正确的论证；相反，仍采取相似的态度，不过是从反面发出嘘声，蛋中挑骨，以势压人。说到底，是认识论与方法论上缺乏学养而少自己的独立见解。

根敦群培话语揭示出了诸多命题，比如学术批判与深度捍卫的关系、知识分子与伪知识分子的关系、知识分子与爱国主义的关系，等等。与鲁迅先生相似，他具有开阔的思想与远见，不是从单纯的学术和艺术创作观点来从事艺术创作活动，从未放弃自己的启蒙立场和"匹夫"责任，[①] 抱着"哀其不幸，怒其不争"的态度来揭露和抨击本民族所处时代的种种弊端。

在根敦群培之前的本民族学者的著述之中，我们大多可以读到这样表白的文字：此书、此文受何人所托、所请而写云云。除了其时人们更注重的是文字之外的社会性名望外，应当还与人们的探究学问的知识性淡漠、"述而不作"的凝固性传统以及知识者自身对学问体制的融入认同而失去问题意识有关。在这方面，根敦群培有着针锋相对的另一番表白：

>我写此书既非大人之命，也未受曼陀罗之重礼，更非任何人之重托，而是出于一颗怕失掉知识宝藏之心。

在谈到艺术创作时，他在自己的知识传统面前首倡此说：最重要的是专注，思想必须被所要创作的对象完全吸引住。道出的是现代意义上的方法论，更是现代意义上的认识论，深究才有可能有所发现并意识到更深的

[①] 比如他从南亚返藏途中对门达旺地区进行地理考察和文物考古，用学术实践和成果来证明"麦克马洪线"的非法性。

东西,这一思想也体现到他的学术撰述之中。我以为批判意识的产生有两种途径:专注以求其深,比较以求其真。前者是与个人性格有关的方法论,后者除了个人的自觉外,还与个人可能涉入的领域相关。而批判意识最可能的指向是启蒙意识,如果不是狭隘地理解启蒙的意义,那它其实应体现到泛文化现代性展开的全过程。

如前所述,根敦群培时代的藏传佛教已经发展到了自身框架的尽头,而社会的封闭之门已经出现了可乘之隙。得风气之先的少数先觉者以或隐或显的方式发出了"西藏向何处去"的悲观问句,其实更核心的问题应该是"藏传佛教向何处去"。无论如何,已渗透到社会方方面面的宗教思想仍在支撑着这个无可挽回即将衰落的宗教王国。回过头来看,其时宗教问题可简略地归结于理性与信仰的问题,诚如汪丁丁先生所言,信仰有双重涵义,一是指通过理性或经验论证所获得的"确信",另一是指完全不求诉于逻辑合理性而仅凭情感的托付所生出的"虔信"。其时知识阶层对宗教本身的态度是虔信,理性态度从来不可能成为一种共识,而当根敦群培执着以理性态度来对待宗教及其衍生社会现象时,其异端色彩不见容于其时也就不足为怪了。

20世纪下半叶,藏传佛教发生了重大变化,从制度上实行了政教分离,纳入社会主义制度的框架之中,佛教在西藏社会经济生活中的全面控制作用大幅度退隐。这是藏传佛教在社会适应性上的一大进步,但是这种转化并不是出于藏传佛教界的自觉自愿,而且藏传佛教自身并没有随之进行相应的调整和改革,宗教的神权意识仍然存在,如发生在20世纪80年代的宗教狂热行为和骚乱活动就是明显的表现,虽然这其中有我们政策执行上失误的原因,有达赖分裂主义集团的渗透和鼓噪的原因。我以为,只有当藏传佛教真正成为一种世俗宗教,其关注的领域退回到宗教伦理、宗教哲学,那么藏传佛教的社会、时代适应性才能得以建立,那才是藏传佛教的真正新生。

就研究根敦群培的价值,多杰才旦先生提出了他的看法:

> 根敦群培从佛教神学史观转向人文史观,从以神为中心转向以人为中心的启蒙思想,具有划时代的意义;更敦群培在藏族学术史和启蒙思想史上的地位和影响相当于国学大师王国维和法国的启蒙思想家伏尔泰……

根敦群培的作品是一笔宝贵的藏学遗产，他的学风和文风应当继承和发扬，他对待藏传佛教、传统文化与现代文明、民族文化与外来文化的态度，值得我们总结和借鉴。

我的看法略有不同，根敦群培的价值主要是作为在藏学的若干领域"第一人"和作为具有鲜活生命力的传统的一部分提出了可供借鉴和开发的人文哲学资源的价值。由于他过早辞世和其著作未能及时汇集整理出版，他的"人文史观"转向、"以人为中心"的启蒙思想并未起到启蒙作用（时隔几十年后，人们有理由期望它们发挥迟到了的启蒙作用）。在他离开人世后，他的思想并未成为借鉴的资源，而是马克思主义在改造社会的过程中通过教育、灌输、普及等方式而成为强大的思想资源。而且与王国维、伏尔泰的比较也有不确切之处（其实鲁迅先生更具有可比性），王国维在弃世后，在当时知识界的影响是持久而深入的，并以此带来其地位的评价；伏尔泰的思想直接影响着欧洲资产阶级革命，而根敦群培则是寂寞的，非独学术之路上的寂寞、生活之路上的寂寞，更有身后的寂寞和长时间的不被理解。他的文化遗产鲜有被发扬光大的，他的文风和学风、他对藏传佛教的态度等方面响应者和实行者可谓寥寥。

四

鲁迅先生当年曾指出："其实中国并没有俄国之所谓智识阶级。"（《华盖集·通讯》）用现在的话来说，就是当时中国并没有俄国那样的知识分子阶层。在中国，先生是最早具有知识分子意识的人，他企盼的是一个知识分子群体，他失望于当时知识者阶层的状况，在数处论及知识者阶层的地方，大多采取的是讥讽与不屑的态度。

一般而言，作为一种社会力量的世俗知识分子的形成应具备两个条件：经济上的相对独立与思想上摆脱神权的束缚。社会责任也罢，批判性也罢，知识分子在一定程度上还表现为一种独立人格。见闻所及，多数人是从启蒙价值观上来谈论知识分子的，这也是我的立场所在。历史的惯性顺势而下，知识分子在哪里呢？

世界在变小，联系在加深，享乐主义的声音已然表现出存在的力量来，这是以全球化（globalization）现象为标识的。市场工具的普遍接受与运用，使全球经济形态难以泾渭分明地以国家和区域为界限，而是呈现出你中有我、我中有你的交融形态，并通过多边贸易规则、金融及其衍生工具予以强化；现代交通和通信事业的发达，特别是电子网络的出现，使电子信息技术深度地进入人们的生活之中，在从根本上改变着人们的生活方式。全球化正在形成一个全球体系，从这个角度而言，世界在成为一个没有"他者"（the others）的世界，而它所催生的是人们对特殊性、地方性和差异性的深刻认识。特别是在大文化领域，对差异性的重视导致两种理论后果，即标榜合理性（rationality）的多元性存在的后现代主义和与之对应的理性立场。[1]

当物质主义和冠以"后现代主义"名目下的各种解构思潮、平面化、技术化主张在我们之外的世界和我们所处的世界开始形成并逐渐演变为趋向的时候，知识分子概念悄然地发生着令人不安的革命性变化：当这种西方意识形态隐藏得很深的外来思潮进入我们的知识界，知识分子在貌似最具批判性的面目下，以多元化的前卫姿态取代了批判功能。这里有两个并不久远的例子：一件本来不难辨别事情原委的围绕小说《马桥词典》所作的文章和文章之外的表现中，一方面人们远离文本，竭力"事件"化，玩弄着低级的文字游戏，消解是非，在形式上大做文章；在1999年北约对南联盟的轰炸中，人们除了看到以美国为首的西方充分展示的两面性，看到强权真理逻辑外，代表社会良知的西方知识分子的表演，从本质上宣告了后现代主义所谓价值中立的破产，这对服膺于西方文化的国内知识界是一个巨大的警示。

"当知识的活动变成仅仅是谋生的手段时，知识分子便被局限在他从事的职业范围之内，看不到自己所做的事情与更广阔的社会和历史有着怎样的联系。职业化首先带来专门化的压力。"[2] 这种压力无论存在与否，也不论存在大小，正在变成一部分知识者规避知识分子责任的借口。如果说一部分人是因为世故，或是因为力有不逮，或是二者兼而有之，那么另一部分人就是可以塑造的，他们还带着梦想的翅膀和才华在漂浮着，还未脱去稚气的铅华，最终他们中会有人能够坚实地走。

---

[1] 这两种立场的出现还有更深的政治、经济背景，后现代立场要维护的是对一些国家和经济集团有利的游戏规则，并力图将之衍化为他们所期待的国际秩序；打破这种国际舞台上的单方面有利的游戏规则，寻求公正合理的国际政治经济秩序则是后者所追求的。

[2] 赛义德：《知识分子论》，单德兴译，三联书店2002年版，第24页。

我的希望是一个群体在尽可能短的时间里显露出一代知识分子的面貌来，毕竟，我们遭逢大时代，迎接和推动不能缺少了人文关怀，不能没有知识分子这一翼的作用；而且施展才华的舞台已经搭好，大时代是造就人的时代，只要付出了努力，无论成绩和贡献大小，都是值得的。

2000 年

根敦群培杂谈

2001年是根敦群培（1903—1951）去世50周年，再过两年就是他的百年诞辰。笔者从9月份开始重新阅读根敦群培的一些著作和相关论著，采访了他在拉萨的亲人，对根敦群培及其亲人曾经生活的地方做了一点实地考察。这篇文字也就是在读书笔记和访问记录的基础上整理而成的，既有相关史实的补正和叙述，也有一些个人粗浅的体会与认识，还有一点超出"学术体"的文字，文章名副其实的"杂"。

曾经有人这样评价意大利诗人但丁：他是中世纪最后一位诗人，是"新时代"的第一位诗人。从这个角度评价根敦群培，应该更为复杂。在20世纪中叶，西藏发生的那次规模宏大的历史转折，现在可以看得比较清楚，在主要的社会指标上标明了两个截然不同的时代；至今才过去半个世纪，给人感受是那么久远。根敦群培不是旧时代的"诗人"，而是新时代的第一位诗人，他属于新时代，虽然他在新时代的曙光初现之际已经离去。正因为他的存在，那个时代的距离感不再远得好像是一个童话，他身上带着那个时代给予他的痛苦的烙印。激烈的时代变迁和大踏步的前进，在不同的层面上必然会有不同的表现，读者诸君中如有在最基层生活经历者和用心体会者，不难感受到旧时痕迹的大量存在；而主要生活在机关、城镇，只是浮光掠影地看几眼基层人生活的，可能更深刻地感到的是现代文明形态在西藏的立足和迅速发展。说这些，意思很简单：在更深的意义上，我们具有与根敦群培同样的思想背景和社会背景。

一　相关史实的叙述与补正

"西藏革命党"

从根本上说，旧西藏是一个不容忍别的政治组织存在的社会，根敦群培以所谓"西藏革命党"分子的因素而受到迫害不是什么不可理解的事，虽然他的被捕并不是以此为罪名；但在20世纪40年代后期，噶厦所关心的事情远比这个问题大得多，邦达饶嘎等人的这一组织并没有形成一种能够左右西藏社会变化的力量；如果没有其他因素的影响，根敦群培也许根本不会发生后来所遭遇的事件。关于这方面已有过不少的论述，《西藏文史资料选辑》第三辑上有当时国民党政府驻藏官员陈锡章的遗作《西藏从政纪略》，为"西藏革命党"这一组织提供了另一角度的资料，邦达饶嘎"因在拉萨失意，避居印度之噶伦堡……蒙委会聘他为联络员"，1946年沈宗濂与两名西藏代表（僧官扎萨土登桑培、俗官扎萨凯墨·索朗旺堆）及达赖之兄嘉乐顿珠经印度飞往南京，特别是后者的秘密离藏，"英人认为是沈的政治胜利"而对与中央方面的关系极为关注。邦达饶嘎的活动情况传到拉萨后，英方对促成噶厦采取行动起了主要作用，根敦群培的被捕也就顺理成章地得到合理的解释了。

手稿问题

根敦群培从南亚回西藏时所带回的及回藏后所写手稿的下落，至今仍是众说纷纭，现在出版的根敦群培的几种文集都不是他手稿的全部。其手稿本来一直放在"旺丹边巴"（其住所）的，入狱后被赤江活佛拿走。关于这方面的问题，杜永彬的专著中有具体的说明。关于赤江，次旦玉珍说根敦群培在监狱时，她常到噶雪巴家去，有一天次旦玉珍听到噶雪巴对噶雪巴夫人说了些什么，噶雪巴夫人哭着说："不可能，我不相信。"对这件事她一直没有对外界说过，只是心中有一些怀疑。还说在他出狱后，有一天次旦玉珍告诉根敦群培说赤江仁波钦来了，他说："算了，别理他。"关于噶雪巴，她说他每次来见根敦群培时都是五体投地地拜他，她的评价是噶雪巴为人虚伪。根敦群培去世后，她遵嘱将那只存放手稿的铁箱子送到霍康先生家时，里面已经没有什么东西了（后来这箱子被为根敦群培送终的弟子"娘绒朱古"买去作为纪念）。

根敦群培之死

根敦群培去世的具体日期，说法有几种，现在为大家认可的当属为其晚期弟子的霍康·索朗边巴先生的记述，"作者逝世的准确时日……以原存放于居民委员会，后来归还的笔记中找到了清楚的记载"（文章中没有记载笔记的内容），并以印度噶伦堡报刊载的从电台收到的消息为佐证，[1]

---

[1] 霍康·索朗边巴：《作者生平简介》，载《更敦群培文集精要》，中国藏学出版社1996年版。

当为藏历第十六饶迥阴铁兔年（1951年）八月十四日下午，也就是说在公历的9—10月。现在出现的问题是一些论著中直接将其处理为公历的8月14日（杜永彬著中也是倾向如此）。为了说明这一问题，可以举一点例证：1951年5月23日"十七条协议"签订后，中央人民政府代表张经武一行数人，经印度到达中印边境亚东，会面达赖喇嘛后先期到达拉萨，到达拉萨的日期是1951年8月8日，随张代表自香港乘机先行到印度的有"十八军联络部部长、在北京参加和谈的随中央人民政府主要工作人员阿乐（乐于泓）同志，藏文藏语翻译彭措同志和我（郝广福）……建议张代表让中央专门为他指派的刘医生同机先行。但张代表拒绝了……先走的人员要尽量减少，这样行动方便"。① 也就是说，先期随行人员中并没有医生；1951年9月9日十八军副政委王其梅率领的十八军先遣支队到拉萨举行入城仪式，并绕行八廓街；② 10月26日十八军军长张国华率领的入藏干部和部分部队进抵拉萨，2万多人举行欢迎大会。这表明，如果根敦群培是在1951年8月14日去世，那么张经武代表派医生为他治病一事在时间上就难以解释清楚，虽然我现在查不出究竟医生是何时到拉萨的，但其中的时间差距显而易见。2001年9月25日笔者在琼华女士的陪同下到拉萨市纳金路次旦玉珍老太太家采访，老太太提供了一个有说服力的证明，她说根敦群培见到过进藏的人民解放军，听到他们唱"三大纪律八项注意"时拍手说："我的老乡来了。"她还说经常听到根敦群培说到张国华、张经武等人的名字，只是不知道说的是些什么内容。

关于根敦群培的死因，其妻次旦玉珍认为是被毒死的。有关口述情况杜永彬著作第151页有记载，需要补充的是：在噶雪巴家居住期间，有一天下午至晚上，来了三个人，除噶雪巴之子（实际上是过继的其兄弟之子）外，另两名英国人一为电工，一为报务员福克斯。他们带了一瓶酒，说是来请教藏文方面的问题，根敦群培当时感到有些害怕，不让次旦玉珍离开；他们起劲地劝酒，他喝得多，他们喝得少，当天晚上即出现了呕吐现象，手和嘴唇都黑了，而且他本人事先就有不好的预感。她和亲人们怀疑英人有可能是下毒（放蛊）。其亲人一直认为这是导致根敦群培之死的

---

① 郝广福：《在张代表身边的日子里》，载《西藏文史资料选辑》第9辑，民族出版社1999年版，第49页。

② 见平措旺杰《回忆西藏和谈及其前后》，载《西藏文史资料选辑》第14辑，民族出版社1994年版，第11页。

直接原因，至少是其中之一。他去世的地点是噶厦农务局（索朗列空）所在地"噶如厦"（现在的拉萨市八廓南街 96 号）。① 噶如厦正门朝西，当时根敦群培住在北面三楼，其斜对面有一家做象牙骰子的蒙古人，女儿格吉央宗就在这家当小用人，她说她从帮佣家的窗户可以很清楚地看到根敦群培，去世前，根敦群培的脸已经肿了，变黑了，经常从窗户里往外看；在这座房子的八廓南街对面就是噶雪巴的住宅，次旦玉珍说噶雪巴常在其居所隔街喊根敦群培"格拉"。我了解其葬礼是这样的：用的是木轮马车为他送的葬（当时还没有轮胎车），哲蚌寺派了很多僧人（是不是他当年求学时的果莽扎仓鲁本康村的僧人，次旦玉珍说她不清楚）来为他送葬，出殡时有僧人为他作法事，吹法号，尸体放到马车上后围绕八廓街转了一圈或半圈，当时周围煨了很多桑，按说规格还是很高的。次旦玉珍未跟随去送葬，她记得根敦群培去世前，曾经常说到他在安多的姐姐。

遗产

有两层意思，一是其精神遗产，这方面他的思想至今还没有得到有效的整理与发掘，除了其生平事迹的介绍外，他的著作大多还无法见到可靠的译本，他在国外以外文发表的文章在国内也很难读到，国内藏学界的研究还显单薄和不足，国外对根敦群培研究的成果也介绍甚少。他的影响至今主要仍局限于一个很小的范围内。从地域而言，成就根敦群培的是在卫藏地区，即使他在国外长达 12 年的人生经历，并未对当地产生实质性的影响，他最杰出的学术成就和悲剧结局也发生在这里。也许人心的纪念是最大的纪念，这可能就是在这个"五十周年"里几乎听不到在大的层面上纪念声音的原因之一吧。这对讲求弘扬优秀传统民族文化的时代多少是件憾事。从现在可以阅读到的根敦群培的著述来看，我以为它们是中华文化中弥足珍贵的遗产之一。

二是其身后是是非非以及对其亲人的生活的影响。评价和纪念，我以为有人比我更有资格和能力来做这件事情；之所以勉力做这件事，既是出于个人的热爱，也是出于一种怀念的心情。根敦群培成就惠及后人之处很多，从恰白·次旦平措先生等撰写的煌煌史书《西藏通史》，从曾经与根敦群培有过纠葛的夏格巴·旺秋德典的《藏区政治史》，便可见一斑，根敦群培短短的未成稿《白史》得到了他们多处的引用和高度评价。笔者

---

① 编者 2015 年注：拉萨市现在已经在此地建起了根敦群培纪念馆。

在读过一些过去的藏族史学家写的史学著作后，对霍康·索朗边巴先生对《白史》写作方法上的高度评价深有同感。他对年代、事迹的考证，对神话与历史的区分，即使在今日仍具有重要的教育和借鉴意义，它们体现的是真正的学者风范：认清事实，把事实感受为问题，并从问题出发接受心智的辩难；用事实来区分语言的矛盾和事实的矛盾，这是常理，而在忽视实践，追求玄学，把形而上学与产生形而上学的原生土壤割裂开来行事的时代，有此灼见，不仅需要智慧，更需要勇气；从论据出发，具有鲜明的为学的目的；而且我还以为，他对后人的学术、艺术上的馈赠随着时间的推移将显现得更大。我曾经想过，从他的学术经历看来，也许学术的正途不在职业化上，而在业余上。

亲人

对于这方面的情况，也许有人会觉得其价值不大，但我还是想留下一点记录。关于次旦玉珍母女在根敦群培去世后的情况，一般论著很少涉及，这里我以采访的资料做一点介绍。

次旦玉珍是昌都人，其父在昌都也算得上显赫的人物，其母家庭也算富裕（据她说属于富裕差巴户），她父母是"自由恋爱"结婚的。她于1921年出生在拉萨，10岁左右回到昌都，1941年在昌都遇到根敦群培，1942年格吉央宗出生，其时根敦群培已离开昌都。他从印度回到拉萨后，她们当时没有见到他，他也不知道她们的情况，是过了一段时间后才见到的。次旦玉珍说她曾在根敦群培处翻箱子时看到过一张他的照片，照片上他的头发很长，后来就没有见到了；一次，她在一本书里见到一张外国人的照片，根敦群培说它是造成他入狱的主要原因，西藏民主改革后她才知道那是斯大林的照片。我在采访次旦玉珍时，曾问及是否见到过根敦群培外出调查，她说从来没有，只见到他写作的情形，由于不识字，也不知道他究竟写些什么。那么是否可以推断她见到根敦群培是在入狱前不是很久的时候，因为据霍康先生记载，根敦群培曾到一些地方考察过碑文资料；或者就是在根敦群培出狱后才见到的。另据她讲，根敦群培出于对自身境况的考虑，让次旦玉珍不要让别人知道他们有一个女儿，即使在次旦玉珍到噶如厦照顾根敦群培生活后，格吉央宗仍不能与他们生活在一起，外界知道他有一女儿的也为数很少。格吉央宗基本上是靠在拉萨给人当用人来维持生活的。

次旦玉珍于1953年到"七一农场"参加工作，也许是看她比较讲究卫生，开始是给炊事员当下手，后来到拉萨市区的"吉德林"小门市部（即现在拉萨市八廓南街20号，原饶噶厦房子、土登贡培房子即颇章萨巴的对面，当时是铁皮房，现在已经看不到当时的模样了）卖菜，1956年入党。据其女婿尼玛说，当时的老太太剪的是短头发，"思想红，对党非常崇拜和热爱，对工作是一心一意，认真负责，一分钱的便宜也不会去占的"。他举了一个例子：1967年他们到拉萨休假时，当时老太太住在"德吉林"，因为拉萨武斗比较混乱，老太太把卖菜的钱放好后离开了，后来发现自己家里的东西丢了，但公家的钱没有丢，她一分不少地全部上交了，"我准备找农场领导谈一下这事，她不让去"。"文革"前生活比较平静，"文革"期间因为根敦群培留下的"历史问题"受到冲击，农场开过她的批斗会，要她交代根敦群培是如何"里通外国"的。70年代女儿女婿休假回拉萨，农场让她的女婿代表她写一个说明，"谈地方政府是如何抓根敦群培并加害于他的；张经武代表是怎么派医生为他治病的"，以此说明他是爱国进步的，不是特务。证明材料交给农场革委会后，没有什么回话，以后她再也未受到冲击。1981年退休，退休后的生活除了照看小孩、养花等，"连80年代以后拉萨比较普遍的转经活动都从不参与"。

格吉央宗于1942年出生于昌都，不久即随母亲到拉萨，一直到1949年随母亲在拉萨过着流浪的生活，此后便在拉萨给人做用人。她说第一次见到根敦群培是在他出狱后，在噶如厦。记忆中曾经随父母一起转过一次街，根敦群培生病和去世时她在噶如厦斜对面的一家蒙古人家中当用人，常常看到他，但没有到其身边去过。根敦群培去世后，遗体停放在过道上的一个床架上，她说根敦群培养了一条狗，趴在他身边一个劲地叫着。她当时就听说他"能闭着眼睛写英文"，她说"如果我是男孩，他肯定会教我的"。

西藏和平解放后，格吉央宗迎来了新生活，因在"七一农场"工作的母亲常回拉萨看望格吉央宗，农场领导知道后，便于1954年（其时她在给噶厦做饭的玛钦格隆家带孩子做用工）亲自骑马把她接到农场，头一段时间是在农场做小工，"在实验地里赶麻雀"；次年到色新拉扎（此为1952年创办的卫藏地区第一所现代意义上的小学，即现在的拉萨一小）学习，当时凡是到那里上学的都享受"三包"政策，上到四年级。1958年到咸阳公学学习，1959—1961年到甘肃农大（武威）培训班兽医系学习，1961—1962年在兰州西北民院畜牧科学习；而后分配回西藏，到阿里地区改则县洞措区从事兽医工作，因为区上人手少，也兼干其他事情，1962年与同学尼玛结婚，当时尼玛并不知道她父亲是谁，结婚后看到一张他的照片才知道（此照片在"文革"中被烧了）。1965年安排到县兽防站工作；1970—1976年在改则县物玛区工作，当兽医、保管员、出纳。"文革"期间，格吉央宗夫妇因根敦群培被认为是"国际间谍""阶级异己分子"而受到牵连，两人所在的县军宣队几次派人到拉萨调查了解情况，他们的入党申请从60年代一直拖到1975年才得到解决，主要原因也就是她父亲的问题没有弄清楚。尼玛谈道，"文革"时县领导对他们说，让你们参加工作当干部已经不错了。1976年到县农牧中学任保管员，1977—1979年在县委办当收发员和从事内勤工作；1979年11月—1981年9月在县团委工作，其间1980年任县团委书记；1981年调到拉萨，在农垦厅办公室工作，1986年机构改革中农垦厅撤销，调到农牧林业委员会政治部工作，1987年退休。尼玛于2000年1月退休，他们的三个女儿都是大专院校的毕业生。

二　知识分子品性

我曾说过根敦群培是一个奇迹，他的出现只能成为一个个案，但并不是说"时代造就人"的命题不能成立；动荡的时代打开了一线与外界沟通的门缝，使人有可能接触到新的思想观念，从侧面造就人。

知识分子健全的人格，在文化上既有痛切的对身处其中的文化的批判，也有非"阿Q式"的自尊与自强的宣扬。我不知道别人是如何理解他自南亚回到拉萨时的"潦倒"状况的。喜饶嘉措先生在《根敦群培略传》中这样记述：听到他回到拉萨的消息，"我立即前往，见到了住在郭莽康萨的他。我心里想，他在印度住了多年返回西藏，一定很有钱、很威风，但是相见之后，看他却不是那样，他面孔稍瘦削，门牙雪白，面带微笑，穿一件印度长袍。他的物品有一个黑色的大箱子、一个火炉、一个小铝锅、一套被褥，除此之外什么也没有"。霍康·索朗边巴先生的记载是："他去拜见了邀请他回拉萨的赤江活佛和噶伦噶雪巴，赤江活佛对他说：'以后你不论有什么困难，就请到我这里来！'噶雪巴说：'你就是根敦群培吗？你怎么像个错那地方卖辣椒的商人？"① 这与次旦玉珍见到根敦群培的情形相吻合，她还说根敦群培当时未穿僧服，"跟普通人一样"。这两者都值得回味。事实上，因为其出身的关系和他本人所具有的艺术上、学问上的才华，谋生不成问题，也就是说他已脱离在物质上受到盘剥的苦难的阶层，但他以自己的作为表明，他并不属于上层。他是异类，正如我所热爱的那些"异端"，藐视权贵，也看透了金钱（他返回拉萨后，出于基本生活的需要，曾为一些上层子弟当过英文教师）——后者在那个时代更是身份与地位的支撑。他给亲人留下了什么呢？除了几件最基本的生活用品，就是并不为她们所理解的精神遗产。这些遗产是那样沉重，在正统知识界受到诘难（对于亲人而言，已没有什么相干了），是被遗忘，还有就是（这是最直接的）承受精神和身体的打击。实证研究对于现代职业化的人文知识分子来说是一件基本而正常的事，但是在那个时代，又是作为一名僧侣出身的知识分子，确实是一件十分难能的事。因为宗教神学要求的并不在此，更严重的是，实证研究的后果丝毫无补于宗教观念的建立，而是恰恰相反。根敦群培对碑铭、非宗教文献等的研究无论如何都可称得上是一个创举，仅此一点就使他远远超出了其他知识分子。

对于他的族人，对于这片高原，虽然他不止一次地说出了他的"哀"与"怒"、无奈与失望，但他仍牵系太多，彻底绝望的人是不会有"建设性破坏"（我所理解的批判）的。读他不同类型的文字，那份沉重浓得几乎化不开，沉重折射出的希望与关切却分明是一颗赤子之心的跳动。赛义德曾提出过真正的知识分子的业余属性，就根敦群培而言，他的"本业"应当是宗教修习，其艺术上的才华只可作为他本业之外用以修饰的光环。作为学者、思想家的根敦群培，他在完成这一使命基本上是业余性质的，他不能从中获得任何当时社会的认同，不能给他带来任何名誉和利益，我想大约也正是因为如此，免去了后世学人所面临的职业化的压力，这里面隐藏着时代的悖论（或者叫时代的庸俗辩证法？）和无可奈何。技术化地对待大师是远远不够的，还需要用心去理解。

佛教用语的精细差别比比皆是，沉溺其中，不能超脱"名相假说"，便易陷入文字游戏中难以自拔；若仅仅从逻辑（因明）出发，或可理解

---

① 以上两段引文，转自恰白·次旦平措等著，陈庆英等译，西藏古籍出版社1996年版，第962页。

为完善技术或方法论的自足,但若是在认识上立论则是走向反面,将"戏论"作为论了。根敦群培在他自己的中观论里,不是从经典出发,而从显示出若干现代认识论的立场出发,从中观宗的立场论证了"识境由心造"的命题后,对因缘论中的不彻底性论调进行了批驳,直指"那些沉溺在文字游戏中的学者们"。类似这样的思想闪光点在不同的文章中时时显露出来,他的批判意识更是无处不在。他以一名业余学者的心态,辅之以为人的使命感,成就了他悲剧人生的大师风范。批判的知识分子在现在这个时代自是不乏其人,但缺乏了深厚的素养和知识底蕴者却不可同日而语。

诗人

"我深信人的分裂状态,在对付某些深刻的困境方面,可以导入一种建设性的方向。"① 也许这种说法有些绝对化,但用在具有诗人气质的人身上有一定的真理性。根敦群培首先吸引我的就是他的强烈的诗人气质,我想学术界内外对他感兴趣的人士中,因为这个原因而对他表示关注和兴趣的不在少数。遗憾的是对于他的文学上、艺术上的成就,我难以做出恰切的评价。

三 女性观问题

有人说,女性的解放是最漫长的革命,或者说女性的解放之日就是革命成功之时。那个时代真是过于久远了,世界也由过去的遥远与辽阔开始变得这么近,这么富有关联性。历史从来就不会重演,所谓历史的"重演"不过是似是而非的幻觉,在相似性的表象下是基本前提条件的大相径庭。女性主义与性的商品化同时在这个世界甚至在我们的周遭出现。也许根敦群培尊重女性的观点,我们现在看来过于软弱无力,更不用说体现他这方面观点的著作的惊世骇俗(这也是道德维护者们最擅长的攻击点),也许有人会用更严谨的哲学和经济学观点来指认他只看到了问题的表面,但是他喊出的第一声,正如鲁迅先生当年喊出"救救孩子!"一样,是那样的振聋发聩。就是现在,性别歧视依然是值得关注的一个社会

---

① [美]罗洛·梅:《爱与意志》,国际文化出版公司1998年版。

问题。有学者在分析藏族的婚恋观、生育观中，看到了表现形式上的与其他民族特别是存在严重性别歧视的民族的不同之处，但却忽视了更深的既源于制度也源于传统的性别歧视。

在他已看到了一点开端的时代，最受关注的革命是政治革命和社会革命，女性问题是作为一个附着问题出现的，似乎没有出现对于女性问题变革的切实考虑。正是从这一点上，我感受到他的过人之处。

关于性，关于女性话题，我自有我的看法。走到人生的中途，不知是否已经走出那片"昏暗的森林"，我尽量不放纵自己的文字。至今我没有读到《欲经》的全本，就已读到的片段来看，根敦群培的那份精致，那份纯技术化的认真，对性事的正常的态度（也许很多人不这样看吧），那种对女性整体命运和遭际的悲悯，一种不易察觉的游戏心态，让人解读起来并没有轻松的感觉。因为对包括我敬佩的叶秀山先生在内的诸多人士解读的不满，我曾经做过一篇读书笔记，从哲学家海德格尔解读诗人荷尔德林的诗句"人诗意地栖居在大地上"进行我自己的解读，我以为最大的误读在于将"诗意"理解为浪漫情怀的代指，我的看法与之相左。在我的心目中，诗人这一称谓与是否写过时尚所认可的"诗"的人没有必然的关系。对于先生的诗的译本，我主要将它们当作浓缩化的思想表达来看，真正读出诗意的作品是他一生波澜壮阔且令人扼腕叹息的行状和那部聚讼纷纭的《欲经》。

四 个人与社会的关系、传统问题

根敦群培生活的时代是旧事难继而新事未到的时代，这样的时代并不欢迎它的赤子，不欢迎精神的活力；他的存在，是对时代的挑战。在一个没有将个人与社会的关系当作一件事、一个问题对待的时代，根敦群培是试图对之有所改变的"超前"意识支配下而造就的一个悲剧。但悲剧的发生并非没有意义，包括这种关系在内的根敦群培直接接触到的和后人从中体会到的若干命题，一直在等待其展示的时代的到来。在我们这个要求体现和代表先进文化的时代，在鼓吹大力弘扬优秀传统文化的大背景下，根敦群培实在是一个值得关注的对象。

传统既是一种负担，也是一座宝库，其层层厚积决定了它所能提供的资源正反两方面均有丰厚的蕴藏，即使是针锋相对的观点都能在传统这个大仓库中为自己找到足够多的理论根据。我对多元构成的中华文化缺乏整体的了解和认识，有所了解和认识的是我浸润其中的汉文化和试图进入的藏文化。在一种比较的思考中，肤浅地认识到二者之间一点相似之处，即它们的形而上学、人文思想的天地人神杂处一体的特征，其中只有程度深浅的差别。藏文化从这种混杂的体系中开始分离出来，如果没有新的史料佐证，我可以断言应当是从根敦群培开始的。在这里，我无意对文化在一种连续性基本走向中的优劣妄下评语，不过，在这个讲文化的差异性也讲文化的在一定程度上的同一性的今天，这种传统对于自然科学和社会科学发展带来的不便之处是显而易见的；现今仍不鲜见的学术上的泡沫，与这方面的因素有很大干系。从这里也可以体会根敦群培的杰出之处。在藏文化中，正如大家所了解的，存在着丰富的能够加以改造的知识与技术方面的内容，但在过去那种宗教意识形态的文化氛围下，它们都已经被边缘化，成为宗教的附属品和发扬宗教的神圣性、强化一种既是宗教的也是政治的意识形态的工具。知识、技术、人文思想被牢牢地束缚在其中，谈不上发展，更谈不上创新。获取知识的途径的拓展和伴随着发生的对于知识认识的深化，使他超脱佛学知识作为唯一值得学习和钻研的知识的束缚，其中蕴含的观念的进步在于突破了佛学知识和佛学观念作为方法论起点的陈旧观念，佛学笼罩在整个知识界的大前提不再是不证自明的了。也正是从这一点出发，世俗性的思想成为他开拓的领域，使他很容易地发现了传统的解释体系中的悖论和与情理不合之处。我想这也是后人在学术史与思想史上看到的一个激动人心的场面。但是思想如果未能得到一个群体所担负的相应知识系统的支持，也就得不到时代语境的支持，这应当是根敦群培悲剧发生的主要内在原因。在他生前，虽然并非默默无闻，但他的"闻"却主要在其传奇的经历、不羁的性格以及不至引起社会不安的语言学上的才华。

五　比较及其他

同为中华民族史上的伟人，根敦群培与鲁迅先生具有相当大的可比性。他们都是以诗人形象面世，也同样以杰出的学术成就而被称誉（如鲁迅的文学史研究、根敦群培的历史研究）。在对待社会标准认同（所谓"学历"认同）上，一个放弃了千百年来学子进身之阶的必由之路——科举应试，鲁迅先生是在这一制度还未被废除之时即已放弃，而且当时他已经完成了"十三经"的学习，"鲁迅的选择，也意味着对传统的背离与对自立的新生的'自我'的探索"，[①] 终其一生也未去谋求任何学位；根敦群培则是看透了当时存在于佛教知识界中知与行的颠倒关系，"我熟悉佛经的基本要点以及对这引进要点的注疏，但是，这不实践，要这个格西的称号有什么用呢？它只不过是一种毫无意义的称呼而已"。他也放弃了参加格西的考试，与鲁迅先生一样赴国外寻求新知。科举制度和格西制度所要求的，与某种专门的知识和务实的能力有多大关系呢？他们在游学与求学期间，都有可能到欧洲进一步学习的机会，但是都因种种机缘不合而未能去成，一个在南亚，一个在日本，结束他们的外出生涯。这里有更深的意义么？

鲁迅先生不止一次表白过，也是他一生实践所指，在改造国民性，在立新人；文学之道不过是适宜的工具而已；且文学创作特别是小说在当时是不能登大雅之堂的，更何况他倾心的是"恶谥"不断的杂文。当时和后来人却站在"文学创作成就中心论"的立场来评判先生，各种抓不住主题的奇谈怪论一直不绝于耳。就说文学创作吧，就说杂文，那十几册薄薄的集子所勾画出的时代人心，同时代的哪位作家的"巨制"比它们更深刻地表现了那个时代呢？文学创作重小说，小说重长篇，这种文学体裁的尊卑观不过是一个虚幻的神话。根敦群培以学僧为其基本出身，现在也有了越来越多辉煌的头衔，但如果舍弃他一生追求的出发点，那么对他生前生后的评价要么是评价者以己度人的诟病，要么是视而不见。

鲁迅先生在遭遇个人与社会的关系问题上应该说比根敦群培幸运一点。鲁迅所处的时代氛围，全能主义的控制其实已经在若干方面失效，在政府之外有着强大的政治力量从新的途径探索政治发展（归根结底，也是寻求国富民强的途径），二者之间留下了社会其他阶层特别是知识分子发挥作用的探索空间。从根本上，他们都是伟大的批判者，是在积极意义上的批判性建设者，他们所留下的遗产不是几篇文章可以厘清的，他们的

[①]　[日] 丸尾常喜：《"人"与"鬼"的纠葛》，秦弓译，人民文学出版社1995年版，第2页。

成就同时在两方面，一是在学术和艺术上的创造性成果，一是留下的弥足珍贵的思想和方法论财富。作为深刻的思想家，作为思想激烈之人，在从国外返回时均已建立起了基本的思想路径，而鲁迅经历了一个较长的沉潜时期（他在绍兴会馆抄古碑的时期），影响到他后来激烈之中的韧性；根敦群培则是在发扬中的激烈，人生的悲剧性也就有了一些区别。他们在寻求中，均隐含着对参照系的选取，鲁迅"立人"思想所选取的是"摩罗派"诗人，他的"反抗绝望"中有着一丝慰藉；根敦群培因为在国外的环境和国内所面对的现实的不同，没有合适的精神资源可资借鉴，始终是孑然一人。

一个社会群体的感情与思想上对"鬼"和"神"的倾向程度，可以与礼俗和宗教发生相关的关系。也许这种观点有点简单化，但对于分析还是有价值的。在西藏，人们的感情与思想有着对"鬼"与"神"二者兼具的倾向，只不过是分别反映在民间文化和宗教主流形态中，神和及于神的延伸性内容笼罩一切，这也是我在阅读根敦群培时感受强烈的一点：对于神性的批判。而身处汉文化中的鲁迅先生，主要批判的是过熟的礼俗文化中的鬼气、奴气。

鲁迅先生当年把很大一部分精力用在扶持一种"刚健质朴"的文艺上，以救正时弊。对那时的西藏而言，什么是这种精神品质呢？首要的弊当在宗教的过正，首要的务当在将人们从梦幻的生活观中唤醒。比如对至今仍受到大众文化不恰当渲染的西藏的神秘性、藏传佛教密宗的神通等方面，他在那个时候就曾说过这样的话："在佛的无二智慧性中，没有我们众生之大小相违的二元思想。佛穿透诸法实相，视大小平等一味。他从来没有通过任何一种神通变幻的能力把一个非存在的事实说成是存在的……真正在示现神通的不是佛，而是我们自己。"虽说他不一定明确意识到后一问题，但他的所为体现的却是这样的结果；"唤醒"对世人而言并不总是受欢迎的事情，在这一点上，他与鲁迅先生又有一个相似之处。又比如现在流行的关于西藏的文学文字中，更多的是迎合时尚的口味，其刚健质朴有多少呢？历史性的问题常常一次次以不同的面目出现。

鲁迅先生在那篇著名的演讲《魏晋风度及文章与药及酒之关系》中曾这样总结道："汉末魏初的文章是清峻，通脱。"他也曾说他自己"有时很峻急，有时又很随便"，也就是清峻和通脱，"这主要也是受了魏晋文章的影响"。我在看根敦群培的文章时，常常想到这点，说到文章的

"简约严明",他的学术类文章大约当得此评,这可以从中国藏学出版社出版的《根敦群培文集精要》中体会得到;一种文体发展到过于成熟之后,其"八股气"便弥漫开来,"寺院文体"(这是我生造的一个词)便是如此,讲究一定格式,说一定的话,即使表达的是一些新见地的文字也被迂腐的文字掩盖住了,更不用说它们难以有所创新。他的嘻笑中的批判文章也让人读出那份通脱来。

在2001年众多繁华热闹的背景中,我们很难发现关于他的文字,他的时代还没有到来,这未尝不是一件好事。除了其传奇生涯,他并不是一位适合于炒作的人物,但我想应该有一个相对稳定的关注群体,这不是一个过分的要求。他的思想不属于他自己所处的时代,他丰富的思想因子在时隔半个世纪后,应该有了重新阐发、传播的可能和必要;他的思想史位置也该从20世纪80年代重新写起才合乎情理(在他自己生活的时代,他的思想除了被当作异端和怪异看待外,没有受到应有的重视,或者说还无法得到恰当的评价。从这个意义上说,其时的思想史影响也就难以谈起),而且他的位置的确立至今仍在过程之中,当它成为活的传统的一个有机组成部分,当它的价值得到充分发掘之时,才是基本确立的时候。他的声誉的获得有两次:第一次是他从南亚返回拉萨后,这种获得并不带有对其思想认识上的意义;第二次见诸20世纪80年代以后。

"你知道,你为什么哀伤?它不是逝去几年了,人们无法这样精确地说,它什么时候曾存在,什么时候离开了,然而它存在过,它存在着,它存在于你的心里。那是一个更美好的时代,你寻找着它,一个更漂亮的世界。"[1] 作为一名景仰根敦群培先生的不才后学,谨以此"杂"文梦想着根敦群培研究和作为一种既是个人的也是社会的鲜活的事业的发展;有英雄而不被认识的时代是可悲的时代,识英雄而不能展现英雄之为英雄的存在也未尝不是一件憾事;根敦群培的形象是悲伤而丰富的,是大气而孤傲的。以成就为底,这样的形象在人类文明史上又有几人呢?

说明:卓尼顿甲是十世帕巴拉活佛的卓尼,昌都解放后曾任昌都解放委员会处长、地区政协副主席等职务。次旦玉珍的同父异母兄弟姐妹中,

---

[1] 德国诗人荷尔德林《许泊里翁》中狄奥蒂玛致许泊里翁的信,转引自施蒂芬·茨威格《与魔鬼搏斗》,王彤译,东方出版社1998年版,第71页。

尼玛曲珍、索朗德吉在 1964 年年底在参加了自治区总工会成立大会后返回昌都途中因车祸去世；朗杰已去世；洛卡现在拉萨市文化局工作，平措在自治区体委工作。蒋萨明颇有其曾外祖父的风采。琼华女士的丈夫旺堆与格吉央宗的丈夫尼玛为兄弟关系，琼华是笔者此次采访调查的介绍人和陪同者，谨此致谢。

2001 年 12 月

霍康家族史略述

在西藏地方史上，霍康作为大贵族家族而扬名于世。20世纪50年代那场波澜壮阔的民主改革运动之后，作为西藏统治阶层的贵族，逐渐淡出社会政治舞台，而研究他们的历史，对于更客观、准确地认识旧西藏，意义显而易见。2003—2004年，我们在开展"甲玛沟的变迁"课题期间，有幸得到了承继家族名号的强巴旦达先生的全力支持，帮助我们厘清了霍康家族的历史脉络。《西藏档案》的执行主编才让加先生说要出一期关于霍康家族的专辑，因为这一关系，命我就此作文。这里，谨就对当年所写文稿略加整理提交。

霍康家族源自成吉思汗的后裔，属蒙古族。14世纪前半叶明朝推翻元朝的统治后，进入西藏的成吉思汗的后裔形成了三个支系。17世纪中期，也就是甘丹颇章政权建立之初，已成为阿里地方头人的蒙古族的一支，得到了五世达赖喇嘛的封赏，今曲水县境内的布德拉通溪卡归于其名下。后来，这一支又分居拉萨和藏北两地，居住在拉萨的建了新房——"霍尔康萨"（Hor-kang-gsar，藏语，意为"蒙古族的新房"），一般简称"霍康"，此后，以房名或其简称作为家族名沿用至今。这一建筑位于拉萨市河坝林附近，一直到20世纪80年代是该家族在拉萨的住房，1982年，霍康·索朗边巴才从此地搬迁到色拉路雄嘎林卡附近。

18世纪初，因霍康家族无男性子嗣，颇罗鼐的三位弟弟饶登顿珠等并入霍康家族中，家族血统变为母系为蒙古族血统，父系为藏族血统，这是霍康家族的血统不再"纯正"的开始。

公元1727年西藏内乱时，霍康·饶登顿珠与颇罗鼐一起，率后藏军队与前藏作战，这成为他受封的重要原因；内战结束后，他被派往藏南边境，平息了不丹人的骚扰；后来他又被派往那曲担任军官，统辖喀喇乌苏兵。

公元 1735 年也就是雍正十二年，皇帝诏书授予霍康·饶登顿珠札萨克头等台吉头衔。所谓头等台吉，有时也称为一等台吉。此人就是意大利人毕达克（Luciano Petach）所著《1728—1959 年西藏的贵族和政府》（沈卫荣、宋黎明译，中国藏学出版社 1990 年版）中所说的"诺颜和硕齐若丹"。

按：毕达克在书中如是认为：授予其札萨克一等台吉头衔是在 1727 年，由驻藏大臣马喇提议，并认为《西藏志》中所载的时间有误。我们以为，这是毕达克将几件事情混淆在一起造成的错误认识：马喇曾先后三次驻藏，最后一次为雍正十一年（1733 年）至乾隆元年（1736 年），提议请封霍康家族之事发生在乾隆元年，马喇因"诺颜和硕齐"卒，向朝廷请封其弟车臣哈什哈。另据《墨竹工卡宗土地关系和人身占有关系调查报告》①中说，甲玛赤康溪卡是五世达赖喇嘛封赐给霍尔部首领的；时间相差了半个多世纪，只是一种缺乏足够文献依据的传说而已，在此录下聊备一说。而据《清史稿》卷二百十一《表五十一·藩部世表三》②，霍康家族受封札萨克一等台吉时间为雍正六年（1728 年），《西藏志》则有明确记载，"（雍正）十二年，封其（指颇罗鼐）长子朱米纳木查尔并其弟诺彦和硕齐，以及……等六人为札萨克头等台吉"③。按照当时的历史情势，《西藏志》所说当是准确的。

也就在这个时期，霍康家族得到了包括甲玛赤康溪卡在内的不少溪卡和牧场的封赏，霍康家族与甲玛的关系由此密不可分，此家族也正式成为西藏的大贵族。霍康家族在万户府的基础上建起了庄园主建筑，饶登顿珠是为甲玛赤康第一代庄园主，甲玛赤康溪卡成为霍康贵族的根基庄园（帕溪）。据乾隆朝、嘉庆朝《大清会典》，"始封诺颜和硕齐（为札萨克头等台吉），为颇罗鼐弟"，即指霍康家族。

霍康·饶登顿珠 1736 年因病去世于甲玛赤康，据说采用的是一种奇怪的葬法，20 世纪 60 年代拆除甲玛赤康溪卡楼房时，在第二层的墙壁里发现了一架人体骨殖，据说就是他的骨殖。甲玛的群众至今还叫他扎萨玛本饶登。

---

① 见西藏人民出版社出版的《藏族社会历史调查（一）》。
② 见索文清等辑录《藏族史料（四）》，四川民族出版社 1993 年版，第 266 页。
③ 见《西藏研究》编辑部编辑：《〈西藏志〉〈卫藏通志〉合刊》，西藏人民出版社 1982 年版，第 33—34 页。

霍康·饶登顿珠去世当年，藏历第十二饶迥火龙年即乾隆元年（1736年），皇帝授予其弟霍康·霍修齐承袭扎萨克一等台吉头衔；其于藏历第十二饶迥土马年（1738年）病逝。

藏历第十二饶迥土羊年即乾隆五年（1740年），皇帝授予饶登顿珠的另一位弟弟霍康·次旺多吉扎萨克一等台吉的头衔；其于藏历第十二饶迥木鼠年（1744年）病逝。

按：《清史稿》的记载①，与上述两条的历史事实有一些出入，"诺颜和硕齐，雍正六年授扎萨克一等台吉，乾隆元年（1736年）卒。车臣哈什哈，诺颜和硕齐弟，乾隆元年袭扎萨克一等台吉（未兼兵职），五年（1740年）卒。齐旺多尔济，车臣哈什哈弟，乾隆五年袭扎萨克一等台吉，十年（1745年）卒"。谨据霍康·强巴旦达先生提供的资料做了更正。

《七世达赖喇嘛传》中零星地记有这样一些与甲玛有关的文字：公元1736年，达赖喇嘛"接见为霍尔康萨拉旦（引注：即指饶登顿珠）去世来做追荐法事的人员"②；公元1737年夏，达赖喇嘛到青科杰神湖朝拜之后，在沃卡温泉地方（今山南地区桑日县沃卡），"接见了仁青岗、日若赛林、森康嘎布等地僧俗两千余人"，在沃卡真期寺时，"夏拉康、恰玉芒拉、甲马赤康等寺僧人亦献财物拜见"③。

霍康札萨·旺堆，霍修齐之子。乾隆十年（1745年）十二月甲寅谕："驻藏副都统傅清奏：'扎萨克头等台吉齐旺多尔济病故，据郡王颇罗鼐请将齐旺多尔济职衔赏给伊侄旺对（引注：即旺堆）。④伊系合家受恩之人，令其管辖兵丁，办理诸务，实为有益。'朕前加恩将乌镇和硕齐作为扎萨克头等台吉，给伊弟承袭以来，所交诸务奋勉出力。今齐旺多尔济病故，请将伊兄诺颜和硕齐之子旺对承袭，著照所请。施恩令旺对承袭扎萨克头等台吉。"⑤——《西藏通史》第782页引录的乾隆十六年（1751年）《钦定藏善后章程十三条》藏文官员签名中有"扎萨克台吉旺堆"。旺堆于藏历第十三饶迥铁虎年（1770年）病逝。

---

① 见《藏族史料（四）》，第266页。
② 见《七世达赖喇嘛传》第204页。
③ 同上书，第232、233页。
④ 《藏族史料（四）》，第266页，记旺堆为饶登顿珠之子，误。
⑤ 张羽新：《清朝治藏典章研究》，中国藏学出版社2002年版，第842页。

霍康札萨·噶伦索朗扎西。乾隆三十一年（1766年）七月，"以故札萨克一等台吉噶布伦旺对子索诺木喇什（引注：即索朗扎西）袭职"①，公元1786年担任噶伦职务。

乾隆四十八年（1783年）索诺木喇什受"诏世袭罔替，五十七年（1792年）卒"②。他曾赴拉达克，参与调解拉达克内部纠纷，拉达克国王将公主平措卓玛嫁给其子次仁旺曲多吉（即下文中的"策凌旺舒克多尔济"）。公主长期住在甲玛赤康并在此地去世，她出嫁时带来的镀金白度母铜像，长期陈设在庄园四楼的经堂内。公元1792年，索诺木喇什在平息廓尔喀战争中担任后勤之责，因病在绒吉隆地方去世。

霍康札萨·次仁旺修多吉，索朗扎西之子。"策凌旺舒克多尔济（引注：即次仁旺修多吉），索诺木喇长子，乾隆五十七年袭札萨克一等台吉，道光八年（1828年）卒"③，实为公元1827年去世。其夫人是拉达克公主，因而家族中又有了拉达克血统。

嘉庆十一年（1806年），理藩院要求详细报告受封贵族情况，噶厦因而发文，"特令拉鲁公、江乐金公、噶伦、札萨克喇嘛、霍康札萨克、功德林札萨克、丹杰林札萨克、朵仁台吉、桑颇台吉、吞巴等"④，将皇帝敕封情况上报，这里的功德林和丹杰林札萨克都是指札萨克喇嘛，只有霍康札萨克是世俗札萨克。⑤

对于霍康家族，历史文献上，只有乾隆时给策凌旺楚克多尔济的敕书，未见最初封札萨克台吉的封文。《卫藏通志》第154页全文收录了该敕书，照录如下："札萨克头等台吉策凌旺楚克多尔济之敕。奉天承运皇帝制曰：朕惟尚德崇功，国家之大典，输忠尽职，臣子之常经。古圣帝明王，戡乱以武，致治以文。朕钦承往制，甄进贤能，特设大武勋阶，以彰激劝。受兹任者，必忠以立身，仁以抚众，智以察微，防奸御侮。机无暇时，能此则荣及前人，福延后嗣，而身家永康矣！敬以勿怠。"

据霍康·强巴旦达先生说，他曾见过此敕封文书，是用藏、汉、满三

---

① 张羽新：《清朝治藏典章研究》，中国藏学出版社2002年版，第902页。
② 见《藏族史料（四）》，第266页。
③ 同上。
④ 见中国藏学研究中心等合编《元以来西藏地方与中央政府关系档案史料汇编》，中国藏学出版社1994年版，第2144页。
⑤ 而在18世纪中期开始完备噶伦制度时，所有世俗噶伦均为札萨克头等台吉。

种文字写就的，直到1959年霍康家还保存有该文书，民主改革时由拉萨市文教局收藏；先生说，藏文家谱中录载的是雍正皇帝给扎萨饶登顿珠的封文，不是乾隆皇帝的敕书。

霍康札萨·顿珠玉阶，次仁旺修多吉之子。"敦珠毓杰，策凌旺舒克多尔济之子，道光八年（即1828年）袭"札萨一等台吉头衔[1]。

道光二十六年（1846年），驻藏大臣琦善奏，已袭札萨克头等台吉敦珠玉阶自袭台吉以来，没有顶戴，奏请按章给予顶戴事，"查敦珠玉阶之高祖诺彦和硕齐，系郡王职衔颇罗鼐之弟，因防守准噶尔著有劳绩，于征剿布鲁克巴身先士卒，奋勇打仗，蒙赏札萨克头等台吉。……递传至敦珠玉阶，于道光八年（1828年）奏请谕旨：惠显等奏西藏札萨克头等台吉策凌旺楚克多尔济（索诺木喇什的长子，1792—1828年承袭封号）病故，所遗之缺请令伊子敦珠玉阶承袭等因请旨一折，着照惠显等所奏，策凌旺楚克多尔济所遗札萨克头等台吉之缺，准令伊子敦珠玉阶承袭。钦此。是其世职系由军功所立。……查西藏世职只有公与台吉二项，奴才愚昧之见，拟请嗣后凡公爵一经奏蒙恩旨，即准戴用头品顶戴，其台吉无论头等、二等，俱准戴用二品顶戴"[2]。敦珠玉阶曾担任孜本职务；曾主持火灾后的桑耶寺维修。敦珠玉阶去世时间不详，年老退休后皈依佛教，曾在甲玛普加日追和桑隆日追静修。

《卫藏通志》第154—155页收录的还有一直到这个时候的霍康家族承袭者谱系，照录如下："诺彦和硕齐系贝勒婆罗奈之弟，从前管理哈拉乌苏喜拉依古勒兵之时，婆罗奈曾以诺彦和硕齐感激主恩，操练兵丁，黾勉从事，奏请赏以微职，以示鼓励。由军机大臣议给诺彦和硕齐蒙古札萨克管旗章京职衔等因具奏。奉旨，婆罗奈之弟诺彦和硕齐，著赏给札萨克头等台吉职衔。殁后，令其弟色臣哈什哈承袭札萨克头等台吉。殁后，于乾隆五年，令其弟齐旺多尔济承袭札萨克头等台吉。殁后，于乾隆十年，奉上谕，朕加恩将诺彦和硕齐给以札萨克头等台吉，令伊弟等承袭以来，俱能诚心黾勉尽职，现在齐旺多尔济之札萨克头等台吉，王婆罗奈既请以齐旺多尔济之兄诺彦和硕齐之子旺堆承袭，著照所请。加恩令旺堆承袭，该部知道。钦此！凛遵，即令旺堆承袭札萨克头等台吉。没后，于乾隆三

---

[1] 见《藏族史料（四）》，第266页。
[2] 见《元以来西藏地方与中央政府关系档案史料汇编》，第2164页。

十一年，令伊子策凌旺楚克多尔济承袭札萨克头等台吉，仍著世袭罔替。"

霍康札萨·旺青占堆，顿珠玉阶之子。同治六年（1867年），驻藏大臣景纹奏，顿珠玉阶之子妥美占堆"忽得疯痰之病，不能当差。惟该札萨克台吉向系接辈世袭，今妥美占堆患病已久"，请允其胞弟汪青占堆承袭名号及顶戴①。

光绪八年（1882年）驻藏大臣色楞额奏，札萨克台吉汪青占堆"将属下倒败地土归伊自管，栽种粮食，其差徭仍派百姓供支，实属偏私克苦，正筹议间，该札萨克突然带领从役僧俗人等，夜至甲麻地方，将富饶三人捆拿至庄寨前，用刑过重身亡，由墨竹工营官、百姓等禀控。当即传讯，该札萨克业已承认，递具图记供词。似此藐违法度，妄废人命，请将汪青占堆札萨克名号、职衔一并斥革，发往达布所属江热庄地方看管，其余僧俗人等，按罪究办"②。

据霍康·强巴旦达先生的记述，汪青占堆的夫人是芒康地方头人"库措"之女，事件的发生是因为夫人的兄弟与甲玛百姓发生冲突而引起的。此后，汪青占堆革职流放到尼木地方的尼仲姆溪卡生活，自此从霍康家族中分出，另为一支霍苏（霍康苏巴）。

霍康札萨·噶伦索朗多布杰。光绪八年（1882年），驻藏大臣色楞额再奏，汪青占堆之子"五品错拉营官（即错那宗本）四郎多布吉，现年二十七岁，堪以承袭札萨克台吉世职"，请以其承袭札萨克名号、二品顶戴；次年承袭。四郎多布吉曾出任过聂荣基恰（总管）、卫（前藏）代本。光绪二十八年（1902年）以四品代本而补授噶伦之职③。1903年10月间，十三世达赖将他在内的四噶伦以"擅改达赖盖印亲笔公件"的罪名，将"噶布伦之职并东科尔一并斥革"，"调任罗布岭冈（即罗布林卡）关禁问讯"④，其间非正常死亡。

据霍康·索朗边巴先生讲，霍康·索朗多布杰是被人从罗布林卡监管处扔到拉萨河暗杀的；后来另外三位噶伦得到了平反，如果他没有去世，肯定也会得到平反的。而《西藏通史》第960页上则说，"札萨克霍康因

---

① 见《元以来西藏地方与中央政府关系档案史料汇编》，第2173页。
② 同上书，第2182页。
③ 见吴丰培编辑《清代藏事奏牍》，中国藏学出版社1994年版，第1148页。
④ 同上书，第1162页。

恐惧而越狱跳进拉萨河自杀"。

索郎多布杰之妻为贵族索康家族之女，生有六女一子。儿子旺青平措朗杰；大女儿（名字不详）与江孜聂冲家的儿子结婚；二女儿尼玛拉姆嫁给山南拉加里赤钦多布杰日修；三女儿是强巴曲珍（即阿沛·阿旺晋美先生的母亲）；四女儿格桑拉姆嫁到桑颇家族；五女儿阿乃和六女儿强久曲珍先后嫁给达布江热溪卡管家扎彭。

霍康札萨·旺青平措朗杰。光绪三十二年（1906年），驻藏大臣有泰奏，"前噶布伦四郎多布吉，于光绪二十九年（1903年）虽因案经斥革噶布伦之职，尚袭札萨克台吉名号，系属世袭罔替。该员现在因病出缺，所遗世职，查有伊子汪青彭错朗结，谨饬安详，现年十九岁，堪以承袭"，请允袭①。霍康·旺清平措朗杰娶擦绒噶伦汪曲杰布之女次旦卓嘎为妻。曾在雪机颇康工作，1918年底，在拉萨发生大瘟疫时因病去世；留有一女一子，女为次仁玉珍，嫁到乃堆家，2006年去世，享年89岁；子即霍康·索朗边巴（遗腹子）。

霍康·索朗边巴，1919年出生于甲玛赤康。他是甲玛赤康最后一代庄园主和霍康家族的最后一任札萨克，1958年西藏地方政府按惯例授予他札萨克头衔，因为1959年西藏叛乱发生，经过平息叛乱和民主改革，旧式职衔称谓也不再使用，他只任过一年的札萨克。

霍康·索朗边巴先后师从格西喜饶嘉措、格西曲扎、大学者根敦群培，1937年步入仕途，先后担任过赛朗巴、宗本、警卫团如本（相当于营长）等职，1947年初随拉鲁噶伦到昌都任职，担任颇本（即粮务官员）职务。昌都解放和西藏和平解放后，先后担任昌都解放委员会委员、西藏军区干部学校教导处处长、西藏自治区筹备委员会参事室参事、西藏社会科学院研究员、顾问、西藏自治区政协副主席等职。"文革"中受到不公正对待，晚年为搜集在"文革"中散失的根敦群培的著作，付出了很大的辛劳。1994年因病在拉萨家中去世。西藏人民出版社出版了由他编撰的《西藏谚语集》《藏语语法注释新海之浪》《颇罗鼐传精要通俗读本》等著作。

1941年娶江孜白朗比西家的小姐卓玛央宗为妻，生有三女一子。大女儿次仁曲珍，原在拉萨市防疫站工作，已退休；二女儿强巴卓嘎，原在

---

① 见《元以来西藏地方与中央政府关系档案史料汇编》，第2199页。

拉萨市房建队工作，已退休；儿子强巴旦达，原在自治区编译局和自治区妇联从事翻译工作，已退休。霍康·索朗边巴先生还有六位同母异父的弟妹。

其子霍康·强巴旦达先生（1945年生），现已退休，作为在新西藏时期成长起来的一代人，虽然早已经没有了上辈人作为大贵族的荣耀，但仍然对甲玛的发展极为关注，在甲玛地方（主要是赤康村）举行重大活动造访此地时，当地人还是按照过去对待贵族子弟的方式称他为霍康赛（即霍康少爷）。

西藏现代史上的风云人物、以百岁高龄去世的阿沛·阿旺晋美先生，一生事迹主要是在入赘而进入阿沛家族之后做出的，但其本人出身于霍康家族，与霍康·索朗边巴为表兄弟关系，其荣耀当然可由霍康家族分享一二。

西藏的民主改革已经过去半个多世纪，在现今的社会政治生活中，西藏贵族已然成为一个历史名词。然而，历史自有它不能割裂之处，西藏贵族尤其是大贵族所承载的历史意蕴、文化内涵、社会内容，是值得后人去认真体味的。

2012年

说明：在《甲玛沟的变迁》中，西藏历史上著名的大贵族霍康家族的历史，已经进行了完整的梳理。此文就是在那个基础上写就的。最后一段话，是自己想重点表达的。

在《甲玛沟的变迁》中，我曾表达过这样的观点：西藏的民主改革，不仅广大农奴和奴隶在政治上得到了翻身解放，而且"这种政治上的解放是全方位的。在民主改革中，占旧西藏人口5%左右的三大领主，从束缚社会、经济、文化发展的封建农奴制度摆脱出来，同样获得了政治上的新生"。我本以为，这一认识是容易建立起来的。后来才知道，甚至包括一些学者在内，振振有词地指责说：我们都是讲百万农奴翻身得解放，怎么你说包括贵族在内的农奴主也翻身得解放了呢？

利用这个机会，录此存照。

2015年5月

清代乾隆治藏特点评析

乾隆 1735 年即位，1799 年以太上皇的身份辞世，成为中国历史上在位时间最长的最高统治者。在超过一个甲子的统治时间里，他对于西藏地方的治理，留下了深深的印迹；对于后人，至今仍然有不少感兹念兹之处。

乾隆即位前，西藏地方的社会环境已经发生了一些重大的变化：同样是在藏传佛教某一种教派掌管地方政权这一背景下，不再是萨迦派（元朝时期）、噶举派（明朝时期）掌握地方政权，而是新兴的最后一个佛教教派格鲁派；格鲁派接受了噶举派"创新"的活佛转世制度，改变了格鲁派创始人宗喀巴建立的甘丹池巴教主制度，也就是说，改变了格鲁派创始人构想的、依靠某一政治力量发展佛教但不直接掌握政权的模式，而且在西藏形成了达赖和班禅两大活佛转世系统；西藏的政教合一体制有了大致的模样，但是还有很多不完善的地方，宗教势力对待中央对地方治理问题上，还存在着若干变数。

现在我们所谈到的西藏地方的历史定制、藏传佛教宗教仪轨，大多是在乾隆时期完善和规范起来的。对于乾隆治藏特点进行一些分析，有着现实借鉴价值。

一 以藏内出现重大事件为契机，适时进行制度改革

清朝对于西藏地方治理的措施，从某种意义上说，就是在处理藏内出现重大事件的过程中制定与完善起来的。

清朝初期，西藏地方政权主要是由蒙古和硕特汗王进行管理，18 世纪初准噶尔入侵西藏地方被逐后，蒙古汗王势力就此退出西藏，清朝政府也因势利导，1721 年取消了以和硕特部以及不长时间内的准噶尔部等蒙

古部统治西藏的制度；废除了第司总揽地方大权的制度，初步建立噶伦制度。

1727年，西藏地方统治集团发生严重内讧，事件平息之后，建立了以贝子、贝勒、郡王［颇罗鼐，乾隆四年（即1739年）封］管理西藏地方事务的制度，亦即通称的所谓藏王制度。这一制度关键性的弊端是，与掌握地方政权的个人品德关系很大，不利于进行规范性管理。

1747年，颇罗鼐去世，其子朱尔墨特那木扎勒"袭封，总理藏卫事务"（《元以来西藏地方与中央政府关系档案史料汇编（2）》，第493页。后文随文注释中均用"汇编2"注页码形式）；1750年（乾隆十五年）发生"朱尔墨特那木扎勒"事件，事态平息之后，鉴于世俗贵族专权、相互争斗，造成西藏动乱不已的情况，决定将地方政教权力集中于达赖，同时加强驻藏大臣的权力，在他们之下，由噶伦集体负责并相互制约，进行西藏地方治理。

1750年十一月十六日、十七日乾隆接连发出谕旨："夫开边黩武，朕所不为；而祖宗所有疆宇，不敢稍亏尺寸。西藏此番办理，实事势转关一大机会，不得不详审筹画，动出万全，以为边圉久远之计。""西藏经此番举动，正措置转关一大机会，若办理得当，则可永远宁谧，如其稍有渗漏，则数十年后又滋事端。……目今乘此兵威，易于办理，惟在相度机势，计虑久远，方为万全。"（汇编2，第524—525页）并特别提出，"善后事宜不可不专遣大臣前往办理"（同上，第522页）。

对于七世达赖喇嘛等人提出的由班第达继封为王的看法，乾隆明确提出，"若如所请，则数年之后未能保其不滋事衅。朕意欲仿众建而分其势之意，另为筹画措置"（同上，第524页）。"伊若为藏王，即使恭顺如颇罗鼐，而其子孙亦不可保。此其可虑，岂在朱尔默特那木扎勒下哉！"（同上，第525页），由此废除了这一制度；将原设立的噶伦制度加以初步完善，根本目的在使噶伦不致擅权而演变成藏王之实。

鉴于这一事件中"塘汛断绝"的问题，"即如朱尔默特那木扎勒一言而塘汛断绝，班第达一言而塘汛复通，信息往来，惟藏王之言是听，而驻藏大臣毫无把握，如此即驻兵万人，何济于事？"（同上，第525页），以及在雍正年间因顾虑费用问题而将留驻西藏军队撤出，造成出现重大事件而呼应不灵的问题，乾隆下旨完善塘汛安设一切事宜，权限收归驻藏大臣；藏内留兵驻守，在进出藏的咽喉要地打箭炉"添驻重兵"。

通过对这一事件的处理，次年（即 1751 年），乾隆亲自过问并具体筹划颁布了"酌定西藏善后章程十三条"，其中改变的一大内容是，达赖喇嘛作为西藏地方宗教领袖的同时，具有了宗教和政治的双重领导地位。

1757 年（乾隆二十二年），七世达赖喇嘛去世，为防止贵族专权，建立了在达赖去世后以及下世成年之前，由大活佛代理西藏地方政教事务的"杰曹"（rgal-tshab）制度。

1788 年（乾隆五十三年），廓尔喀第一次兴兵入侵西藏，占据了后藏三地，清廷派巴忠等人率军进藏进剿，巴忠等人却向廓尔喀许银媾和，并向朝廷谎报军情。导致了 1791 年（乾隆五十七年）廓尔喀第二次入侵西藏。这是继准噶尔部侵扰西藏、"朱尔墨特那木扎勒"事件之后发生的第三次重大事件，乾隆皇帝命福康安等率兵平息了这一事件之后，通过颁布《钦定藏内善后章程二十九条》，对西藏地方的管理体制进行了重大的改革。"降廓尔喀，定呼必勒罕，适逢时会，不动声色以成之，去转世一族之私，合内外蒙古之愿。"（引自《〈西藏志〉·〈卫藏通志〉合刊》中的《高宗纯皇帝御制喇嘛说》，页一五零，西藏人民出版社 1982 年版。后文中仅注明汉字页码）

在廓尔喀第一次侵藏后，乾隆就提出，"倘不订立章程，复有贼匪入侵，无所防备，又需大张办理，藏众亦不得长享安全"（汇编 2，第 637 页）。乾隆五十四年（1789 年）六月二十七日，和珅等遵旨提出了《藏地善后事宜十九条》，并得到了批准（汇编 2，第 641—654 页），因为随即发生了第二次事件，这一章程的部分精神后来体现到了"二十九条"之中。

以解决处理重大事件为契机进行制度改革与建设，是乾隆时期治藏对于后世有昭示意义的一个特点。乾隆"于因势利导之中，寓循名责世之意"（福康安等语）的做法同样值得后人深思。

二 将具体的改革措施建立在对藏传佛教的明确定位和恰当认识基础上，这对基本保证改革措施的合乎实际意义重大

对于西藏地方的治理，需要从西藏的实际情况出发，解决处理好藏传

佛教在治理藏事中的地位和作用问题。而要达到这一点，还需要决策人对于藏传佛教有一个完整而相对准确的认识。

乾隆在幼年时期即受雍正的影响，对于佛教颇有兴趣，身边又有章嘉活佛的指点，经过较长时间的学习，对于佛教本体论形成了一套自己的观点。概略地说，就是以为佛之第一义谛乃"佛且本无"，非"以祸福趋避教人"（《御制清文翻译大藏经序》，页一四八）。

其时藏传佛教，各基本教派已经形成，以格鲁派势力最大，影响最广。不惟藏中，蒙古地区以及西藏周边亦是如此。在乾隆眼中，藏传佛教首先就是格鲁派，他是把藏传佛教尤其是格鲁派视为维系国家统治的一种可资利用的力量，这与元朝形成一个明显的区别。元朝时期，虽然也在利用佛教力量来实现对西藏地方的统治，但是元朝统治者自己却陷入其中，在一定程度上成了信奉者，造成的弊端十分严重，对此很多研究者进行了深刻阐述。乾隆吸取了元朝的教训，他有一段很有名的话语："盖中外黄教总司此二人（按指达赖喇嘛和班禅额尔德尼），各部蒙古一心归之，兴黄教，即所以安众蒙古。所系非小，故不可不保护之，而非若元朝之曲庇谄敬番僧也。"（《高宗纯皇帝御制喇嘛说》，页一四九）这种区别意识在此说明得很清楚。这种意识是他在处理藏事过程中比较牢固树立的。他还有这样的话语不同但意思相似的说法："本朝之维持黄教，原因众蒙古素所皈依，用示尊崇，为从宜从俗之计。"（乾隆五十八年四月十九日谕，页二六八）

总体来说，对于藏传佛教特别是格鲁派的态度，正如《卫藏通志》刊刻叙言所总结的："兼崇黄教，绥服北徼、西域、蒙准、回部。……修其教，不易其俗；齐其政，不易其宜；鼓之以雷霆，润之以风雨，……外蒙、准、回、康、乌斯藏各部，崇黄教以绥辑镇抚之。"（页一五六至一五七）。

对于藏传佛教最具特色的活佛转世制度，他也有自己的看法："其呼图克图之相袭，乃以僧家无子，授之徒，与子何异，故必觅一聪慧有福相者，俾为呼必勒罕。幼而皆习之，长成乃称呼图克图。此亦无可如何之权巧方便耳。……盖佛本无生，岂有转世？但使今无转世之呼图克图，则数万番僧无所皈依，不得不如此耳。……然转世之呼必勒罕出于一族，是乃为私，佛岂有私，故不可不禁。"（《高宗纯皇帝御制喇嘛说》，页一四九）"至佛法以虚寂为宗，无来无去，故释迦涅槃后并未出世。即宗喀巴阐演

黄教，亦未出呼必勒罕。"（乾隆五十八年四月十九日谕，页二六八）

正因为有了这样的认识，对于高级僧侣以及驻藏大员、地方官员，凡有违反国法之事，乾隆敢于采取严厉的处理措施。

廓尔喀侵掠后藏事件平息之后，引狼入室的噶玛噶举派红帽系活佛（沙玛尔巴）虽然已经死在尼泊尔，其尸骨仍被运回在西藏"悬以示儆"，乾隆亲自下令停止该活佛系统转世，其寺其僧均强令改宗格鲁派；对于该事件中负有重大责任的扎什伦布寺大喇嘛济仲"拿至前藏，对众剥黄正法，其余扎苍及仲巴（注：班禅强佐）呼图克图，俱拿解至京，治罪安插。……我朝虽护黄教，正合于王制所谓修其教、不易其俗、齐其政、不易其宜，而惑众乱法者，仍以王法治之，与内地齐民无异。……天下后世，岂能以予过兴黄教为讥乎？"（驻藏大臣松筠之注释语，页一五零），"朕于黄教素虽爱护，但必于奉教守法之喇嘛等方加恩遇，若为教中败类罪在不赦者，即当明正典刑，断不为稍为袒护"（汇编2，第691页）。

经过对"朱尔墨特那木扎勒"事件的处理，乾隆有所反思，"朱尔墨特那木扎勒凶悖肆恶，恣行无忌，本因向来威权太盛，专制一方，致酿此患。乃朕加恩过重，有以纵之，不可不追悔从前之不早为裁抑"（见《乾隆实录》卷377，转引自唐文基、罗庆泗《乾隆传》，人民出版社1994年版，第156页）。在处理"朱尔墨特那木扎勒"事件中，也是相似处理，国法第一的思想显而易见。

乾隆的评论是："元朝曾有是乎？盖举大事者，必有其时与其会，而更在乎公与明，时会至而无公与明以断之，不能也；有公明之断而非其时与会，亦望洋而不能成。"（《高宗纯皇帝御制喇嘛说》，页一五零至一五一）

一方面对于达赖、班禅等大活佛礼遇有加，另一方面，又将对于格鲁派的尊崇与维护国法区别对待，不将两个不同的问题混为一谈，进退有据。这对我们是有借鉴价值的。

对于在"朱尔墨特那木扎勒"事件中负有重要责任的驻藏大臣纪山（赐自尽），在廓尔喀第二次侵藏事件中举止失措的驻藏大臣保泰（重枷示众），第一次侵藏事件中负有重大责任的噶伦索朗旺杰（已死，革去扎萨克台吉）、第巴桑阿（流放）进行了严惩。

三 创新制度建设

创新制度建设包括两个方面，一方面是在原有制度的基础上，加以完善；另一方面是在开阔的视野下，根据具体情况进行创新建设。

具体说来有这样一些。

（一）取消藏王制度，明确驻藏大臣的职权范围

"朱尔墨特那木扎勒"事件之后，清政府取消了藏王管理西藏地方的制度，"始不封汗王、贝子，设四噶布伦分其权，而总于达赖喇嘛"（《西藏图考》卷二，载《西藏图考·西招图略》，西藏人民出版社1982年版，第75页）。

驻藏大臣之设，起于雍正初年，直至清朝倾覆。乾隆五十八年八月二十七日谕："向来大臣内才堪办事之人，多留京供职。其从前派往驻藏办事，多系中才谨饬之员。该大臣等前往居住，不过迁延岁月，冀图班满回京，是以藏中诸事，任听达赖喇嘛及噶布伦等率意径行，大臣等不但不能照管，亦并不预闻，是藏驻大臣竟成虚设。嗣后藏中诸事，皆当隶驻藏大臣管束料理。如遇有噶布伦、商卓特巴、第巴、戴本等缺，皆应归驻藏大臣秉公拣放奏补。""即商上收支一切，亦应令驻藏大臣综核。"为保证驻藏大臣行使职权，除了选任相对合适人员外，并增添了随员。（汇编3，第764—765页）

提高驻藏大臣的地位与权力，加强中央对西藏地方的管理，防止噶伦专擅，使驻藏大臣制度得以完善，这是乾隆时期所做的一项具有长远打算的重要工作。虽然后来的驻藏大臣中还是出现了一些"中才"、"庸才"甚至"颟顸之才"，但是整体上说，在国家遭逢内忧外患之际，驻藏大臣制度仍然起到了维护国家统一的客观作用。

（二）西藏地方主要官员的人事权由驻藏大臣会同达赖喇嘛拟定正陪，请旨补放，并拟定等级，发给顶带，分隶职司

"噶布伦、戴本等向虽由驻藏大臣具奏，其余商上仔本、商卓特巴、业巴仓巴、协尔帮、希约第巴、朗仔辖密本第巴、噶厦中译、小中译、卓尼尔、各察落大小营官，系噶布伦等酌拟数人，由达赖喇嘛挑定，驻藏大臣并不过问。……向来大小番目迁站补放，毫无等级。"（页二九九）也就是说，将主要官员的任命权收归中央，一定程度上防止了地方官员"任意侵蚀"租赋，保证了对于西藏地方统治的稳固。

同时，鉴于出现的达赖、班禅家族"每多亲近管事"，造成藏事混乱的情况，决定，"嗣后大小番目及前后藏管事喇嘛需人，均不得以达赖喇嘛、班禅额尔德尼族属挑补，以杜弊端。至所称达赖喇嘛、班禅额尔德尼转世后仍准将前辈亲族量材录用之处，……临时再交驻藏大臣看其才具酌量录用，以昭平允"（汇编3，第806页）。

（三）设立金瓶掣签制度

乾隆五十七年八月二十七日谕，就曲均（注：即引文中之"吹忠"，藏语护法神之音译，其时有四大护法神：拉穆、噶栋、乃穷、桑耶；而以拉穆为主）降神指认达赖、班禅等大活佛转世之事而言，"拉穆吹忠既不能认真降神，往往受人嘱求，任意妄指，是以达赖喇嘛、班禅额尔德尼、哲卜尊丹巴呼图克图等，以亲姻娅递相传袭，近数十年来总出一家，竟与蒙古之公世职无异。甚至丹津班珠尔（注：出身西藏大贵族噶锡巴家族）之子亦有出呼图克图之呼毕勒罕者，以致蒙古番众物议沸腾，均怀不平。即如仲巴（注：扎什伦布寺大活佛，六世班禅圆寂后为扎什伦布寺管事。）与沙玛尔巴同为班禅弟兄，仲巴系扎什伦布商卓忒巴，……（廓尔喀之侵）此即呼毕勒罕不真，族属传袭之弊所有起也"（汇编3，第763页）。"孰意近世其风日下，所生之呼毕必勒罕，率出一族，斯则与世袭爵禄何异，予意以为大不然。"（《高宗纯皇帝御制喇嘛说》，页一四九）

活佛转世已成为变相的家族世袭的情况，在这个时期的表现还可以略加说明：上文所说的六世班禅，与仲巴呼图克图罗桑金巴、噶玛噶举派红帽系第十世活佛（沙玛尔巴）却珠嘉措是同母异父的兄弟，其时的桑顶多吉帕姆女活佛则为他们的同母异父的兄弟姐妹，他们的外祖家则是拉达克土王。八世达赖强白嘉措则是由六世班禅在其亲戚家中指定的。六世班禅去世后，八世达赖又从自家叔伯家中选出七世班禅。而且八世达赖的侄子又是喀尔喀蒙古最大活佛哲布尊丹巴。上文中提到的丹津班珠尔，不仅自己即为西藏的大贵族，其妻为八世达赖的妹妹、沙玛尔巴的侄女。

"兹余制一金瓶，送往西藏，于凡转世之呼必勒罕，众所举数人，各书其名置瓶中，掣签以定，虽不能尽去其弊，较之从前一人之授意者，或略公矣。"（《高宗纯皇帝御制喇嘛说》，页一五零）

乾隆五十八年二月，为青海及蒙古地方转世者四名进行试掣（此四人均非大呼图克图，未列理藩院名册，无须曲均指认）。其中一人有三名灵童候选，另三人每人只得一名灵童。经过掣签，三名候选者自然掣得一人，仅一名候选者有两人掣中，一人掣得空签，发回另行寻找灵童。蒙古各地方确认转世，在京雍和宫掣签；西藏本地及西宁办事大臣所属地方转世者在藏掣签。

这是一项重大改革措施，其意义不仅在于藏传佛教活佛转世上。它的确立，改变了此前贵族内定大活佛转世的弊端，中央得以控制宗教事务管理的关键权限，意义在当今依然显现；这一制度还对于防止贵族权力膨胀，以至于出现内讧分裂，都有重大意义，我们不能因为这一制度强化了西藏地方政教合一统治而加以否定，对于历史有必要抱有"同情之理解"的态度。

当时建立这一制度的出发点，与国内20世纪90年代以来关注点是不一样的。90年代以来，因为存在着分裂主义政治集团的外部干扰，在金瓶掣签问题上凸显的维护中央权威和国家统一的问题，这在当时还不成为一个问题，当时在中国还不处于现代民族国家体系之中；而这一制度在客观上作为历史定制，特别是在班禅转世问题上发挥了重要的作用。

（四）整顿西藏军事设置，建立定额的常规军备力量，保证正常的边防需要

此前西藏地方虽有兵数，但兵民不分，并没有建立起常备武装力量。

同时，在中尼边境地区设立标志，"撤兵后查明藏内边界，一一设立鄂博，毋许私行越界。将来驻藏大臣按四季二人轮流前往实力稽查，凡济咙、聂拉木、宗喀等处，务须遍行稽查，并于稽查之便，将各该处所驻兵丁勤加操演，以期熟练"（汇编3，第765页）。至于与印度边界，当时还不存在纠纷问题，而且地理状况与后来大不相同。

（五）停止使用廓尔喀钱，铸造货币

乾隆五十六年九月谕："若于内地铸运，程站遥远，口外又多'夹坝'，运送维艰，莫若于西藏地方照内地之例，安设炉座，拨派官匠，即在彼鼓铸。驻藏大臣督同员役监制经理，自可不虞缺乏。"又谕，"我国家中外一统，同轨同文，官铸制钱通行无滞，区区藏地何需转用外番币货。况伊将所铸之钱易回银两又复掺铜铸钱向藏内交易，源源换给，是卫藏银两转被廓尔喀逐渐易换，尤属不成事体。"

乾隆五十八年（1793年）正式开始铸造藏币，正反面分别用汉文、藏文铸以"乾隆通宝"。廓尔喀银钱作为银两，用完销除。为此在藏设立造币机构"宝藏局"，宝藏局由商上负责西藏银币的铸造与发行，铸钱官员由驻藏大臣会同达赖共同委派。在内地通用通宝制钱的情况下，根据西藏地方习惯使用银钱的实际，铸用银钱。西藏地方币制走上正轨。随后分别铸行的还有"嘉庆宝藏""道光宝藏""咸丰宝藏""同治宝藏""光绪宝藏""宣统宝藏"等。

后两点，是为了维护西藏地方稳定而采取的重大措施。历史的吊诡之处在于，时隔一个多世纪以后，竟然有论者把它们当作西藏乃独立国的"论据"，实乃荒唐。

四　把边境安宁当作大事来对待

"夫开边黩武，朕所不为；而祖宗所有疆宇，不敢稍亏尺寸。"这是乾隆对待疆域的基本态度。同样是国家安全问题，在对待西藏与回疆上，差异明显。

1788年尼泊尔犯边，乾隆"昼夜筹画"，"卫藏为黄教兴隆之地，内外诸蒙古无不以是为宗，所关事体大。是以康熙、雍正以至今，无不遣大臣驻兵防守"（《钦定巴勒布纪略》，中国藏学出版社2006年版，第2页）。

"盖御边之道，不在目前之宁静，须筹久远之安全。未可以'穷寇莫追'之语文其退懦，遂忘远虑，至失先机也。"（《钦定巴勒布纪略》，第3页）

五　坚持原则性与灵活性统一及其他

对于事理的先后建立正确的认识，才能有适宜的举措。对于此点，前文已经略有述及，还可以说几句。正如乾隆在《喇嘛说》中所言："夫定其事之是非者，必习其事，而又明其理，然后可。予若不习番经，不能为此言。始习之时，或有议为过兴黄教者，使予徒泥沙汰之虚誉，则今之新旧蒙古畏威怀德，太平数十年可得乎？……盖举大事者，必有其时与其会，而更在乎公与明。时会至而无公与明以断之，不能也，有公明之断，而非其时与会，亦望洋而不能成。"

达赖、班禅两处的财权，"向不归驻藏大臣经管，达赖喇嘛、班禅额尔德尼平素自奉，以及例需应用各项，俱听其自便。今改为隶驻藏大臣总理，亦不可过于严切。……不过代其稽查出纳，不至如从前为达赖喇嘛、班禅额尔德尼弟兄亲族暨商卓特巴等借端侵渔"。（《卫藏通志·镇抚》，页三一五）

在重大原则问题上毫不含糊，在一些不牵涉原则的问题上，不作茧自缚，保持灵活性，这是一种在什么时代都值得借鉴的领导艺术；这是一位战略家的眼光体现，更是一位政治家的自信心的体现。

其战略家的眼光和政治家的自信还体现在对于重大问题处理上的光明磊落。"朱尔墨特那木扎勒"事件处理完毕之后，乾隆曾做出了如是审视：（驻藏大臣傅清等）"见事不为不明，就义不为不勇，为国家去一大患，更为有功。然平心论之，却非办事正理。……见朱尔墨特那木扎勒诱至加诛，并未明正其罪，……天朝举事如此谲诈，将人人疑畏，何以昭示大信？是以明降谕旨，令达赖喇嘛、班第达知朕办事之光明正大，以释其疑而安其心。"（汇编2，第526页）正义、正当之举，亦需光明正大，昭以大信，方是成大事者之所为。

2011 年

20 世纪上半叶西藏政事的现代性分析

本论题首先牵涉的是西藏近代史的分期问题，也就是本文时间段的选取问题。作为"中国少数民族简史丛书"之一的《西藏简史》（1985年12月出版）采用的是"五社会形态"理论，对涉及近代这一部分使用"半殖民状态下的封建社会"予以划分，在其小章节中无明确的分期意识；《当代中国的西藏》等亦承袭此类方法。恰白·次旦平措先生等主持编写的《西藏通史——松宝石串》（汉文版1996年1月出版）以地方王朝为分期标准，在"甘丹颇章政权统治时期"这一大标题下，近代部分则被统摄于"十三世达赖喇嘛土登嘉措时期"标题下。

这是一个被忽视的问题。历史的分期可以有多种考虑，近代期是与现代期相衔接的、已结束了的但与古代期相比又有若干新因素的历史时期，从这种角度出发，以现代性的植入为标志进行划分至少是一种可行的办法。美国藏学家梅·戈尔斯坦（M. Goldstein）的《喇嘛王国的覆灭》和加拿大藏学家谭·戈伦夫（T. Grunfeld）的《现代西藏的诞生》均涉及了西藏近代史的分期问题，虽然没有明确提出。前者划定的年限是1913—1951年，作者所要论述的是在这一时期西藏社会所受到的变迁冲击，结论是在适应形势的变革中"尝试"与"反对"的较量的结果令人失望[1]；后者则可视为前者的续篇，其"现代"一词的含义主要是指一种明确的经济社会推动过程。

中国近现代史研究的中心和主题一直是革命史，其他方面均围绕这一中心进行（罗荣渠，1996），西藏也不例外。80年代国内引入现代化范式后，在历史学、社会学等领域取得了丰硕成果。与此同时，西藏近代史研

---

[1] 参见其译著，第39页。戈尔斯坦之所以以1913年十三世达赖喇嘛推行新政作为其上限，我以为与他对此前张荫棠等人推行新政措施的汉文文献缺乏了解有关，而这方面的藏文文献很少。

究依然在传统方法中徘徊。

"现代性"（Modernity）概念难以明晰，就如"文化"等概念一样，无法给出共识性的定义。[①] 本文在使用现代性概念兼及现代、现代化等概念，将现代化视为一种带有连续性和承续性的过程，而将现代性视为一种取向态度和若干因素。本文选取1907年开始的张荫棠—联豫"新政"至1951年中央人民政府与西藏地方政府签订"十七条协议"这一历史阶段进行现代性分析，从过程描述的角度而言，西藏的现代化发生在此阶段之后，在此期限内只有一些不连贯的片断。由于角度关系，对西藏政事的详略与正史有所区别。

一　西藏现代性植入情形

西藏是在经历了和经历着一些重大变化时进入20世纪的：英国在西藏南部边境经过若干意图深远的经营之后，1888年发动了第一次侵藏战争，嗣后清政府于1890年与英国签订了《中英会议藏印条约》，将哲孟雄（锡金）确定为英国的保护国，并强占了西藏的日纳、隆吐等地；1893年就通商问题签订了《中英会议藏印续约》，开放亚东为商埠，英印政府派员驻亚东并享有治外法权；1895年十三世达赖喇嘛亲政；1899年"第穆事件"后，达赖掌握政事的主导权。

英国第二次侵藏战争（1903—1904年）影响重大，西藏传统的发展轨道被打破，迫使西藏不能再保持相对完整的封闭状态。1904年7月28日达赖喇嘛秘密出逃外蒙古和内地，9月7日（藏历八月二十四）在布达拉宫签订《拉萨条约》。围绕达赖出逃和《拉萨条约》的修订，改革藏事变得必要，也具备了一定的可能，外部刺激和内部反应同时发挥着作用。一直到20世纪50年代初的近半个世纪，可视为西藏在传统与现代之间进行探讨的时期，可称之为"西藏现代化的过渡时期"；现代性因素与其他因素交织在一起，构成了半个世纪动荡的历史。其现代性本事情形分成三方面叙述。

（一）张—联新政和十三世达赖新政

19世纪60年代至20世纪初的近代中国有过三次新政运动：洋务运

---

① 参见汪晖《关于现代性问题答问》，载《天涯》1999年第1期。

动（1860—1894 年）、维新运动（1894—1898 年）、君主立宪运动（1905—1911），后者对边疆地区影响最大，也是张荫棠登上西藏政事舞台的思想背景。西藏地方政府被迫与英国侵略者签订城下之盟，严重影响了中国领土主权的完整，震动了正在进行自救与变革的朝廷；作为维新派人物和具有丰富外交经历的政治家，张荫棠在印度接手改订《拉萨条约》的过程中，对西藏面临的危势深有感触，并于1906 年 2 月 26 日提出改革藏事的设想，"我国整顿藏事，迟早皆应举办。今事机迫切，尤为刻不容缓。拟请奏简贵总制全藏，一面遴派知兵大员，统精兵二万，迅速由川入藏，分驻要隘，所有一切内政外交，均由我国派员经理，并次第举行现办新政，收回治权。其达赖班禅，使为藏中主教，不令干预政治"。（张荫棠，第1304 页）清政府基本采纳了他的建议，4 月 29 日令其"前往西藏查办藏事"。9 月正式入藏，其查办藏事除了落实修订条约之规定外，光绪的"谕旨"给了查办藏事使命以较大的活动余地。① 张荫棠先以整顿吏治，严参驻藏大臣有泰及其他汉藏官员，接以在西藏上层中痛陈危势，作为其新政之先导。1907 年开始推行其新政措施，所及广泛，具有鲜明的系统性（这是与联豫的明显不同之处）；张荫棠离藏后，清朝最后一位实任驻藏大臣联豫继续实施，其措施直承张荫棠且在张的构架内进行，直到清王朝覆灭。

1. 政权体制改革

试图在西藏地方实行政教分离的体制，实行行省制，改革行政管理体制。张荫棠提出裁撤驻藏大臣和驻藏帮办大臣，改设行部大臣，委以重权，便宜行事，达赖班禅等均归节制；行部大臣下设左右参赞、左右参议，分理内治外交各局事务；对达赖班禅赏加封号和优给厚糈，专理宗教事务；在行部大臣署内设交涉、督练、财政、学务、巡警、裁判、工商、路矿、盐茶、农务九局，噶伦、代本等每日赴署秉承办公；恢复藏王制，由行部大臣饬三大寺大公所会同选定奏补。对于基层行政，主张在各冲要之处设巡警局、裁判局，暂用陆军巡警法律学堂毕业生署理，尔后再行改设道府同通州县等（张荫棠，第1398 页）。在张荫棠的推动下，负责举办新政的九局在1907 年得以建立；联豫在1910 年开始在西藏各地设立委

---

① 光绪在1906 年 5 月 15 日电谕张荫棠："朕惟西藏地方关系至为重要，现在中英两国新定约章，特命尔前往西藏查办藏事。所有按约开埠事宜亟应切实筹办，至藏中应行布置一切，并即悉心经画，随时详晰具奏。"

员，分设于曲水、哈喇乌苏、江达、山南、硕般多、三十九族地方，相当于一方行政大员；1909年添设参赞一员驻后藏，以维边务；1910年联豫提出裁撤驻藏帮办大臣衙门，于前后藏各设一参赞，得到朝廷认可；1911年联豫设立幕职分科办事，行政管理体制有所改观。对于实行政教分理、实行行省制问题，在张荫棠提出后在国内引起了激烈的讨论，后随辛亥革命爆发而作罢。

2. 军事改革

改革兵役制，改善装备和训练，强化近代军事观念和国防观念。其目的在于增强藏军战斗力以御外侮，并能镇摄政事。这也是张荫棠新政思想的一个重要部分。在实效上1908年在拉萨办起了西藏第一所武备学堂，随之选练新军；1910年初川军入藏后，与原练新军合营，并将之驻防于前后藏重地。从张荫棠在上层人士中的演说和在民间散发的通俗小册子来看，张荫棠明显地感受到了在西藏近代军事和国防观念的严重缺失，为多少有所补救，他进行了大力的强化宣传。

3. 教育改革

创办白话报馆和《西藏白话报》，兴办学堂，以开启民智为要务。"因思渐开民智，莫善于白话报，与其开导以唇舌，实难家喻而户晓，不如启发以俗话，自可默化于无形……现（1907年）已于藏中开设白话报馆一所……以爱国尚武开通民智为宗旨，通篇全译唐古忒文字，取其便于番民阅览。"白话报出，在藏颇受欢迎（联豫，第1489页）。"语言不相通，办事致形隔膜，汉番时相仇视。宜广设汉文小学堂……以冀普及教育。数年之后，藏童皆晓汉文汉语，再设中学堂，教以英印文字及各种科学"（张荫棠，第1398页），在兴学上，联豫持有相同的观点，并着力兴办，到1909年5月（宣统元年三月）西藏已先后设立19所学堂，学生400余人。与此相关的措施还有：联豫1908年设印书局，翻译出版《圣谕广训》及实学之书；张荫棠到拉萨后不久到大昭寺对西藏僧俗官员宣传《天演论》思想，"力陈物竞灭演之公理"，尔后译行《藏俗改良》、《训俗浅言》两本册子，以图改良不合时宜之习俗，"民间踊跃传抄"。这些推行维新思想的措施，事实上是从眼前和长远两方面着想而实行的。

4. 倡导实业和生产发展

张荫棠将开发矿产资源视为西藏富强之根基，并进行了周详的筹划，从劝谕西藏地方政府准予开采，到开采方式、税收问题等进行了详细的厘定；在发展生产上，力主开垦荒地发展农业，提出荒山废坡均可开采，头两年不收租，从第三年起只收十分之一租，并提出了发展水利等一些改良措施；在牧业上，力图改变只生产初级产品的局面，主张改良技术，进行畜产品加工，实行综合开发利用。但这些措施在他离藏后未能得到联豫的重视，加之条件所限没有取得什么进展。另外，在交通建设上提出过一些设想但未付诸实施，邮电上取得了一点成果。

随着清王朝的覆灭，张一联新政也随之结束。达赖自第二次出逃后返回，进入达赖新政时期。达赖新政的直接推动力是他两次出逃（前后约7年）之所见和所受到的刺激，藏事改革的必要性已在流离生活中产生，回到拉萨后不久即于1913年藏历一月八日发布《关于西藏全体僧俗民众今后取舍条例》（即"水牛年文告"），[①] 这是他新政的标志，相关内容主要有：所有僧侣均应恪守戒律；各级官吏征税执法应顾及各方利益；封锁边界，不得让外人密探入境作乱；凡开垦的荒地在三年后按土地面积和收获多少，或征税或租赁，在固定土地主人时，须官民双方共同认可。山野开荒造地，种植杨柳蒺刺，不得阻挡，并免征三年差税。

军事方面 1914年西姆拉会议结束后着手建立新式军队，设立了马基康（藏军司令部），擦绒·达桑占堆任马基，着手筹建新军（此前只有三千藏军，武器原始）。为了解决军官缺乏的问题，英国在江孜办了一所军官训练学校，达赖派官员多人受训，这一学校直到1924年擦绒事件后才停办，经训练的军官派到各代本中任职，组成正式藏军（共12个代本，计划是按藏文字母组建30个代本）。武器装备由英国供给。1916年又派桑颇·班丹曲旺等人员和部分普通藏兵前往印度学习火炮和机枪技术。1923年派江乐金公赴锡金考察印度军事制度与近代武器使用办法。1923年达赖下令建立警察局，并令制定警察法规和训练警察事宜。[②]

发展实业 1913年派强俄巴等4人赴英国留学，由孜本龙厦·多吉次杰带队。强俄巴·仁增多吉学习电机，门仲·钦绕古桑学习勘矿，吉普·旺堆罗布学习电信，朗卡娃·索朗贡布学习军事。门仲曾受命开采金矿，受寺方反对而被迫停工，采矿之事就此作罢；强俄巴1923年回拉萨

---

① 参见拉鲁·次旺多吉《拉鲁家族及本人经历》。十三世达赖从印度返回后，"他高瞻远瞩地看到，若要使西藏得到发展，必须以外国为师，大批培养人才"（第10页）。"水牛年文告"内容见《十三世达赖喇嘛年谱》，《西藏文史资料选辑（十三）》。

② 见《西藏文史资料选辑（十三）》。

前，购买了小型水力发电站的电机配件（125 马力发电机组），1924 年 2 月 8 日达赖喇嘛批准了强俄巴在拉萨夺底沟引水建电站的规划，正式动工。1928 年夺底水电站建成后，又在原机器厂的基础上建起拉萨扎吉造币厂，制作银币、铜币和纸币，电站为之提供动力。同时他在造币厂内试制枪弹（从国外引进弹壳）成功（唐麦，1985）。1923 年派军队在恰曲绒地（临近波密）试种茶树。① 1931 年将罗布林卡以南的金币铸造厂、夺底等地的银币铸造厂及机械厂等合并成立查希电力机械厂。

发展事业　1916 年藏历九月在丹吉林寺附近新建藏医学院，任命哲蚌寺司药钦绕罗布为校长，从各地寺庙招学员学习藏医和历算。吉普 1920 年自英国返回西藏后筹办拉萨电报局，铺设拉萨到江孜的电线；1921 年藏历十一月噶厦派雪仲巴到大吉岭学习电话架设技术，派僧俗官员 3 人到印度学习英语；1925 年创办西藏邮政局和拉萨电报局；其邮政在驻藏大臣所设的驿站基础上改建，不出藏境，电报线路通到江孜，与英人办的江孜电报局接线。20 年代还成立了欧康（银行），负责改革币制。继 1913 年派 4 名贵族子弟赴英留学后，1923 年又批准在江孜开办了英文学校，次年停办。

整顿藏传佛教　1916 年藏历六月达赖喇嘛重倡戒律，"在进行坐夏为主常规佛事活动中，各自要严加管束，不得违犯四阿含经和一切清规戒律"，要求僧众遵规行事。水猪年（1923 年）五月鉴于发生徇私授予格西的情况，召集有资格参加木鼠年传大昭立宗辩论考拉让巴格西的人员，逐个严格考辨，其中个别人答辩不及格，故下令取消这次拉让巴格西学位，对授予这些人格西的有关寺庙洛本给予处罚。1931 年向全区格鲁派寺院下达整顿教律教规的命令，严禁僧侣喝酒、赌博、跳舞等不轨行为，不许僧侣出外做苦工挣钱，一切世俗活动均不得参加，只准在寺修习。

为推行新政，达赖对西藏行政管理体制作了部分改动，在噶厦之上设立了司伦，秉承达赖意志领导噶厦的日常工作。建立新式军队，举办新政，必然大量增加开支，在缺乏"国富"观念的西藏地方只有增加税收，实际上 1914 年即开始增收新税，由此引发了与班禅辖区的矛盾以及与寺院和贵族的矛盾，其新政措施也随之大打折扣。

（二）非连续性的片断

除上面所述之外，西藏的现代性努力就只有几个断续的片断了，主要

---

① 见《西藏文史资料选辑（十三）》。

是:"擦绒事件""龙厦事件""西藏革命党"。

擦绒事件的起因是水猪年十一月西藏"仲孜会议"讨论与藏军有关的事宜,因无军方代表参加,会议期间几名藏军军官闯入大会引发冲突。藏军司令擦绒·达桑占堆因参与其事而被免去军职,保留噶伦职务。深层原因是军方与僧侣集团的矛盾,自达赖从印度返回重视军事起,作为军事首领的擦绒与三大寺集团一直存在着尖锐的矛盾,虽然军方没有明确改革藏事的意图,但他们的所作所为已经产生了僧侣集团所不愿看到的社会影响,并被认为是神圣的政教事业的重大威胁。① 达赖圆寂后,擦绒被撤去噶伦职务。

龙厦·多吉次杰 1914 年自国外返回后,曾组织"求幸福者同盟",不过直到 30 年代方看到这个组织的影响。十三世达赖圆寂后,龙厦抓住这个机会试图实现他的改革理想,1934 年 5 月他以筹建达赖灵塔、尽快寻访转世灵童为名,联络了 80 多名僧官和 20 多名俗官签名加入这一组织,秘密集会,订立盟约,签名请愿,准备上书摄政和噶厦。请愿书的主要内容是:废除噶伦终身制,改为四年任期制;噶伦须从"西藏民众大会"的候选人中选举产生等。请愿的目的是通过改革政府体制来促进"改革西藏政治",即"对西藏的社会制度进行某种改良","实现一定程度的民主"。但在正式请愿前事泄,噶厦逮捕了龙厦等,龙厦认为"我并未做错任何事,而是噶雪巴为了自己捞取好处编造了这些……我唯一的目的就是通过选举噶厦成员改革噶厦政府"。龙厦等人受到了严厉的处罚,罪名是"亲苏分子""想在西藏搞十月革命""要杀人""要毁灭宗教"(拉鲁,1984)。据龙厦之子拉鲁·才旺多吉的说法,在达赖圆寂后的一段混乱时期,龙厦与僧官丹巴降央"认为西藏社会制度非改革不可。英国的社会制度对西藏很适合"(拉鲁,1995)。

"西藏革命党"(Tibet lmprovement Party)由邦达饶嘎于 1939 年在噶伦堡同江乐金·索朗杰布、土登贡培等建立。饶嘎确信西藏政府不能适应现代世界的发展要求。从 1946 年初印度警方发现饶嘎订购了 4000 份"西藏革命党"党员表格副本和 2000 张党员登记卡及一枚党徽来看,他的组

---

① 麦克唐纳在《旅藏二十年》中这样谈道:"这黜革的原因,是因为他们穿西式服装,剪短头发,但是真正原因实不在此,有几位年龄轻的军官,曾经在一种盟约上签字,表示无论如何在军政暗潮里,要彼此互相帮助。然而有一位青年虽然参加订盟会议,但是拒绝签字,并将这一消息报告政府。"转引自牙含章《达赖喇嘛传》,第 275—276 页。

织建立后多年似乎也未开展过什么活动。1946年4月10日，英国驻拉萨商务代理黎吉生通报噶厦有这样一个政治组织的存在，26日西藏"外交局"请求印度政府引渡饶嘎。6月19日英国人查抄了饶嘎和其他6人在印度的住处，发现了一份签署过的"西藏革命党协定"复印件和饶嘎致国民党当局的几封信。7月22日饶嘎被迫离开印度赴上海；不久土登贡培被引渡出印度，江乐金作为不丹王族子弟的经师免于引渡；同时噶厦监视自印度返回拉萨且被认为是该组织主要成员的根敦群培的行动，7月根敦群培被审讯并被关进监狱。[①] 这就是这一组织的结局。

"西藏革命党"的实质是一种政体改革企图，"我们必须尽自己最大的努力使西藏从现存的专制政府中解放出来。我们还必须遵循世界上其他进步和民主的民族和国家特别是民主的中华民国中央政府的办法行事"，[②]并对政治制度进行改革。这一事件在缺乏足够资料的情况下，难以进行全面分析。可以确定的是其发生在接受了现代思想的一部分藏族人士身上，但未能对西藏政事产生直接的影响。即便如此，这仍从一个侧面反映了现代性变革思潮的涌动。

（三）其他政事的可能与不可能

其他政事主要有：1913年由英国策划下的企图分裂中国的西姆拉会议、1923年因军费税赋等问题前后藏失和并导致九世班禅出走事件、1934年国民政府参谋本部次长黄慕松致祭十三世达赖喇嘛和1940年国民政府蒙藏委员会委员长吴忠信赴藏主持十四世达赖喇嘛坐床、1942年7月在英国的唆使下噶厦宣布成立"外交局"、1946年噶厦派出"慰问同盟国代表团"、1947年热振事件和泛亚洲会议、1947—1949年噶厦组织的意在寻求独立支持的"商务代表团"、1949年7月"驱汉事件"、1950年昌都战事等。这些政事与西藏的现代性发展没有密切的联系。除了西藏内部的矛盾和斗争外，西藏地方政府上层中一些人的意图是企图脱离中央政府而实现独立，其中外国势力扮演了幕后鼓动和策划者的角色，而中央政府方面则针锋相对地反对。这些方面一直延续到下半个世纪，并对西藏的经济发展和社会进步产生了较大影响。

1944年的拉萨英语学校是20世纪20年代开办江孜英文学校后的又

---

① 资料部分见戈尔斯坦《喇嘛王国的覆灭》，第462—477页。
② 见《噶伦堡西藏革命党简要协定》，转引自《喇嘛王国的覆灭》，第472页。

一次尝试。黎吉生等向噶厦建议，为使在政治、军事、工业各方面能够独立行事，应让更多的藏族青年学习英语。摄政大扎和噶厦接受了英人的这一建议，拨出藏银25000两、青稞700克①作为建校经费，1943年开始筹办，并聘请了外籍英语教师，确定学校由孜康和"外交局"管理。1944年7月底（藏历六月十日）开学，噶厦在为开学典礼发出的指令中说："已故十三世达赖喇嘛高瞻远瞩，为适应时代之需要，曾保送一批僧俗官员去英国伦敦求学。水猪年又专门聘请英语教师拉扎洛（Frank Ludlow）先生创建英藏文化学校，招收贵族子弟入学。为了继承这一英明决策，从长计议，以利政教宏业，现决定成立藏英语文学校。学生范围是上中下层俗官子弟、僧官学校毕业生；贵族中申请出任七品官并有把握获得批准者，以及从农务局系统中挑选有培养前途的低层平民子弟等。"开学时学生43名，除农务局的10名为一般平民外，余为贵族子弟。当时上层中对开办这一学校持反对态度的大有人在，寺院系统反对更是坚决，认为这将改变贵族子弟的固有信念，削弱寺庙的收入，将来一旦由他们掌权，会给政教事业带来很大的危害。5个月后迫于压力噶厦关闭了学校（噶雪、拉鲁，1984）。在西藏本地，与现代化有关的尝试，这是最后一次。可以看出，明显的取向是对器物上（如军事装备）的变化的容忍，一旦涉及显在的有可能对社会制度产生冲击的方面则予以拒绝和抵制。

二 西藏现代性的整体分析

西藏社会对现代性的寻求是在一种半殖民条件下开始的，这在后期表现得尤为突出。大扎摄政时期（1941—1950年）的种种自主的行动，其背后一直存在英国的巨大影子，而当政者对英人的"建议"一味接受，几难看到自觉的反省。

在当时缺乏必要的经济和文化环境的情况下，之所以能够发生现代性的努力，除了封闭之门被打开之后再也无法关上的原因之外，还与直接推动这一努力的主要人士的思想观念密切相关。张荫棠在国内时曾接受了维新思想，自1896年赴美从事外交到赴印度与英人议藏约，又有多年对西

---

① 克，计量单位的藏语音译，1克青稞相当于14公斤青稞。

方的切身感受；联豫亦曾出使欧洲；十三世达赖喇嘛自 1904 年至 1909 年和 1910 年至 1912 年的两次出逃，深受外界的影响，特别是后一次受英人影响颇大；其他有关人士莫不有过直接或间接地受西方思想影响的经历。这对他们的观念转变产生了深刻的促进作用，促使其启动新的努力。

总揽半个世纪的西藏历史，对其现代性可做出如下归纳分析。

（一）非过程化

也就是若干现代性尝试缺乏过程性，相互之间没有促进和深化的关系。各次尝试当然存在着不同特点，主导政事方面是自上而下推行改革措施，其他方面则是由"精英分子"向上做出努力；虽然都是感受到外部世界的"挑战"而图变，张—联新政、擦绒事件和龙厦事件是从冲击固有社会制度入手来推行，而达赖新政则是在维护社会制度的前提下推行的，或者说只是出于修补制度的考虑；至于其他政事则鲜有自己的主张，重点在谋求独立，现代性努力已被搁置。

在一些具体措施上，可以看出一点承继关系来，如果把西藏政事以 1933 年十三世达赖喇嘛圆寂为界分为前后期，这种承继关系主要体现在前期。如张荫棠推行的开垦荒地的措施，不久以后达赖喇嘛在其著名的"水牛年文告"中即予重倡，提出的具体措施几乎如出一辙；如"民生日用之所必需"之茶叶和开发矿产资源等，张荫棠曾大力提倡并有过尝试，[①] 达赖喇嘛在 20 年代也进行试种、试采的尝试；如对近代军事的重视，这一点一直持续到上半世纪的结束；还有如农务局等张荫棠举办新政的机构设置，一直到后期都得到了沿用。

（二）人亡政息（政治上的上层依赖化）

政教合一的封建农奴制是一种独特而典型的集权制，在这种制度下领袖人物的作用举足轻重。"人亡政息"是西藏近代化发展中重要的一型，其内部根源是相应体制的缺失，缺乏一个阶层的文化与认识支持，现代意义上的政治关注意识普遍缺乏；也是集权式政体变革的悖论——领袖人物已经感受到改革的必要性，但又不能在改革社会制度的前提下进行（这一点类同于清末洋务运动）；而不对社会制度进行改革，不对文化进行反思和创新，改革又不可能推行下去。

---

① 光绪三十三年四月二十九日（1907 年 6 月 9 日），张荫棠咨川督饬各属放行西藏采办茶种，以备种植。见《张荫棠驻藏奏稿》。

张荫棠—联豫新政虽试图有所作为，但由于驻藏大臣制度的改革未能取得实效，辛亥革命后政事的主导权依然掌握在地方政府上层手中，他们改革的结果比预期的相去甚远；达赖喇嘛在推行新政过程中是摇摆不定的，其担负的角色常发生悄然转换，一旦阻力太大或者认为对其权威构成某种威胁即产生退缩。这些在一定程度上说明了现代化"后发"地区首先得突破制度层面上的障碍的合理性。在社会制度依然故我的条件下，只有靠政治权力的介入才能导入新的社会因素，西藏的现代化的最初探索无疑只能从"上层"开始——其含义是，只能由具有最高决定权的人物来发动，在专制政体下，任何改革如果与当权者意见相左都有可能夭折，正如我们在擦绒、龙厦、绕噶等人身上所看到的那样，他们也正是从政治制度上着手，其他方面改革措施并未提及。① 如此，西藏现代性的植入由张荫棠和十三世达赖喇嘛肇始可谓顺理成章，张荫棠及承续张荫棠的联豫新政，是达赖喇嘛缺位的情况下举办的，与达赖相同是由最高权力者发动的，取得的成绩和实施的力度相对而言就显著得多。

虽然角度不一，张荫堂和达赖喇嘛的"现代化思路"均是"防御性"的，都看到了一种迫在眉睫的生存问题：不论达赖喇嘛出于何种考虑，被迫离开西藏多年的经历使他感到不有所变革就无以在将来的社会里立足；张荫棠则是从对外强之虎视眈眈与西藏社会之封闭落后着眼，他们推行的措施是以西方为样板的。这种上层依赖性难以持久，甚至会形成某种断裂。

（三）半器物化

与内地现代化发轫时期的表现形式相似，西藏对现代性的触动重在器物上，而且同样采取的是实用主义的态度：军事装备、"不会对政治产生破坏性影响"的技术等。其中尤其以军事方面最为明显，就是在这方面也是重装备轻军事现代化发展。到这一时期结束，藏军依然是一支落后的军事力量。"无论如何，外界的影响直到 20 世纪中叶都没有导致生产力发展水平和当时的生产关系之间产生明显的矛盾，这个矛盾不可避免地会导致占统治地位的生产方式的崩溃。""藏族神权统治的上层分子总是千方百计地'保护'这一地区免受外界的影响……一些现代化的武器开始

---

① 只有在取得最高政治权力或在一个适宜的体制环境中，才有可能提出经济现代化等措施，否则没有任何意义。

进入藏区，它使得封建制度巩固了自己对各民族的统治。人类巨大的物质进步，对西藏生产力其他方面的影响显得如此微弱，以至于实际上影响等于零……西藏的出口结构也证明了对外贸易并没有促进这一地区生产力的发展，也没有促进包括采掘业在内的新的生产部门的产生。输出到境外的是羊毛、毛制品、皮革、麝香、盐及草药，并且羊毛就占了西藏地区出口值的3/4。"（阿·姆·列谢托夫等，1989）

西藏和平解放前相对完整的经济资料难以获得，对之进行整体性定量分析几乎不可能，只能采取个案研究的方法或者进行定性析。西藏农奴制下的主要经济形式是封闭的自给自足式的庄园经济，① 自然经济和半自然经济占统治地位的经济形态也决定了经济内部联系很弱，广袤的高原未能形成一个起码的经济共同体；宗教政权关心的只是名目繁多的赋税和差役，② 也就对现代经济制度所需要的包括经济统计在内的一套规范采取漠不关心的态度，换句话说，当时社会发展程度还没有产生这方面的需要。而且在惯性驱动下，三大领主对经济发展并不采取积极鼓励的态度，而生产者在缺乏自主权（没有必要的人身自由，依附于土地和领主）的情况下，自然也不会有扩大生产的愿望和能力；加上经济结构长期处于固定化状态，新的济因素又无法生长出来，这也就无法给政治变迁以内部的推动。

（四）非制度化

制度有两层含义，一为体制结构，一为包含思想意识方面定性化的存在；此处着重在前一方面。这一时期西藏的行政体制大体上是沿用旧制，地方政府的运作方式有形式上的变化，无根本性变化。虽有对制度变革的冲击，但都是尽量在体制内进行改良，制度变革意识比较缺乏。

吉登斯认为现代性的一个重要特点是把怀疑原则制度化，坚持所有知识都采取假说的形式。我们看到的是，就在达赖实施新政时，当时上层的态度不是怀疑，而是敬畏与服从；而对龙厦事件等变革势力（且不作价值判断）所进行的打击，谈不上学理上的怀疑精神，不过是一种从权势、利益考虑出发所采取的抵制而已。

---

① 虽然牧区在面积上所占份额较大，但主要人口则在农区，而且从文化和政治影响而言也主要在农区，庄园制是当时西藏的经济基础。

② 与经济有关的西藏文献有一大特点，就是与差赋有关的文献清楚，如《铁虎清册》，除此则很难理出一个头绪来。这也从侧面反映了经济以何种方式存在于西藏旧社会。

(五) 思想改革的努力

张荫棠曾提出"教宜维旧而政必维新",就当时而言带有相当的进步性,但究其实质只能说是一种变革的策略。作为一位有自己思想体系的人士,张荫棠的方案包含了多方面的因素,他试图在两个层面上展开,一是西方技术思想,一是儒家道德伦理,且十分注重推广传播其新思想。《训俗浅言》主要讲的是仁、义、礼、忠、信、勇、孝、廉、耻等"中国古学",所异于正统儒家思想者乃是针对西藏情形提出的"公益""尚武""实业"三条"中国新学"(张荫棠,第 1353—1355 页);《藏俗改良》涉及婚丧嫁娶、卫生、教育、商务、宗教、服饰、军事、天文历算、禁忌等,涵盖社会生活的各个方面(张荫棠,第 1355—1358 页),可以很明显地看出借鉴西方观念之处,其中包含若干"夷夏"观念和脱离客观条件的地方,如鼓动男人外出务商就不切合当时广大农奴没有人身自由的现实。同时其思想中包含有至今仍值得借鉴的地方,如开发水利以益于种植业,植树以改良环境和促进经济发展等。

三 分析与结论

就西藏而言,现代性问题不是一个本生性问题,在外力难以有效对之发生作用时的西藏处于类似于中世纪的生活状态,人们从宗教中获得意义和生存的理由,至少大多数人是这样。而当封闭状态和文化上自足的局面再也无法有效维持时,现代性就成了后发性社会的"宿命"。在一系列新政措施和地方政权的实权人物的若干企图以失败告终之后,扫除体制障碍、进行制度改革在逻辑上已到了呼之欲出的程度,虽然西藏当时依然是保守力量占主导地位。

回顾半个世纪的西藏政事,这种结论不难得出,"那里显然缺乏实行任何变革的愿望。有关外部世界的知识或是发生于其他地方的任何技术方面的进步在统治阶级的小范围以外得不到传播。与外国的接触是存在的,可是这种接触对西藏的政治几乎没产生什么影响"。(戈伦夫,第 121 页)西藏的现代性植入是在外力推动下,在打破了其自身进程的情况下开始的;在此之前,西藏对外部世界的认识很肤浅,可以说未形成一种必要的认识转变以利于变革。与此形成对照的是,"西藏地方广大农牧区的农奴反抗和逃亡的事件也逐年增多，许多原先村落繁盛的地区变得荒凉颓败，西藏政教合一制度也像油尽的灯火一样走向没落"。（东嘎·洛桑赤列，第72—73页）。

现代性的显著特征之一在于外延性（extensionality）和意向性（intentionality）这两"极"之间增长的交互关联：一极是全球化的诸多影响，另一极是个人素质的改变（吉登斯，第1页）。而在西藏这一时期的影响只在外延性方面，在一次次半途而止的过程中，在意向性上几乎没有什么变化，这是与内地现代化方案不一样的地方：自鸦片战争后，由于大量新思潮的涌入，在"五四"新文化启蒙运动形成一股潮流之前实际上已完成了初步的思想启蒙，因而在内地形成了一代新知识分子阶层，他们有明确的运动取向；而在西藏这一思想启蒙的环节是不存在的。

一般而言，传统性是与现代性相对应的存在。在西藏，最大的传统因素莫过于与政权紧密相连的宗教传统。宗喀巴改革之后，藏传佛教在形式上已臻完善，这也意味着本质上的停滞；而且宗喀巴的宗教改革是集大成式的，不是革命性的，意在"纯洁"藏传佛教。在这一过程中，将本来就微弱的对宗教自身的怀疑精神消解殆尽，[①]他留下的空白与反思性无关。这一时期绝难见到对于宗教的怀疑，十三世达赖喇嘛对于藏传佛教的整顿重点在戒律方面，不涉及宗教体制和宗教思想；当僧侣们被淹没在浩瀚的经典中时，学院式严格的修习制度也在起着扼杀怀疑精神的作用，亦即所谓体制禁锢。只有突破体制的人才有可能从外部提出质疑，如当时的根敦群培，而他所遭受的却是不幸的命运。

另一方面，怀疑精神还存在着城乡递减原则。作为经济和政治活跃的场地，城镇能够培养和强化这一原则，而这一点在旧西藏几乎没有可能——不存在现代意义上的城镇，非农牧业人口的存在主要是为宗教和政权服务，世俗化功能十分薄弱。这里可以做一点比较，平叛改革从制度上废除了阻碍生产力发展的封建农奴制，是西藏社会的一大进步，然而囿于多种原因，没有重视思想上的再启蒙，宗教始终未能从根本上做到与政治的分离，其阻碍性影响至今还不同程度地存在着。现代化进程反映到宗教上是从神圣化向世俗化转变的进程，除了政教分离，还应有思想上的革

[①] 另外，藏传佛教体系博大严整，在修习中重视因明，讲求辩难，但为什么难以生长出怀疑精神和直接宗教教义的改革，是值得进一步探讨的问题。

新，而这两种情形都未在这个时期发生。

　　教育的宗教性垄断是阻碍现代性生长的另一大障碍。除了为培养僧俗官员的两所由政府所办的学校外，世俗教育主要是非文字的教育，其中以维持其现有秩序的话语系统和强化宗教习惯性信念的简单化的话语为主。连基本的学校教育都没有并且极少能够实地接触到外部世界的民众，让他们接受一种新的理论而形成对生活的反省心理无异于天方夜谭，他们所能接受的不过是来自上层统治者的意志。寺院教育则自成系统，外界的声音难以影响到内部。这样的教育体制形成了一种较强的抵制外来文化的机制，远离现实生活；培养出来的权力阶层缺乏实行变革的知识基础与素质要求，不能成为革新力量。

　　政治—经济结构上的自足性、被动性、排他性，人口流动受到的最大限度的限制，导致了制度变迁的难以发生或极其缓慢。浅尝辄止的制度改革，始终未能形成有效的借鉴资源，更谈不上将这种资源植入传统力量之中。

　　西藏社会结构相对简单，只有农牧业的分工，并且这种分工主要不是社会发展的结果，主要是经济地理环境导致的；具有地方特色的手工业始终未能分离出来，依附于第一产业而存在，其发展不是取决于经济本身的原因，也就难以有技术的改进与创造，至今人们依然可以在农村看到仍在使用中的原始的生产工具；商业在那个时期集中于若干家大商号，且英国的经济侵略使之变成了殖民地商业，这种商业不具备与其他产业的相对独立性，同样是依附于第一产业的，加之重贸易而不重发展实业，这样的结构不能导致形成一个起码的市民阶层。同时，简单的经济结构也决定了权力结构的领主专制，统治阶级构成政府人员，几种合一状态同时存在。

　　对于现代性及相关词语的运用，我在价值取向上采取的是肯定的态度。外来的现代化模式必然产生的负面影响的论述我们已耳熟能详，事实上任何一种非本土模式都不可能完全合乎"此在"的现实，必然会发生某种改变，但这并不是说对其基本思路和随之展开的可能导致积重难返的社会后果没有批判的必要：什么才是有我们自己特色的现代化发展之路，作为理论问题和实践问题都有反思和探索的必要。我之所以没有进行批判性分析，主要的理由是这一时期的现代性努力并没有为西藏现代化运动奠定出一个基础来，而且随着一个时代的结束，这种努力以另一种姿态重新启动，在 20 世纪即将结束之时对"当下"进行审视和批判已经变得很必要了，不过这已不属本文的范围了。

1951年西藏和平解放是西藏历史的一大转折，虽然在其后的八年间充满了矛盾和斗争，但无论是进步力量还是保守力量都看到了不可逆转的发展趋势。历史总在探索中发展，一帆风顺地前进不过是善意的梦想；不管进行怎样的道德和文化评价，现代化进程都在持续和加速前行。

参考文献

1. 吴丰培编：《清代藏事奏牍》（下册）"张荫棠驻藏奏稿"，第1287—1458页；"联豫驻藏奏稿"，1459—1591；中国藏学出版社1990年版。

2. 牙含章编著：《达赖喇嘛传》，人民出版社1984年版。

3. 恰白·次旦平措等：《西藏通史——松宝石串》，陈庆英等译，西藏古籍出版社1996年版。

4. 藏族简史编写组：《藏族简史》，西藏人民出版社1985年版。

5. 东嘎·洛桑赤列：《论西藏政教合一制度》，陈庆英译，民族出版社1985年版。

6. ［美］梅·戈尔斯坦：《喇嘛王国的覆灭》，杜永彬译，时事出版社1994年版。

7. ［加］谭·戈伦夫：《现代西藏的诞生》，伍昆明、王宝玉译，中国藏学出版社1990年版。

8. ［英］安东尼·吉登斯：《现代性与自我认同》，赵旭东、方文译，三联书店1998年版。

9. 拉乌达热·土丹旦达：《我参与"龙厦事件"的经过》；拉鲁·才旺多吉飞：《回忆我的父亲——龙厦·多吉次杰》。

10. 噶雪·曲吉尼玛、拉鲁·次旺多吉：《拉萨英语学校破产记》，载《西藏文史资料选辑》（二），1984年。

11. 唐麦·顿珠次仁：《西藏拉萨初建水电站的尝试》，载《西藏文史资料选辑》（五），1985年。

12. 西藏自治区政协文史资料研究委员会编：《西藏文史资料选辑（十一）——十三世达赖喇嘛年谱》，民族出版社1989年版。

13. 拉鲁·次旺多吉：《拉鲁家族及本人经历》即《西藏文史资料选辑》（十六），民族出版社 1995 年版。

14. 罗荣渠：《走向现代化的中国道路》，载《中国社会科学季刊》（香港）1996 年 11 月。

15. ［苏］阿·姆·列谢托夫、阿·特·牙科夫列夫：《试论二十世纪上半叶藏族的社会经济问题》，王献军译，《西藏民族学院学报》1989 年第 2 期。

1999 年

1923年九世班禅出走内地事件检讨

在西藏现代史上，地方政教领袖人物先后有过五次消极出走的事件，第一次，英属印度军队入侵西藏、到达拉萨前夕的1904年7月28日（藏历六月十五日）十三世达赖喇嘛出走内地，直到1909年返回。第二次，1910年川军进藏后，十三世达赖喇嘛出走印度，1912年底返回。第三次，1923年九世班禅出走内地。第四次，1950年底昌都战役结束后，十四世达赖喇嘛出走边境亚东，"十七条协议"签订后，于1951年8月返回拉萨。第五次，1959年3月至今十四世达赖喇嘛出走流亡印度。

另外还有几次可能出走的事件，影响较大的有，1905年11月九世班禅受英属印度驻江孜商务代表鄂康诺之逼，到印度见英王储之事（1906年1月11日自加尔各答返）；1956年底十四世达赖应邀赴印度参加释迦牟尼涅槃2500周年纪念活动（次年4月返回拉萨），企图滞留印度的事件等等，它们从一个侧面勾画出了西藏现代变迁的路径。

1923年11月九世班禅额尔德尼·曲吉尼玛秘密离开扎什伦布寺，前往内地，自此终其一生不得返藏；1952年十世班禅才回到西藏。这一事件的出现及影响长达半个多世纪，而其由来比事件出现本身更长；既有经济原因，也有政治原因，政治原因中既涉及英印，又及于西藏内部两大政教集团之间，对此进行描述和分析，可以从中透视出西藏变迁的一个重要的侧面。

这一事件有较多的记载。其中文献汇编有：《元以来西藏地方与中央政府关系档案史料汇编》之第六、第七册[①]、《九世班禅内地活动及返藏

[①] 中国藏学研究中心、中国第一历史档案馆、中国第二历史档案馆、西藏自治区档案馆、四川省档案馆合编：《元以来西藏地方与中央政府关系档案史料汇编》，中国藏学出版社1994年版。

受阻档案选编》①、《九世班禅圆寂致祭和十世班禅转世坐床档案选编》②。有三种人加以涉及。一是历史的当事人的回忆，有团康·洛桑德吉《九世班禅出逃内地前后》（成文于1981年）③、德森·班公次仁《迎请九世班禅转世灵童记》（成文于1981年）④、彭饶·仁青朗杰"据长辈们的传说"而记的《前后藏失睦初因》（成文于1983年）⑤、李苏·晋美旺秋的《噶厦政府与扎什伦布寺拉章之间矛盾的由来》（成文于1984年）⑥、牙含章《护送班禅额尔德尼返回西藏的回忆》⑦。二是史事编写者的描述，有《谢国樑入藏记》（1925年）⑧、朱绣《西藏六十年大事记》（1925年）⑨、白眉初《西藏始末纪要》（1930年）⑩、刘家驹《班禅大师全集》《西藏历代藏王及达赖班禅史要》⑪（1935年10月5日成文）、九世班禅1937年12月1日在青海玉树去世后蒙藏委员会撰写的《九世班禅大师传略》⑫、

---

① 中国第二历史档案馆、中国藏学研究中心合编：《九世班禅内地活动及返藏受阻档案选编》，中国藏学出版社1992年版。

② 中国藏学研究中心、中国第二历史档案馆合编：《九世班禅圆寂致祭和十世班禅转世坐床档案选编》，中国藏学出版社1991年版。

③ 收入西藏自治区政协文史资料研究委员会，1985年出版的内部发行本《西藏文史资料选辑》第四辑的团康·洛桑德吉遗作，译文与原文有较大出入，笔者2002年9月请教何宗英先生厘正。团康先生，班禅堪厅四品官（仁希），"文革"后去世。

④ 同上，德森·班公次仁（班禅堪厅五品官，曾任日喀则地区政协委员）遗作，亦根据何宗英先生的指点进行了更正。

⑤ 同上，彭饶·仁青朗杰文。彭饶先生，班禅堪厅四品官（仁希），1986年去世，时为日喀则地区政协副主席。

⑥ 收入西藏自治区政协文史资料研究委员会，1985年6月出版的内部发行本《西藏文史资料选辑》第六辑的李苏·晋美旺秋（班禅堪厅六品官，2000年去世，时为区政协委员）文。

⑦ 见西藏自治区政协文史资料研究委员会，1993年4月西藏人民出版社《西藏文史资料选辑——纪念西藏和平解放三十周年专辑》第181—208牙含章文。牙含章当时为中央护送班禅进藏的主要负责人之一，并协助班禅处理与噶厦的事务。

⑧ 见西藏社会科学院西藏学汉文文献编辑室编辑、中国藏学出版社出版的"西藏学文献丛书初辑"第十三函之《谢国樑入藏记》。谢国樑曾任清末驻藏大臣的随员，据言，与十三世达赖喇嘛的关系尚好，国民政府时期曾以专使身份赴藏，未及拉萨而病逝。

⑨ 朱绣：《西藏六十年大事记》，西藏藏文古籍出版社2010年版。

⑩ 白眉初：《西藏始末纪要》，北平建设图书馆出版，1930年3月。

⑪ 刘家驹：《西藏历代藏王及达赖班禅史要》，载《现代佛教学术丛刊》76，第八辑第六册，《西藏佛教（二）——历史》，（台北）大乘文化出版社1979年版。

⑫ 见《九世班禅内地活动及返藏受阻档案选编》附录一。

牙含章《达赖喇嘛传》（成稿于 1953 年）[①]、牙含章《班禅额尔德尼传》（成书于 1985 年）[②]、《藏族简史》（1985 年成书）[③]、英国人黎吉生的《西藏简史》（1962 年出版）[④]、恰白等《西藏通史——松宝石串》（1989 年成书）[⑤]、丹增主编《当代西藏简史》（1996 年出版）[⑥]、张定一《1954 年达赖、班禅晋京记略，兼记西藏自治区筹备委员会成立》（2005 年出版）[⑦]。三是研究人员的研究，这方面有喜饶尼玛的专述《九世班禅出走内地述略》[⑧]，综九世班禅一生的这一侧面而止；姚兆麟《班禅大师返藏与〈十七条协议〉》[⑨]、唐景福《民国时期历届中央政府维护西藏主权的措施》[⑩]、江平等《第九世班禅额尔德尼·曲吉尼玛传》[⑪]、阿沛·阿旺晋美《深切怀念班禅额尔德尼·确吉坚赞大师》[⑫] 等文章亦有所涉及。

　　历史文献和著述对此事件经过的描述，大同中有小异。在感情上主要倾向于扎寺方面，而且历史当事人中主要亦为同情扎寺或者即为扎寺方面的历史当事人。本文在"事件陈述"的几个部分尽可能按事件发生的顺

[①] 牙含章：《达赖喇嘛传》，西藏人民出版社 1984 年版，成书时间据"序言"而定（"这本著作是我在西藏工作期间写的，时间是在一九五二年至一九五三年，到现在整整三十个年头了"）。

[②] 牙含章：《班禅额尔德尼传》，西藏人民出版社 1987 年版，成书时间据作者撰写"序言"的时间而定（"一九八五年七月六日于北京"）。

[③] 藏族简史编写组：《藏族简史》，"中国少数民族简史丛书"之一，西藏人民出版社 1985 年版。

[④] ［英］黎吉生：《西藏简史》（H. E. Richardson, *A Short History of Tibet* ［*Tibet and its History*］, New York ［Oxford］, 1962），李有义译，中国社会科学院民族研究所民族历史研究室、民族学研究室"内部参考"，1979 年。据译者介绍，该书 1964 年已译出，相关部分见该书第 108—116 页。

[⑤] 恰白·次旦平措等：《西藏通史——松宝石串》，陈庆英等译，西藏古籍出版社 1996 年版，藏文版 1989 年由同一家出版社出版。

[⑥] 丹增主编：《当代西藏简史》，当代中国出版社 1996 年版。

[⑦] 张定一：《1954 年达赖、班禅晋京记略，兼记西藏自治区筹备委员会成立》，中国藏学出版社 2005 年版。

[⑧] 见喜饶尼玛的论文集《近代藏事研究》，西藏人民出版社、上海书店出版社 2000 年版。

[⑨] 见《中国藏学》1991 年第 3 期。

[⑩] 见《中国藏学》1997 年第 1 期。

[⑪] 见《中国藏学》1997 年第 3 期。

[⑫] 《人民日报》1989 年 2 月 14 日。

序展示各方的看法和认识,在其他部分从不同方面做出分析。

事件的最初起因

　　西藏现代期的到来有一个比较模糊的起点,随后到来的是又一段模糊的时间段,以英属印度1888年第一次侵藏开始,西藏"现代"标识给人的感觉才变得明朗起来。

　　18世纪中叶,英国东印度公司在印度次大陆开始取得控制权,是为西藏进入"现代"的一条隐线。[①] 1772年东印度公司侵入不丹,利用第六世班禅喇嘛居间调停的机会,于次年派员进入西藏,试图打开与西藏的贸易关系,无果而返;是为英国势力插手西藏的开端。此后,又做出过多次尝试。1814年英国发动对尼泊尔(同中国有着纳贡关系)的战争,开始取得对尼泊尔的控制权,直邻西藏;以武力开辟与西藏的通道的政策实施。而到了19世纪70年代,俄国也开始觊觎西藏。在"风雨欲来"的形势中,1793年(乾隆五十八年)清廷颁行《钦定藏内善后章程二十九条》,规定了对尼泊尔商人、克什米尔商人到藏的限制条款,由不丹、哲孟雄(锡金)到拉萨朝佛等事的人员,要进行呈报,其返回或西藏人员外出同样办理。国家对西藏地区的对外政策开始收缩,西藏现代期也就这样在18世纪末期悄然开始。

　　作为一个过程,延续至今的西藏历史仍在实践着"现代"这一庞大的主题,并可以分出若干鲜明的阶段来,各个阶段无论在关注的重点、涉及的深度和广度上,区别甚大,不过仍然存在一些或隐或显的前后联系。本人所论即如是。

　　九世班禅出走事件可观察到的起因,一般的看法由十三世达赖第二次出走印度后发生的种种变故而致;实际上,远比这早,与清末国内危象纷生以及西藏地方政治上的变故有着直接的联系。19世纪中期以后,西方列强对于中国的欺凌与瓜分,在甲午战争之后走向极点,衰败腐朽的清王朝已是大厦将倾。1895年达赖亲政,此时前后藏之间的不和已经出现,

---

[①] 17、18世纪先后有5批西方传教士履及西藏,但均无果而终,未对西藏社会变化产生实质性影响。

光绪二十二年（1896年）夏，四川总督鹿传霖的奏疏中即言，"后藏班禅素与达赖不睦"①。朱绣也记载有，1902年春，"班禅往朝达赖，由布达拉前击鼓而过，达赖怒为班禅过师门而击鼓，妄自尊大，遂罚银一千五百两。自此左右互相谗构，嫌隙日深"。（第18页）但这种不和的显性化则应该是20世纪初英印军队侵入西藏、达赖第一次出走内地后。

此时的西藏地方，经过第穆事件（1899年），十三世达赖全面掌握地方政事的主导权，这是继五世达赖、七世达赖之后又一位真正掌握西藏地方政权的达赖喇嘛，七世达赖之后，多位达赖年幼即逝，真正掌握地方大权的实际上是摄政。在那种国势不振、外强窥视的时期，十三世达赖作为有雄心的领导人，其对于西藏地方各方面事情的考虑，远远超出了当时地方官僚层的目光；也正因为处于非常时期，其所作所为也给了世人一个复杂的形象。

经过多年的经营，到20世纪初，英印开始对于第一次侵藏战争后所订之"中英藏印条约"的"未能切实实行"感到不满，也因为对于其在西藏获得的"利益"不满足，试图强化他们的影响，将西藏纳入大英帝国所能控制的范围，并且还要通过西藏问题来与沙俄对抗，于是1904年发动了第二次侵藏战争。

1903年冬，英军侵入岗巴宗后，噶厦向扎寺拉让下令，抗击侵入岗巴地区（扎寺所辖）的英军。扎寺拉让派代表与英军交涉，英军答应撤退。但1904年英军又从亚东侵入西藏，噶厦怀疑其中扎寺拉让与英军有某种阴谋，而对班禅产生不满。黎吉生的《西藏简史》就这样认为，"扎什伦布的独立态度（指相对于前藏的、寻求在行政上自主权）见于1903年派一位高级僧官到康巴宗去见荣赫鹏。虽然他的目的和达赖喇嘛一样，是劝英国人撤退，但他表示了和达赖喇嘛不同的态度；达赖喇嘛既不答复信件也不派任何像样的代表去见荣赫鹏"。

1904年英军侵入拉萨前，达赖出走内地。1904年8月26日清廷上谕同意驻藏大臣有泰的意见，革去达赖名号，由班禅暂摄西藏地方政事。班禅为维护与达赖的关系，从扎寺给有泰回函，拒绝了此事："后藏为紧要之区，地方公事需人料理，且后藏距江孜仅二日程，英人出没靡常，尤宜

---

① 吴丰培编辑：《清代藏事奏牍》，中国藏学出版社1994年版，第1015页。

严密防范，若分身前往，西藏恐有顾此失彼之虞。"① 随后于1905年发生了九世班禅受胁迫赴印度事件，前藏对后藏的猜疑更甚。光绪三十一年十二月十三日（1906年1月7日）张荫棠致外部电中谈道，"英深知班禅与达赖不睦，怂令班禅回藏，滋生事端，英藉保护进兵，则全藏危矣。若待变象已见，即百计补救亦属无济"。张荫棠十二月二十一日（1月15日）在"致外部电述印政府煽惑班禅情形"中说，"印报载印政府遣班禅先回后藏，再赴拉萨，胁令藏番拥立班禅为达赖喇嘛，如达赖回藏，决意不认等语。迭经韩税司密探大致，与十月东电（按即十月初二电：闻印政府乘达赖未回，遣人入藏诱班禅来印，借迎英储为名，实密谋废达赖图藏）相同。英既不认我主权，又诱班禅请英保护，一旦有变，英必有宣布归英保护及代理政权等事，不可不虑。此时我能在藏先树主权，英人万无开衅之理"。实际上，这也正是英印企图挟制班禅以图西藏内乱而从中渔利的打算。

虽然班禅有意维护与达赖和好的关系，但英人对前后藏有所"区别"的举动却对班禅拉让的官员们产生了不好的影响。这在文献之中也有证明，查办藏事大臣张荫棠曾多有言及，1906年11月9日致外部电中说："然班禅与达赖仇隙已深，班禅久堕英煽惑术中，难保达赖回藏时不藉端挑衅，而英即乘机坐收渔人之利。昨班禅札萨克来见，语次颇有大志，恃英庇不讳。"1907年2月6日电称，班禅"开春后拟亲赴北京援案吁请陛见，……商上闻班禅请陛见，集议数日，二十一日商上等来称众议。令达赖于班禅未到之先速行入觐云。棠查班禅素与达赖不睦，班禅所享权利皆由达赖赐给。达赖事败后，虽经有泰派班禅兼管藏事，亦不敢到拉萨接任，一切政权仍在达赖替身四噶布伦手。班禅到印京见英储后，志常鞅鞅，恃英援欲与达赖争权。英哄班禅立为印度等处黄教之主，意实图并春丕及后藏一带之地。棠虑达赖回藏后，英人从中调唆构乱，坐收渔人之利。前月班禅两次派员来谒，要求达赖赐伊以喀木湖前辈班禅降生之地，棠唯谕以朝廷恩德，当弃小嫌，同心以御外侮，不宜争私利而分畛域"。三十四年九月"上外部条陈招待达赖事宜说帖"，"及棠奉命入藏，道经江孜，班禅差札萨克来迎。谈次，微露班禅有欲代理达赖之意。棠于是乘

---

① 中国第一历史档案馆、中国藏学研究中心合编：《清末十三世达赖喇嘛档案史料选编》，中国藏学出版社2002年版，第89页。

机即令转劝班禅呈请来京陛见。此当时噶布伦颇为惊惶,以为班禅来京后达赖必致失位,是以情急,乃电商达赖亦援请陛见"。①

班禅方面至少是扎寺官员中已经出现的造成失和的苗头应该是清楚的,这也成为许多人士谈到这段历史时常提到的一个原因,双方多指责对方(达赖和班禅)为"小人所误"。

民国初期达赖与班禅之间的"误解"

客观地说,上述原因还未正式提上台面,如果没有其他促动因素并导致班禅出走,也许会就此被历史淹没。随之而来的是十三世达赖刚从内地返回西藏不久,川军进藏,达赖再次出走,这次选择的是印度。达赖在此次出走期间,国内局势发生重大变化(辛亥革命),而且经过前后两次出走,所见所感,加上英人的极力拉拢,对他的思想产生了很大的转变性影响。

1910年"达赖出奔大吉岭,驻藏大臣联豫奏请褫夺达赖徽号,尊班禅为教主。班禅出任调停,仍请达赖回藏。协商未妥,联豫接班禅来拉萨,尊礼甚优,达赖愈怀猜忌,致生恶感"②。

李苏的文章,认为造成事件的原因有几方面,其一即是1910年达赖又一次出走后,驻藏大臣联豫将班禅请到拉萨,"请他住在罗布林卡的格桑颇章,还挂起班禅和驻藏大臣合影的照片",正月十五日灯节,联豫命班禅摄西藏地方政事,虽然班禅以才能不具而谢绝了,只是观看了节日灯火;但班禅拉让的一些人却以此生事,风言风语大起,"达赖及噶厦不作任何判断,一概当真,因此双方产生矛盾"。

黎吉生《西藏简史》以为,"在达赖第二次逃亡——1910年到印度——后,中国人经常和班禅保持接触,虽然他自己避开了他们的请求,拒绝接受官方职位,但他的部属就不是那样明显了。这样在1913年达赖喇嘛恢复了权力以后,就产生了一种不安的疑虑"。

1910年达赖再次出走,班禅也欲追随,先派人送信给已经到达印度

---

① 《清代藏事奏牍》,第1304、1305、1314、1325—1326、1444页。
② 1925年2月8日谢国梁所上的条陈,第9页。谢之条陈所自第91页注释⑧已有说明。

的达赖喇嘛,达赖回信中也表示欢迎班禅到印,"达赖及其随从官员们的本来意图是:若班禅也来印度,就可以向中央政府上告驻藏大臣联豫破坏政教,迫害藏民的罪过",但这一目的没有实现。班禅又被驻藏大臣接到拉萨主持新年庆贺仪式,引起达赖恼怒。达赖返回拉萨后,噶厦给扎寺方面下令承担军费和支应骡马差役的要求,局面遂往不可收拾的方向发展(彭饶文)。

1912年达赖自印返回西藏,到热隆寺时,"接受了班禅大师奉献的欢迎哈达和许多礼品,并与班禅大师会晤畅谈,但由于达赖对班禅大师的一些做法持有不同意见,因而加深了双方的矛盾",回到拉萨后,"达赖喇嘛与班禅大师之间的关系也在恶化"。[1]

辛亥革命后,国内局势处于混乱状态,消息传到西藏,驻藏官兵哗变,达赖急返拉萨,做出几件极大影响后来西藏地方与中央关系的事件:先是将中央驻藏人等驱逐,再是不让中央任命的驻藏官员进藏(这其中英属印度也起了很大作用),三是进兵康地。中央方面虽然也做了努力,但时处鼎革之际,鞭长莫及。此时(1913年3月)班禅致电中央,表示"倾心内向",中央以总统名义加封班禅"致忠阐化"封号;班禅的作为与达赖方面的种种举动形成鲜明的对照,而中央对于班禅的礼遇也加深了达赖方面的猜忌。实际上,此时班禅方面已经感到了达赖方面日甚一日的逼迫。

1915年噶厦在后藏设立基宗(相当于内地的行政专员公署),是事件恶化的一个重要转折点。基宗除管辖达赖在后藏的所有宗溪外,也管辖班禅所属宗溪,这是班禅难以接受的。基宗设立以后,即向班禅所属的百姓征收与摊派军粮、税款与乌拉。特别是噶厦要班禅辖区的百姓每年承担25%的军粮(为1万克,约合28万斤),这是班禅辖区的人等不能接受,也是承担不起的。此事使班禅与达赖之间的关系更趋恶化。1916年班禅写信给达赖,申述扎寺之苦,要求面谈,达赖提议次年再见面;而到了1917年达赖又宣布要"闭关坐静"三年,其间不见任何人。1919年春班禅到拉萨见达赖,"拉萨政府极力用税务一件事压迫他,他们认为班禅欠拉萨政府的税太多了。班禅说达赖喇嘛的大臣,将对他不利,当他最近到拉萨时候,在他同拉萨政府中间,只能得到问题的暂告解决。这时,他似

---

[1] 《西藏通史》,第921页。

乎很觉失望,我也没法安慰他。他表示他绝无力量可以供给拉萨政府所苛索的税,因为他管理的藏省,断难筹出这样大的款项"。①

《达赖喇嘛传》载,1920年10月,"为了征收羊毛、牛尾、羊皮和食盐的税收问题,扎什伦布寺派了仲苏堪穹噶热巴罗桑才仁、大业仓仁木细团康、小仲译当青罗桑坚赞(即王乐阶)、列赞巴同吉明马团柱、列赞巴札门团柱等人前来拉萨,与噶厦进行谈判,要求免征,噶厦不予接受,谈判遂告中止"。次年,"噶厦成立军粮局②,达赖任命大仲译罗桑丹将、孜本龙夏二人负责,分配和征收全藏的军粮,……更引起了班禅方面的不满。是年十月,班禅又派大仲译德来康萨、大马官德来热登二人前来拉萨,向噶厦要求免征军粮,噶厦又未予接受"。"班禅逃走以后,达赖……委派古觉大堪布罗桑丹增为扎寺扎萨喇嘛,代替班禅管理政教两务。扎萨喇嘛的任务是:(一)负责征收班禅辖区金银粮食,以供给佛前供养与寺僧口粮;(二)负责扎寺所属各宗、各溪卡百姓的乌拉分配与使用;(三)负责向扎寺辖区征收附加的军粮和羊毛食盐等税收,交噶厦以供军需。"达赖又派了五人协助扎萨喇嘛,分别掌管扎寺各宗政权和寺内政教事务(第271—273页)。

"为解决上述扩充藏军、建立工厂、邮政、学校、银行等所需财政开支,对税收制度进行改革,规定了对羊毛、食盐、皮革等新的征税制度。新税制引起了噶厦与寺庙之间的关系恶化,特别是与班禅属下扎什伦布寺之间的关系更趋恶化,因为自清朝起班禅辖区负担税款和土地税,对噶厦并不负担任何大的交税任务,西藏地方政府为了使扎什伦布寺拉章的辖区同达赖辖区一样服从统治,于藏历木虎(1914)年,在日喀则增设后藏总管,……总管后藏16宗,班禅所辖宗溪全包括在内,从各宗征收羊毛、皮革、食盐等税款,并于铁鸡(1921)年新建军饷局,下令扎什伦布寺

---

① 见《班禅额尔德尼传》援引英人麦克唐纳《旅藏二十年》的记载。
② 拉鲁·次旺多吉《回忆我的父亲——龙夏·多吉次杰》,"当时地方政府正在扩充军队,因军粮不足,噶厦决定增加粮食征收,并成立了征粮检查局——'包细勒空'。十三世达赖喇嘛直接任命罗桑丹穷秘书长和我父亲为这个机构的主要负责人。按照规定,包细勒空增加征收的对象和范围是:西藏的贵族世家、历代达赖家族、地方政府官员及寺庙领地以各种不合法方式获取的土地;另外,任命噶伦、代本职位时特意封赐的庄园;虽占有庄园但尚未在地方政府中任职的贵族。这一办法的实施,一般大的贵族所要缴纳的粮食达到四五千克,较小的贵族也不少于数百克。到十三世达赖晚年时期,征收的粮食已装满了地方政府所有仓库"。载《西藏文史资料》第二辑。

每年交纳 1 万克青稞作为军饷"①。

唐景福认为，十三世达赖推行新政是导致两大集团之间关系紧张的主要原因，其他原因有英国人在噶厦上层人员中挑起达赖对班禅的猜忌，而致"在政治上和经济上迫使班禅就范，从而使两大活佛系统间的矛盾日趋恶化"。直接触发因素作者认为是两点。一是 1915 年达赖设立日喀则基宗，任命僧官罗桑团柱、俗官木霞为负责人，插手管理扎寺所管区域；向扎寺所属百姓派征税赋，干涉扎寺内部事务。二是 1923 年扎寺官员在拉萨以"亲汉"罪名被投入监狱。

1923 年 11 月班禅出走

形势至此，已经使班禅感到难以立足于藏。1923 年 11 月，达赖命令扎什伦布寺的几个负责官员前往拉萨，这几个官员到拉萨后，未经审问，即被投入监狱。其侍从逃回扎什伦布寺，向九世班禅做了汇报。1923 年 11 月 15 日夜，班禅带着侍从人员 15 人向藏北方向出走；18 日夜，扎寺官员及侍从百余人也逃走，赶上班禅一行。出走数日后，日喀则基宗发觉并上报噶厦，达赖命令进行追捕，未及。十三世达赖即派大堪布罗桑丹增为扎什伦布寺的扎萨喇嘛，代理班禅的职务，管理扎什伦布寺的政教事务。

九世班禅临行前，留下嘱言："佛上虽有慈悲之心，但为左右蒙蔽，不按古法旧规办事，对扎寺强征军饷及新税、徭役。为支付军饷和额外差税，我不得不去蒙、汉地募化，求施主布施。""班禅出逃一事于十一月十八日正式公布。噶厦发布命令：任何官员，不得跟随班禅出走。否则，没收全部家产。……但还是有人不顾一切，相率出逃。""很多事情证明两佛的关系始终是好的，只因下面一部分人，基于个人利益制造了很多事端，弄出了许多魔难。"（李苏文）

其他方面的记述还有，达赖自印返回西藏后，集权于一身，班禅在后藏：存身为难，达赖逼其出走，"中国之于班禅，只致尊崇之意，事实上

---

① 见《西藏通史》，第 931 页。

不能援助，实与班禅以莫大之苦痛也"①。"达赖事事被属僚蒙蔽，疏隔日深，互相疑防，又传达赖有不利于班禅之谋，加之急索征款，班禅知已无法解释，竟于民国十二年十一月十五日，藉沐浴之期，连夜出藏，沿北路旷野荒径，备受辛劳，经甘州凉州而抵皋兰，次年往北平，面谒大总统曹锟，报告西藏政局，及整饬边防意见"（刘家驹文）。《九世班禅内地活动及返藏受阻档案选编》所收《九世班禅大师事略》言："班禅大师为陈述藏情，巩固中藏关系，于民国十二年十一月十五日携带堪布等及随从人员取道北路甘藏路线，移锡中土。"（第477页）

黎吉生《西藏简史》认为，1923年九世班禅出走事件是一种新的局面的开始，"它在十四个年头里构成了对西藏政府不断的威胁和焦虑，到更晚时候对中国共产党最后地控制西藏，起了一定的作用"。他也谈到了这一事件的历史原因，认为最初源自康熙皇帝有意识地利用班禅来分化达赖方面的权利以利于统治。十三世达赖时期，"拉萨决定把扎什伦布置于从属地位，……但扎什伦布拒绝放弃他们过去一个多世纪以来所获得的所有权利，冲突终于发生了。……破裂发生在1922年，达赖坚持班禅的行政机构担负西藏军费，而班禅请求英国政府调解他和达赖之间的纠纷，不幸的是请求被拒绝了，理由是这会构成对西藏内政的干涉；于是班禅于失望中逃离扎什伦布"。他还认为，这一事件加强了西藏极端保守分子的势力，并认为由于担心班禅以武力回藏，而"不能获得三方协定的急躁和不满"，西藏与英国关系疏远了。

九世班禅在内地不得返

1923年11月15日九世班禅悄然出走，经羌塘（藏北）过唐古拉山，进入青海境内。班禅出走后，达赖派罗桑丹增为扎寺的札萨喇嘛，管理扎寺的政教事务，班禅所属宗溪的官员，也换了噶厦派去的官员，其辖区由噶厦管理。

班禅一行1924年5月4日到达兰州，北洋政府总统曹锟派"迎护专员"，带卫队由北京到兰州欢迎，并册封班禅名号。1925年2月赴京，因

---

① 白眉初：《西藏始末纪要》，第55—56页。

藏事解决为期尚远，4月5日离京南下杭州。在南方一带及五台山进行佛事活动后，仍回到北京。1925年8月1日段祺瑞临时执政颁给班禅"宣诚济世"名号，并批准班禅在京设立办事处。同时班禅派旺堆诺布往西宁、阿旺金巴往成都、福康安到印度，分别组织班禅驻青办事处、驻川办事处、驻印办事处，它们于次年前后成立。

1926年10月开始，班禅离开北京往东部蒙古各地进行佛事活动。1930年尼泊尔与西藏地方发生冲突，国民政府蒙藏委员会派谢国樑赴拉萨，借调解西藏地方与尼泊尔纠纷之机，与达赖商谈西藏地方与国民政府的关系问题。谢行前，国民党中央政治会议修正通过了蒙藏委员会拟的关于解决西藏问题的原则，其中提到：达赖应欢迎班禅回藏；达赖、班禅在西藏政教上之权利，概仍其旧。

班禅得知尼泊尔扬言进攻西藏的消息后，向国民政府提出发给枪支弹药回藏，国民政府为彻底解决西藏与中央的关系问题，提出了全面解决问题的方案，同意派兵护送班禅回藏。因康藏纠纷又起而搁浅。

1931年5月班禅赴南京，参加国民会议，拉章在会上提出由中央护送班禅回藏的问题。7月1日国民政府主席蒋介石封他为"护国宣化广慧大师"，定年俸，颁玉册玉印。随后班禅仍往蒙古地方进行佛事活动。1932年3月，在归绥（今呼和浩特）设立班禅驻归绥办事处，在绥远省贝勒庙发表声讨日本侵略电；11月再赴南京，12月24日国民政府任命班禅为"西陲宣化使"。1933年2月班禅返绥远。

当时蒋介石政府有意解决班禅回藏问题，因达赖、班禅双方均有代表在南京，南京政府要求双方提出解决问题的意见，不意双方竟大起攻击，历数对方"罪状"；1933年初中央政府令班禅派遣扎寺安钦活佛和王乐阶前往拉萨，进行解释说服。安钦在拉萨受到达赖的"优礼延见"，达赖表示对班禅"切望早日回藏，共谋众生安宁"。但问题依旧被搁置下来。在1932年相互攻击时，班禅方面人员曾如是评价："顾达赖之所以反对班禅者，非有不共戴天之仇，亦无你死我活之恨，症结所在，无非因班禅拥护中央，与达赖独立自主之主张根本不能相容也。"[①] 此论不全面，但有一定道理。在20世纪20、30年代，因为印度独立运动高涨，英国"放松"了对于西藏问题的关注，西藏地方政府一时失去了外部有力的支持，这也

---

① 《元以来中央政府与西藏地方关系史料汇编》，第2633页。

是噶厦在20年代做出与中央加强联系的一个重要外因。

1933年12月17日十三世达赖喇嘛去世。1934年黄慕松入藏致祭达赖，并有相机解决班禅回藏的使命。1935年5月班禅到青海塔尔寺，以为回藏准备，6月国民政府也做出了护送班禅返藏的决定，随后任命了护送专使，组建了护送仪仗队；西藏方面也做出了准备，扎寺和三大寺派来了迎请代表。然而，第二次派赴拉萨的安钦、王乐阶8月到西宁向班禅报告："藏政府亟盼佛早回，以派定僧俗官员及三大寺堪布不日来青欢迎，后藏代表……已首途东下，望佛不带蒙汉官兵，径回后藏，以免前藏政府之阻难。"事不遂。英国公使在1935年后多次提出"抗议"，递交"备忘录"，反对派卫队护送班禅进藏。多方面的因素最终导致了九世班禅终不得返藏，1937年1月班禅在玉树去世。

九世班禅去世后，1939年10月班禅方面为奉灵回藏问题与噶厦交涉提出了三种方案，第一种方案有，"（一）大师在世时前藏所承认各条件，应继续有效。（二）后藏差务，照第七世达赖所定规章支应。（三）后藏民兵，应全数拨归后藏管理。（四）为求卫藏永好计，应将昔噶孜（日喀则）宗与附近数宗交后藏管理，年向前藏供纳差务。（五）札萨喇嘛及属员应在行辕入藏前撤回"。第二种方案有，"（一）大师在世时前藏所承认各条件，应继续有效。（二）后藏差务，照第八辈班禅登必旺修时所有规章。（三）后藏民兵，八四制所招者，仍归后藏管理。（四）札萨喇嘛及属员应在行辕入藏前撤回。（五）后藏税务拨作教务费用，不再补助前藏用费"。第三种方案有，"（一）大师在世时所承认各条件，应继续有效。（二）行辕未入藏前应将札萨及属员撤回。（三）后藏差务制，照第八辈班禅时所行税则"。第一种之二、三、四款未得噶厦同意，第二种之二款噶厦大体承认，三款未承认，六款噶厦同意减少[①]。

九世班禅去世后，问题依旧延续下来，而且围绕着班禅转世问题，前后藏之间亦是纠纷迭起，噶厦多方阻挠堪厅方面对十世班禅的认定。国民政府在撤离大陆前夕，完成了对十世班禅的认定手续，而西藏地方政府则直到和平解放西藏谈判中才认可十世班禅。

[①]《元以来中央政府与西藏地方关系史料汇编》，第2796—2797页。

问题的解决

问题要得到解决，取决于两个方面的问题：第一是班禅回藏的方式问题，九世班禅终不得返包括其灵柩送回扎寺问题一再拖延，关键一点就是噶厦方面不愿中央方面派员进藏，这一点说到底亦即西藏企图独立的另一层考虑：防止中央对西藏的任何与军事有关的介入；第二为恢复扎寺的"固有职权"问题。其中任何一点得不到双方认可的解决，问题就始终存在。

北洋军阀政府、国民政府统治时期，内战不断，"国本飘摇，愿无由偿"。而且在帝国主义势力的影响下，西藏地方政府的独立梦想始终不灭，在这一事件的背后，隐含着噶厦试图联络后藏扎寺力量一致图谋独立的想法[1]。客观地说，这一事件间接地牵制了噶厦的行动。所以，和平解放西藏所提出"驱逐帝国主义势力出西藏"的原则，也就成了问题解决的一个先决条件。

其关系的恢复直到西藏和平解放时期才有可能。西藏地方政府和谈代表1951年4月到北京时，班禅一行也从青海到了北京。阿沛·阿旺晋美后来回忆说，和谈期间，他向出走到亚东观望的达赖和"哑东噶厦"请示，建议承认班禅的身份，当时扎寺的代表也到亚东拜见了达赖，他的建议得到了采纳，并最终在"十七条协议"中得到确认，协议之第五、第六条规定："班禅额尔德尼的固有地位及职权，应予维持。达赖喇嘛和班禅额尔德尼的固有地位及职权，系指十三世达赖喇嘛与九世班禅额尔德尼彼此和好相处时的地位及职权。"

1952年4月28日十世班禅到达拉萨，在拉萨停留了43天，此前（4月15—26日）达赖方面派阿沛·阿旺晋美、堪仲绒朗色、孜本朗色林·班觉晋美等3人与班禅方面先期到达拉萨的札萨詹东·计晋美等4人，举

---

[1] 参见驻藏办事处处长孔庆宗1942年5月17日电文：噶厦官员在班禅转世问题上表示，"前后藏之事，应自商妥善解决。班禅佛转世，勿任他人干预"。"由此推知，西藏当局意见，似在规避中央。"1949年5月15日喜饶嘉措给蒙藏委员会电文："至究其（班禅进藏）迟滞原因，乃系箇中一二不肖为遂其自私自利，因借真身待办为词，达其拒绝政府之实。"见《九世班禅圆寂致祭和十世班禅转世档案选编》，第216、353页。

行恢复"班禅固有地位与职权"的谈判。6月16日（藏历水龙年四月二十三日）双方签订《西藏地方政府与扎什伦布寺拉让谈判备忘录》，以藏历第十五饶迥火鸡年（1897年，清光绪二十三年）正月为双方和好的年限。其时，十三世达赖21岁，九世班禅14岁。噶厦与扎什伦布的日常政教事务，均受驻藏大臣的监督。

关于九世班禅离藏后被噶厦接管的宗溪问题，"备忘录"规定全部归还班禅方面，指令有关人员办理移交；达赖派驻扎什伦布寺的札萨喇嘛，噶厦派驻扎什伦布寺所属各宗、各溪卡的官员，一律撤回，其职权交给班禅及堪布会议厅接管。双方有争议的溪卡，由双方共同调查，依照历史文件确定归属。噶厦方面说，昂仁宗境内的艾宁噶尔溪是"政府一家俗官凭以服任官职之基本庄园"，"无法归给喇章"；"住仓溪全部有待查明"；"昂仁居雍日切加桑溪、昂仁堪布法溪、达木喇嘛地区可归还扎寺管理"，扎寺夏则、郭日扎仓之"曲溪"夏疆塞巴等地区"不是政府接收"，须共同复查后再说。

在免除与减少扎什伦布寺所属差巴的赋税与乌拉问题上，噶厦提出"水猪、火蛇年布告可作废或免于执行"而以水牛年达赖颁的决定为准。总计拉章应负担青稞32965.5克，藏银3872.8两，酥油2520克，"业经早已减免在案"，"今后常设军队粮饷开支四分之一等，则不得不提出请拉让负担"，遇外敌入侵，仍应按拉章属区面积与收入均摊负担等。关于扎什伦布应负担全藏四分之一的军粮问题，班禅方面认为那是火鸡年以后增派的，应予免除；达赖方面则强调那是为了抗击英帝国主义的侵略战争而增加的，属于国防费用的性质。今后西藏全区仍有巩固国防的任务，不论是达赖方面的差巴，或是班禅方面的差巴，均应承担一定的巩固国防的义务，不能免除。巩固国防的负担由达赖一个方面承担是不公平合理的。为解决这一问题，中央代表张经武根据中央指示说明，以后西藏地方巩固国防的任务，由驻藏人民解放军负责。有强敌压境时，按旧规办理，除此之外，常年军需粮饷，可以悉数免缴。根据这个原则，班禅方面负担的1/4军粮，也免除了。最后备忘录规定："关于军用粮饷之负担问题，有关巩固国防的事宜，现由中央负责，故常年缴纳之军用粮食及款项，从今年起悉数予以蠲免。"

关于沿途差事，"备忘录"规定，双方商定将藏历火蛇年（1918年）噶厦的布告及水猪年（1923年）达赖的布告，予以废除，班禅属民不予遵行。按照藏历水牛年（1913年）达赖的布告执行。

关于金税及诉讼罚款问题，"备忘录"规定，将哲蚌寺原属班禅的拉孜、昂仁、彭措林三地区所收的黄金税，从本年起由扎寺拉让征收。班禅属民及其他方面人民，因诉讼而纳之罚款，其应归扎寺拉让者，可依旧让归扎寺拉让。

至此，班禅恢复固有地位与职权的问题得到初步解决。

1952年6月23日班禅回到扎什伦布寺，自1923年九世出走到经历了29个年头。牙含章护送班禅返回日喀则后，用了半年多的时间帮助班禅恢复其固有地位和职权。工作进行是比较顺利的，达赖方面所占的主要宗溪，归还给了班禅方面，由班禅派官员管理。

但这次解决只是初步的，还有税收及个别溪卡归属问题尚未明确。真正的焦点还在双方的政治地位问题上。

1954—1955年达赖与班禅在京出席全国人大会议期间，对于未解决的问题还进行了一次重要的处理。西藏地方政府派阿沛和柳霞·土登塔巴与班禅堪布会议厅代表詹东·计晋美、德伦·次仁班觉就噶厦与堪布会议厅委员会的关系进行具体协商处理，最后形成了《西藏地方政府和班禅堪布会议厅委员会之间关于历史和悬案问题的谈判达成的协议》，并报请国务院1955年3月9日第七次会议批准。1952年所谈未解决的一些具体问题得到了双方认可的解决。

1955年3月9日班禅堪厅委员会主任詹东·计晋美在国务院全体会议第七次会议上的报告[①]中，就班禅返藏后与噶厦的关系的进展做了说明，"开始了协商，由互通信件，到互派代表，直接谈判的形式，解决了不少的问题，例如：火鸡年为和好界限问题，乌拉差事问题，全年军费问题，诉讼罚款问题，金税问题等"。对于这一次在中央的帮助下，双方很圆满地达成协议是满意的；存在的缺点之一是在团结方面："在西藏内部问题上，缺乏互相信任，互相尊重，互相让步，互相帮助的精神，因而或多或少产生了一些问题。"

此后，双方仍然存在一些矛盾和摩擦，毛泽东主席在1957年8月18日给达赖的信中还提到："西藏地方政府和堪厅间的关系问题，希望都能

---

① 西藏自治区党史办公室编：《周恩来与西藏》，中国藏学出版社1998年版，第59—62页。

从团结愿望出发，双方好好协商加以解决。"① 问题的真正解决则是到了1959年之后。

九世班禅滞留内地时，成立有"班禅行辕"的办事机构，后改为班禅堪布会议厅。1953年3月堪厅报请政务院批准任命了2名主任、3名副主任、17名四品以上的关于为委员，组成堪布会议厅委员会；詹东·计晋美、拉敏·益西楚臣任主任。该委员会受政务院领导。

1961年7月9日国务院同意堪厅委员会结束其工作的报告。如十世班禅所言："在毛主席英明领导下，完成了三十年来谁也不能解决，谁也没有办法解决的西藏（内部团结）问题。"

费用问题

如前文所述，噶厦与扎寺之间的费用问题主要是军费负担问题和徭役差赋问题。

1791年（藏历铁猪年，乾隆五十六年）廓尔喀入侵西藏，攻占了扎寺，扎寺拉让请求噶厦救援，表示对来援部队所需军饷粮秣，尽所有财力暂行垫付。战争结束后，扎寺要求噶厦退还垫付的费用，但噶厦未置可否，多次催后，答复是扎寺方面应负担四分之一军费，究竟是多少没有公布，争执便延续下来。1888年（藏历土鼠年）和1904年（藏历木龙年），英属印度两次入侵西藏；1912年（藏历水鼠年）清驻藏绿营官兵与噶厦发生内部战争。噶厦便将这三次战争军费开支公布了一个总数——108万克青稞，要求扎寺方面承担西藏此前军费开支的四分之一即27万克。这就是噶厦一再坚持的所谓"旧规"，这是属于需要偿付给地方政府的"旧账"。在为扩充军备而成立征粮局之后，每年征收4万克军粮，其中扎寺方面担负四分之一。另外扎寺方面还要全力支应噶厦的官吏来往于后藏各地所需之骡马、民伕等差役。

对上述情况，在李苏的文章评述得比较完整："噶厦强令扎寺拉让支付1888年和1904年两次抗英战争和1912年驱逐清军所耗用的军费；还

---

① 中共中央文献研究室等编：《毛泽东西藏工作文选》，中央文献出版社、中国藏学出版社2001年版，第162页。

要支付增建新军的四分之一军饷。并说,这是早已在1789年和1853年廓尔喀两次入侵西藏时噶厦与扎寺订立盟约时规定的。噶厦多次严令扎寺拉让后,扎寺拉让复信说:'抗击廓尔喀,是为了保卫西藏的领土和主权。在战争中,扎寺损失惨重。当时,扎寺拉让及所属大小寺院、贫富居民为赶走侵略者,所有人力、物力都投入战争,耗用的军费噶厦不偿付我们,我们也没有什么意见,……至于要建立达赖喇嘛的警卫部队,我们愿尽力而为,除此以外,实无力支付所规定的四分之一的军饷。且拉让所属溪卡收入,仅能维持本寺费用,并无多余。五世、七世和八世达赖喇嘛对扎寺的供应差役,早有规定。此项规定关系到扎寺的兴旺盛衰,望噶厦切勿改变原定法规。'扎寺拉让多次上书请求免征新税,但噶厦充耳不闻。"噶厦少数人,怂恿一些后藏十三宗代表向噶厦提出,扎寺的属民同噶厦属民一样完粮纳税。噶厦委派调查官到日喀则调查税收情况,扎寺拉让办事人员到拉萨,据理力争,但无结果。"噶厦步步进逼,除了要扎寺拉让承担四分之一军费外,还下令按'水猪法令'支应马差,向后藏十三宗下达了文告。扎寺拉让属下的百姓更无力担负。拉让只好从自己的收入中减削,将每岗差地免去十克半青稞税。如不采取这一措施,其属民每年将有百分之五的人家破产。"

"军费"之外,如前所述,徭役赋税问题也是一个关键。七世达赖时的"水猴年协尔邦法令"说:"班禅佛爷……属民、牲畜和土地,不要说让其支差了,就是在扎寺属民前也不得高声喧哗。"1752年3月1日(藏历水猴年,乾隆十七年正月十五日)《七世达赖颁给扎寺寺庙产权及支差纳税之重要文书抄件》① 强调,"除人、牲畜、财物三者,大中小三种常规和额外之劳役实物差徭外,不再负有一切,应全部豁免。教规中重要的个别寺庙,始终需要例外,犹如水渠中不能容纳鱼网。"从七世达赖时期起,班禅辖区的赋税、差役只向扎寺缴纳,无支应噶厦之例。

但后来却增加了负担,1793年(藏历水牛年,乾隆五十八年)功德林济咙活佛任摄政时,订立了"水牛年汉藏决定",规定:日喀则宗与宗之间的所支应之的乌拉,马差49匹、驮牛差99头以下由噶厦百姓负担,超过部分的人、驮畜的住宿开销、伙食柴薪、饲料等,由扎寺方面负担超

---

① 载中国社科院民族研究所、西藏自治区档案馆合编《西藏社会历史藏文档案资料译文集》,中国藏学出版社1997年版,第40—42页。

出部分的六分之一。

1793年《驻藏大臣和琳为差税要按八世达赖喇嘛等的公文执行之批示和重申令》①规定："根据所辖地区的范围大小，若需要十匹马的运输差时，则扎寺拉让出三匹，政府范围出七匹。……其余的寺庙溪卡不论新旧，都得沿袭以往规定，与政府辖民同样支差、平摊旅途应支的乌拉和差役，扎寺也不能将其应支差役转嫁他人，特别是日喀则汉官来往交通所需及康区、蒙古人士为政教安乐而祈祷，各集市等有关路牌开列的长期运输差，如需乘骑14匹、驮畜49匹以内由政府的百姓负担，马15匹、驮畜50头以上则按汉藏双方的牌票执行。无论轮到何处摊派，无论乘骑和驮畜或人夫苦力，政府的百姓负担四分之三，拉让的百姓负担四分之一。……汉族、西康和蒙古等人员在各地派短途运输差时，政府和拉让均按其所经营的岗数平均分摊，拉让属民负担六分之一。"这就是后来噶厦坚持的班禅拉让承担四分之一的根据。

关于噶厦对扎寺的差税的文告，还有1796年9月22日"济咙摄政颁给扎寺关于差税之文告"②：扎寺的溪卡承担和减免之差税问题，"今以战争为界限，对扎寺各寺庙溪卡的支差免税问题，……支、减、留三种（差税），仍按木虎年以前精神不变"。

到了1917年，噶厦公布"火蛇年法令"：江孜地区各宗之间的对英支应徭役，属于额外差（称作"支援江孜帕里"），由各地以折合银等形式共同支应，如果马差超过100匹，驮牛超过300头时，扎寺所属庄园与百姓应共同承担江孜境内所应支的人伕、马匹、驮牛、住宿安排、饮食柴薪、饲料等总数的1/7。1923年（藏历水猪年）法令中规定扎寺所属庄园的百姓必须遵照"铁虎清册"的定额缴纳土地税和应支的徭役。按照"铁虎清册"，"岗"（一岗约合50亩地）、"顿"（两岗或四岗为一顿）的计算方法应该是统一的，但噶厦却故意夸大，甚至成倍扩大。班禅出走前，噶厦派到日喀则的两位基宗对寺院财产和耕地进行过清理勘测，制定了"增勘赋税粮办法"，规定测定后的土地新增税款，每年必须按期交清，所拖欠的军费不另行列出，汇总在新测定的增收税金内。这一方法要扎寺方面每年增缴三万克粮食，自1922年到1927年六年间计算出的税款

---

① 载《西藏社会历史藏文档案资料译文集》，第3—4页。
② 同上书，第81—82页。

总数相当巨大,无法缴清。

作为历史当事人、扎寺方面的人物,其文章虽然时隔半个多世纪,仍充满怨怼。"噶厦接着便以'提取拖欠的军费'为由,将扎寺所属的拉孜宗、昂仁宗、彭措林宗、康巴宗、谢通门溪卡、美康溪卡、达那仁青孜溪、南伦饶溪、江孜查苦溪等分别予以接管,并勒令所有僧俗办事人员,不管愿去不愿去,均强制其前往,以示警诫。这样一来,扎寺各寺院的收入大为减少,以至于连敬神的供品,做佛事的用费都颇为困难,僧众们的衣食自然也就成了问题。"(团康文)。

这其中折射出来的是政治与经济两方面的问题,这点在后文中分析。

前后藏分治

这是一个在历史上时常以或隐或显的方式出现的一个"大问题",需要对扎寺走上西藏政治舞台及管理的地域等方面的情况做一追溯。

扎什伦布寺真正在西藏的政治生活中占有一个相对重要的地位,始自四世班禅罗桑曲吉(1570—1662)在1601年就任扎寺第十六任法台之后。当时扎寺的曲溪很少,四世班禅向当地领主"讲经说法,进行劝捐,当地封建领土乃向扎寺捐献了一批豁卡"(牙含章,第17页)。在17世纪中期格鲁派与藏巴汗的斗争中,罗桑曲吉发挥了举足轻重的作用,格鲁派取得胜利后,固始汗把后藏的数十个溪卡,献给扎寺以为供养。在他在世时,"僧侣五千余人,楼房三千余间,属寺五十一处,属寺的僧侣四千余人,扎寺本身庄屯(溪卡)十六处,牧区有部落十余处"[1]。

清初以降,扎寺与噶厦各自分理前后藏事务。1706年,拉藏汗将"达纳仁钦则全部牧区和列普的全部农牧区、涅日地区的庄园百姓等划归扎什伦布寺"[2]。1713年清康熙直接敕封班禅在后藏的单独管辖区,一切政教事务由"班禅朗玛岗"(班禅拉让)掌管,受驻藏大臣指导。1717年蒙古准噶尔部统治西藏时期,因藏王发布命令,将颇罗鼐在拉藏汗时赐

---

[1] "西藏学文献丛书别辑"第十六函之张伯桢述《西藏大呼毕勒罕考》。

[2] 丹珠昂奔主编:《历辈达赖喇嘛与班禅额尔德尼年谱》,中央民族大学出版社1998年版,第458页。

的属民和塞地的仁钦则宗诸地及其属民没收，颇罗鼐乃将之给了扎什伦布寺①。1719年（康熙五十八年），入侵西藏的准噶尔部"把后藏仁钦则宗本的庄园、百姓和江孜章子宗本的庄园、百姓，一律赠送给（五世）班禅，班禅开始坚辞不受，策凌敦多布说，如你坚辞不受，恐怕准噶尔汗要生气。班禅才勉强接受了"。（牙含章，第82页）。

1727年西藏内乱，卫藏战争开始前，班禅喇嘛派人斡旋，颇罗鼐说，"康济鼐和我早已商定，卫藏交界的岗巴拉以上的土地，那是我们劲旅从准噶尔歹徒手中夺回来的，当划为班禅佛爷的供养地。现在，没有得到文殊大皇帝的圣旨，而后藏、阿里却被那班凶恶的敌人所据有，这是绝对不行的"②。

战乱结束后，1728年（雍正六年）九月二十六日，率兵进藏平乱的左都御史查阿朗等人，在布达拉宫向班禅宣读圣旨：把扎寺以西（或说岗巴拉山以西）到阿里的地区全部划归班禅管辖。班禅表示，扎寺已有很多田庄和百姓，收入足够全寺僧众食用，不愿接受新赐的土地，请钦差转呈皇帝收回成命。后查郎阿提出把后藏拉孜、彭措林、昂仁、吉隆、宗喀和阿里全部划给班禅，班禅只接受了拉孜、昂仁、彭措林三个宗，其余不接受。作为回报，班禅把帕里、江孜和贝第湖给前藏，边界定在白朗宗以西。从此形成了西藏地方的两个政权：噶厦和班禅拉让，均归驻藏大臣领导。此前，后藏的作为一级行政单位的宗本及阿里的噶尔本都是由西藏第巴管辖的，班禅拉让所辖的地域未设宗本。虽然五世班禅极力想维护与达赖方面的关系，不愿接受中央政府对他的封赐，最后勉强接受了三个宗，在前藏方面看来，最初不和阴影已经种下。

这是清廷实施"分而治之"政策的一部分，在此同时，将金沙江以东的巴塘、理塘、打箭炉划归四川省管辖；将中甸划归云南省管辖；把南称巴彦（今玉树）等处七十九族牧民地区划出四十族归西宁办事大臣管辖，其余三十九族（今西藏那曲地区与昌都地区交界地带）后归驻藏大臣直接管辖。对于边疆未实施行省制度的地区，中央对这些地区的社会控制采用的是通过地方领袖人物管理的方式，力度远不及行省制的地区，而且这种管理方式还要受到一些不确定因素的影响，因而"分而治之"政

---

① 多卡夏仲·策仁旺杰：《颇罗鼐传》，汤池安译，西藏人民出版社1988年版，第165页。
② 《颇罗鼐传》，第307页。

策不能简单视为封建王朝对少数民族地区的压迫，毋宁说是一种妥协的、适宜的选择。

具体到本论，这也成了解决班禅回藏的一个争论点。班禅于1931年5月16日上书国民政府关于解决藏事意见书中言及，"西藏所谓地方情形者，即前后藏划分与藏务行政由办事长官掌理是也。前藏曰卫，后藏曰藏，卫藏图志灼然可稽，又有冈巴拉山为界，人情、风俗、言语截然不同，实难合而为一。……今既重订西藏地方制度，自宜参照前清成案，特派熟习边情、著有声望之大员二人，一驻前藏，一驻后藏，凡练兵、制械与夫用人行政，均须与长官会商而行，有大事则请命于政府"①。

1932年5月20日达赖驻京办事处呈行政院书则声言，"西藏政教两权，完全属于达赖喇嘛……班禅在藏中不过一宗教师，与一般教徒同隶于达赖喇嘛统属之下，初无若何特殊地位。上年中央以护国宣化广慧大师名号及印册、俸银等优给班禅，使其骤跻于与达赖喇嘛匹敌之地，藏人不胜其骇诧"。附《译录西藏三大寺僧俗官员及民众全体大会宣言书》中称："扎什伦布庙及班禅原有香火赡养各地，悉前代达赖喇嘛所赐，例供西藏政府差役，与政府直属民户无异，乃班禅无故令其香赡各地众户，控不供应。"班禅驻京办公处1932年6月7日辩称："青海顾实汗攻灭藏巴汗后，复以达赖、班禅分居前后两藏，各主其教，各治其民。惟因前藏地居三藏之中，达赖得利用以图发展。然而西藏人民对于达赖、班禅之崇拜信仰，初无二致……地位平等，无分轩轾，于此足以证明。……贡觉仲尼等谓班禅无政治权力，纯属捏造曲解。"②

1946年12月13日国民政府转后藏国大代表拉敏·益西楚臣、计晋美等人向政府提出要求致蒙藏委电，附计晋美等人报告称："在国家领土与主权完整之前提下，前后藏应分别予以高度自治。前后藏之界限以冈巴拉山以东为前藏自治区域，冈巴拉山以西为后藏自治区域。"③ 1950年8月1日，班禅致敬代表计晋美等，经由西北军政委员会主席彭德怀向毛主席呈递的《解放西藏办法及政教组织方案》中，提出"西藏有整块的土地，同一的民族，适合区域自治的条件，组织一行政区而将前后藏分别自治"的意见。班禅方面对这一意见在很长时期内都未放弃。

---

① 《元以来中央政府与西藏地方关系史料汇编》，第2606页。
② 同上书，第2619—2627、2628页。
③ 同上书，第3203页。

十世班禅返回日喀则后，仍然发生了后藏班禅方面要求后藏地区先行成立单独的自治区之事，在当时和现在都只限于内部讨论，因而外界所知甚少。① 1952年9月15日，此事在日喀则分工委向西藏工委的一份请示中正式提出。

　　日喀则分工委认为，长期以来，达赖、班禅两集团处于分别治理前后藏的历史中，班禅集团形成了很深的分治思想，两集团之间的隔阂在这方面一直没有得到消除，反而在加深。和谈时，恢复班禅固有地位及职权问题，在和平协议中作了明文规定，实际上就恢复到清朝时的"分治"局面，这是为了首先解决西藏民族内部的团结问题。"西藏内部行政上是要统一的，应该统一的，但如何统一，则需要经过一个较长时期的过程，……必须等待西藏军政委员会成立了，达赖、班禅双方的负责官员都能参加进去，才能逐渐达到政策、法令以至地方行政的统一。如果今天就提出'行政统一'问题，特别是要班禅在'行政'上'统一'于'现在的西藏地方政府'，……班禅集团不但不会接受，反而会认为我们偏向达赖集团，压迫他们向达赖集团屈服，其结果是不仅要搞坏我们和班禅集团之间的关系，而且会加深达赖、班禅两大集团之间的隔阂，因此我们请示工委、中央、西南局关于中央对于西藏行政统一的方针。"日喀则分工委的主要负责人，是与班禅一同进藏的西北方面的同志，他们对于班禅方面就"分治"上的看法是清楚的，分工委的请示函里实际上也反映了班禅方面的观点。

　　对于此事的处理，西藏工委有不同的看法。西藏工委认为，"中央政策是和平统一西藏的方针，中央人民政府和西藏地方政府签订的协议是包括班禅集团在内的，是要使达赖和班禅由分裂走到团结，由'分治'走到统一，由落后走到进步，不是分裂分治和保守的方针。……恢复班禅的

---

① 在江村罗布主编，红旗出版社1999年出版的《辉煌的二十世纪新中国大纪录·西藏卷》中略有提及，班禅返藏后，中央"对达赖集团妄图把班禅集团置于他的从属地位和班禅集团企图与达赖集团'并列'的错误认识和做法（包括班禅集团曾想先搞分治），中央和西藏工委都及时予以纠正"（第84页）。这是笔者在正式出版物中见到的少有论之之处。这件事情在当时只在极小的范围内知晓，2003年7月笔者问询于恰白·次旦平措先生时，先生甚至对此事的真实性表示了怀疑。他说，早在和平解放西藏谈判中，班禅就曾提出过前后藏由达赖、班禅分别治理的想法，就没有得到过认可，还是按照两大政治领袖和好时期的管辖范围进行调解，并写进协议；另，在筹委会成立过程中，班禅也提出过在筹委会组成人员中，前后藏各占一半的提议，最后采取的是前藏占一半，后藏和昌都解委会各占四分之一的解决办法。

固有地位职权问题，我们应该保证实现，但不是承认过去满清所规定后藏的扎寺所管辖的地方有高度自治权利，我们就把他看成班禅后藏分治政府是不对的，即根据西藏历史扎寺所管辖地区仍须向噶厦负担而西藏政治行政在形式上还是统一的，十三世达赖统治时期更加统一了，这是客观存在的事实。而班禅返藏后按旧规旧例除恢复过去的固有地位职权外，不能以后藏名义去统治全后藏，这点必须划清明确的界限。……如班禅集团要求分治，不承认达赖的领导地位，就不可能搞好达赖与班禅的团结，不团结就不能真正统一西藏"。

1952年10月27日中央复电西藏工委，同意工委西藏统一方针的见解，不可采取先分治后统一的步骤，统一的西藏自治区是不可动摇的方针。①

至此，关于分治与统一的问题未再进行争论，但并不意味着对这一问题的认识的统一。1952年12月21日日喀则分工委在给西藏工委的一份报告中反映，自班禅返回后，两集团的人员"在感情上仍很对立"，在后藏"发生了一些摩擦事件"，"班禅集团内部新旧派之间发生尖锐斗争"。

1953年10月底至1954年1月，中央指定中央统战部召集西藏工委部分领导张国华、范明、王其梅、慕生忠、牙含章等到京，召开西藏工作会议。会议主要是为了解决三个问题，其中之一就是西藏分治与统一问题，提出西藏只能搞一个统一的自治区，不能搞达赖与班禅、前藏与后藏的分治②。

这一问题在一些细节上还有所表现，1954年4月底，就达赖、班禅出席全国代表大会第一次会议的代表名额等问题是，班禅、计晋美在同意赴京出席会议的前提下，提出噶厦和堪厅应作为两个行政单位去开会，并要求在名额上缩小与噶厦方面的差距（张定一，第6页）。在北京举行双方商谈中，班禅方面实质上将问题从解决历史悬案问题置换为双方地位的平列问题。最后采取的是一种妥协的办法：双方的隶属关系问题，不在协议中明确提出。

1956年西藏自治区筹委会成立后，在西藏工委副书记范明的主持下，一度掀起了宣传民主改革、进行改革试点的活动，在工委向中央提出的报

---

① 参见中共西藏自治区委员会党史研究室编：《中国共产党西藏历史大事记（1949—2004）》，2005年，第64—65页。

② 另两个问题分别是西藏的社会改革必须分两步走的问题、西藏工委内部的团结问题。

告中，曾从另一个极端提到了这一问题，就是在更大程度上建立西藏自治区的问题，事实上可以看作这一问题的变形。

先分治后统一的思想，既有历史的渊源，也有眼界狭小、受制于非历史眼光的局限。但在大的方面，班禅方面始终明确地坚持了一个重大的前提，那就一直是在中国这一国家范畴内考虑问题，与噶厦方面相比，这是一个原则性的区别。历史造就的、与其他民族地区相异的治理政策，带来的后果之一就是其时的部分历史主角远离现代政治思想；而殖民主义势力在西藏，除了经济目的，最大的地缘政治的考虑，是所谓的"缓冲国计划"，它们不可能为建立民主政治提供努力。本论"问题"的消失，其实反映的就是对于现代国家意识的建立与强化的过程。

扎寺拉让所辖

现在我们所说的后藏，是指日喀则地区而言，这是行政区划的概念。日喀则市以西拉孜、萨迦等地，在民间的看法中，一般不会视为后藏（而是称为堆巴）。年楚河流域乃西藏农业发达的主要区域，一般而言的后藏，其实就是指这一区域和雅鲁藏布江以北的部分区域，也就是包括现在在行政区划上的江孜、白朗、日喀则、谢通门、南木林等县市。

有一份20世纪40年代的调查说，日喀则基宗官员管理13个宗：帕里、定结、江孜、独穹、白拉、仁布、岭、岭噶、哈补、朗里、聂耳、汪邓、甲磋。此外驻代本一，统兵500，以备边防；古松如本一，统兵100多，维持地方秩序，但武装受噶厦和马基指挥；设粮员，隶于噶厦征粮局。扎寺拉让原管辖之地有四个宗：彭错林宗、拉孜宗、昂仁宗、岗巴宗，还有溪卡20多处，分于江孜以西、日喀则以东一带，"近年寺中政权既为前藏政府所垄断，凡出产丰富之庄田，均为彼等占据，班禅旧部大多穷苦不堪，而一般人民仍照例向拉章供应外，又须依照前藏政府之规定，服从兵役，负担军需，支应差徭，双重压榨，尤为痛苦"[1]。牙含章《护送班禅额尔德尼返回西藏的回忆》谈到扎寺管辖地方，日喀则基宗

---

[1] 戴新三：《日喀则鸟瞰》，作者根据其1944年四五月到扎寺发放布施的调查写就，文载《边政公论》第四卷第9、10、11、12期合刊第52—62页，1945年1月出版。

"总管后藏十六个宗、班禅所辖的四个宗和三十多个相当于宗的独立的溪卡"。

1961年4月，堪厅正式结束前，班禅在一次与西藏工委领导谈话中，谈到了堪厅的宗、溪问题。主要意思是：一部分是"曲溪宁巴"，是四世班禅接管着扎寺时的几个溪卡，属于寺庙的，一直到那时仍属扎寺的吉萨管；其他如连溪卡、谢通门溪卡，是两个大的溪卡，乃五世达赖给四世班禅的供奉地；拉孜、昂仁、彭措林、聂拉木、定结、宗噶6个宗，是康熙赐给五世班禅的。后三个宗因在边界地带，噶厦说以浪卡子宗进行交换，那三个宗噶厦要去了，也没给浪卡子。还有些溪卡，有些是贵族送的，有些是寺庙送的，有些因为班禅出生在前藏，担任班禅之后带给扎寺的。

在涉及后藏的治理权时，扎寺方面有意将其管辖地域夸大，将岗巴拉山以西视为其管辖的范围；在涉及负担问题时，又强调管辖之有限。据了解，扎寺方面管辖之地有达木萨迦（1964年归入班戈县）、拉孜宗、彭措林宗（此二宗均归入现在的拉孜县，且比现在的拉孜县所管辖之地要小）、昂仁宗（小于现在的昂仁县）、岗巴宗等1个牧业宗和4个农业宗，以及谢通门、江孜查若等5个相当于宗的溪卡，和交叉分布于噶厦管辖内的63个大小溪卡、100多座寺院，和平解放前有约10万人。溪卡则有许多难以分辨之处，一是大小差距太大，二是个别溪卡之间还存在着相属关系。不过至少可以做出一点估计：当时其所属宗、溪卡涉及现在日喀则市、南木林县、萨噶县、谢通门县、聂拉木县、定结县、江孜县、白朗县等地。1958年时有一个调查，扎寺方面有4个宗（未将达木萨迦作为宗来计算）和45个溪卡、26个牧业部落，占有土地20多万克[①]、牲畜2万余头；下属册封贵族37户，农牧奴3.3万多户，人口17万多；每年"剥削收入粮食21万余克（合588万余斤）、酥油2400余克（合24万余斤）；摊派各种乌拉差役107种，剥削量高达70%左右。扎寺有下属分寺230座，僧尼近万人"。[②] 而《原扎什伦布寺拉章坚参吞波组织机构》则以为，到1959年扎寺，"政府直属县3个，与县相似的大庄园5个，中小庄园68个，土地20多万克，牧场26个，大牲畜2万余头（未包括贵族

[①] 克，计量单位的藏语音译，在表达土地面积时，指1克即14公斤粮食种子所播种的面积，大致相当于1亩。

[②] 曹自强：《和平改革，区别对待——扎什伦布寺民主改革回忆》，载《中国藏学》1999年第1期。

和寺庙的土地和牧场），下属寺庙约 220 个"。班禅拉让"直接管辖的宗包括拉孜宗、昂仁宗、彭措林宗三处，溪卡为谢通门、达纳仁钦孜、岗巴、间隆、典伦热、江孜查普、达木喇嘛等"。①

因为存在着细节上的出入，现在要将扎寺所辖完全弄清楚有较大困难，不过大的区域状态是比较完整的，这对于全面认识本论问题已经足够。

在历史上，西藏从来没有真正成为一个统一的行政区，这里有自然条件差异的原因，更主要的是西藏内部的区域性治理的问题所致。西藏的自然地理具有明显的地域性差别，也由此而形成了不同地域之间主导产业的不同：高海拔的藏北草原、阿里草原的牧业；雅鲁藏布江中流、拉萨河、年楚河流域河谷地带的农业（兼及牧业）；喜马拉雅山脉北侧、今山南地区和日喀则地区南部的高山地带的非草原性牧业（有若干农业成分）；藏东林业带。不同自然地理以及在交通不发达状态而导致的相对隔离状态，形成了相异的文化形态，泾渭分明。而旧西藏的行政区划主要依据地方性割据势力的不同而划分，而割据势力的形成与自然地理状况相吻合，在长期的发展过程中，不同的地域形成了属于经济地理学上的不同的自足性经济系统，即构成部分在相对封闭的区域范围内，经济对于外界的需要减少到最低限度，呈现出最大限度的自足性。这一点，在前现代社会时期的不利影响还不十分明显，但在现代社会对于自身的发展、对于整体经济的发展都是很不利的。这也构成了本论需要涉及的一个隐含问题。

生存性经济

西藏地方长期以来是一个相对封闭的经济体，是传统而原始的、自给自足的农牧业经济，在一个低水平比较稳定地运行；手工业依附于农牧业而存在，西藏地方内部经济上的交换主要是互补性的交换（如主要的盐粮交换），以此维系着经济整体的平衡。对于旧西藏的经济，有几种观点，其中之一是以为属于"宗教经济"，社会财富具有明显的向宗教寺院

---

① 《原扎什伦布寺拉章坚参吞波组织结构》，载西藏自治区政协文史资料研究委员会编《西藏文史资料选辑》第 13 辑，民族出版社 1991 年版，第 43、79 页。

集中的倾向，这是从经济的主要服务目的来认识的。事实上也是如此，"寺庙控制着政府以及社会的经济活动，拥有全部耕地的 1/3、大量的牧场以及许多农奴和奴隶"①。其时是一种生存性经济（subsistence economy），生存性经济在这里的含义有一点特殊性，仅有社会财富"剩余"主要向宗教方面和宗教场所聚集，提供宗教的巨大需要，社会基本上失去了对于发展经济的追求，宗教之外只提供人们的生存之基本所需，没有促进在经济上发展的基本动力。所谓西藏处于停滞状态的判断，其依据亦在于此，当经济状态长期得不到明显改善，社会的发展就缺少了一个必要的物质基础。

按照西藏自治区统计局公布的数据，1952 年时西藏人均粮食为 135 公斤，考虑到西藏经济中一直缺乏促进因素，这一水平基本上可以反映本论所及的历史时期的粮食供给水平，"在 50 年代以前，西藏的粮食生产处于维持基本生存需要的水平"。②

进入本文所论的时期，西藏地方的情形发生了很大变化，笔者曾在有关的文章中略有所及，"（十三世达赖喇嘛）建立新式军队，举办新政，必然大量增加开支，在缺乏'国富'观念的西藏地方只有增加税收"。③十三世达赖喇嘛自印度返回西藏后，开始了"新政"。对于被动地卷入现代性的社会而言，最能明显地想到的变革措施就是器物层面的，在军备上的着眼就是一个"自然的"选择（这点与清末内地的图强运动有相似之处），受到英印的支持，达赖进行了大规模的扩军备战。建立新式军队、扩大军备，对于这个将目的定位于宗教服务的地方经济体系而言，对于这个既稳定又脆弱的经济体而言，无疑是一个大大超出其负担能力的变数，并且是与其经济体制相冲突的。现在找不到确切的军费开支情况，而对班禅拉让所要求的负担可见一斑。

我认为，这一举动至少有两方面的作用，一是尽力保证军费开支，二是因为班禅集团对达赖集团的不顺从而借此打击班禅集团。更深的考虑是，整合西藏地区的行政管理权，试图把扎寺地位降低到拉萨三大寺的水平上。而此举对西藏经济造成了难以想象的困难，后来也确实在扩军的路

---

① 北京大学社会学人类学研究所、中国藏学研究中心编：《西藏社会发展研究》，1997 年，第 26 页。

② 《西藏社会发展研究》，第 19 页。

③ 郭克范：《本世纪上半叶西藏政事的现代性分析》，载《西藏研究》1999 年第 3 期。

上未能如愿,到西藏和平解放时期,藏军仍是一支装备和战斗力很差的军队,在经历了一段时间的停滞不前后,为了其不切实际的"分裂幻想"而重振军备,在40年代末50年代初也只是在装备上有所改进而已。

因而也就不难理解,这样的经济体是远离现代经济形态的经济体,就是缺乏激励体系(incentive system)的经济形态,所具有的一点科技观念几乎全部淹没在宗教的光环之下。

1915年扎寺修建强康,殿内强巴铜佛像高26.5米,仅眉间便用了大小钻石、珍珠、琥珀、松耳石1400多颗;铜像由110名工匠花了4年时间建成,花费了6700两黄金、231000斤黄铜,其他珍宝不计其数。这是一个基本的例子,反映着宗教活动场所聚敛财富的表现。据了解,修建强康在前后藏矛盾中,不占有重要的位置。扎寺方面说,那些饰物主要是扎寺方面属民"自愿捐献"的;那么,那些黄金、黄铜呢?前藏对于后藏的指责,更多的是出于寻找口实的需要,社会财富向寺院集中的现象不唯后藏才有,那是西藏社会的普遍现象。

旧时西藏两大政治、宗教、经济集团之间的费用问题,说白了是多种因素集中到一起所发生的,而根子是其抑制发展的经济制度和经济状态。

评述

雅鲁藏布江以南、贡嘎县以上、岗巴拉山以西、阿里以东属于我们评述的大体范围。从清初藏传佛教格鲁派开始掌握西藏地方政权始,后藏地区逐渐形成两个管理系统,一为噶厦,一为扎寺。"在日喀则境域之内,有属于宗署(指日喀则基宗或曰藏基)管辖的村庄,亦有属于扎什伦布寺管辖的昔噶(即溪卡),错落其间,颇难辨清,即街市之中,亦有因管辖不同,而互生争执之事,素见不鲜。日喀则有此种奇异的历史沿革,于是造成特殊的复式行政系统。"[①] 这种局面是造成关系复杂的主要原因之一。前后藏失睦的原因,不论多么复杂,前藏方面表现出来的却是将后藏视为一个另类的区域。

西藏现在的行政区域内的管理,20世纪50年代之前没有统一过;以

---

① 戴新三:《日喀则鸟瞰》。

60年代初班禅堪布会议厅委员会结束工作而取消为标志，西藏才真正出现了不是由宗教集团控制的，而是在崭新的社会制度下的事权统一。这就是后人对这一事件评价时所指出的：这一事件在1959年西藏叛乱平息后得到了"自然的解决"。

更深层的原因，还表现为在进入现代期前，西藏的经济结构的不合理性——是一种难以适应现代社会所要求的经济结构。西藏在中央政府的大力扶持下，自格鲁派基本掌握了地方政权、政教合一的封建农奴制度基本完备（18世纪中叶）之后，即进入了它的停滞状态，这一状态也是一种稳定态。

停滞而稳定，不过是说这种社会结构具备了消弭冲突的功能，但它也有一个致命的前提，那就是不能有引发社会发生成规模变化的因素引入。而西藏进入现代期本身就是被动的，现代性有着与传统性社会治理方式格格不入的力量，这种力量不是凭借宗教的力量可以完全抗拒的。从这个意义上说，即使西藏内部事权是统一的，也无法有效地应对自19世纪以来的外力的破坏性影响。只是这种历史事件的发生将之显化了而已。

生存性经济又可分为两个层次的小形态。低层次属于勉强维持状态的经济（主要对于生产者而言）；高层次则表示基本满足、接近于温饱概念。西藏地区与全国一体化发展的历史进程中，最具革命性的变化当属发生在20世纪末的"短缺时代"的结束，西藏是以基本消费品、耐用消费品悄然发生转变——卖方市场转变为买方市场——为标志的。这一时代的到来，就西藏而言，得益于全国大市场的形成，主要还不是西藏自身发展之功。在一个发展和收入（生活水平）提高主要依赖于国家和其他省市区支援情况的西藏（亦即我们常断言的"还不具备自我积累和发展的能力"），在20世纪末基本告别了生存性经济状态；民主改革之后到此前则是一个告别了生存性经济低层次的长期过程。

1923年班禅出走事件，经济、政治原因结丛而生，且难分主次，事件随着历史情势的变化而变化，一路徘徊进入20世纪下半叶，因为政治形势的大变动才出现根本改观的可能。从清朝末年，到新中国成立，长达半个世纪，英属印度一直企图把西藏从祖国大家庭中分裂出去。班禅一行在内地，客观上造成了一种局面，使噶厦不能在"非爱国主义"之路上走得太远，在国家处于动荡衰弱之时，西藏地方即使有了帝国主义势力的怂恿与支持，仍然基本维系着与中央的联系，这对于中华人民共和国成立之后，中央能较为顺利地解决西藏地方长期与国家不正常关系，作用显而易见。英印官员查尔斯·贝尔就曾谈道，"达赖与班禅喇嘛之间发生不和，后者避开印度逃往中国，从而与英国失去联系，结果给西藏带来了重大危害"。"他们（指中央）利用他助长西藏的不满情绪，从而增加他们得以控制这个国家的机会。对于西藏政府来说，要对付这些暗算是很困难的，特别是在达赖喇嘛之死使西藏失去了一位强有力的统治者之后。"① 这是历史的大是大非问题，就此而言，班禅方面应该说是有历史贡献的。

西藏和平解放之后，到西藏自治区成立之前，不论前藏、后藏，都在中央的统一领导之下，如果双方都能将眼光放长远一些，双方地位问题应该说，是容易解决的。之所以还是出现了那么多的争论，正如阿沛·阿旺晋美在1954年10月14日与中央统战部部长李维汉所说的，"现在达赖喇嘛和班禅额尔德尼两方面的关键问题是平列问题。……目前从噶厦方面来说，能看得远的、大的人很少；拉章方面也是如此。现在大家的注意力并不在今后的自治区问题上，而在目前过渡阶段的关系上，都想如何才能不起变化，甚至要往后退。"（转引自张定一书，第235页）

问题在政治上解决之后，彻底的解决还是要靠西藏地方及西藏地方内部各区域经济的发展，实现作为一个经济体的内部融合以及在全国经济一体化进程中的融合，这才是根本的出路。这一点远比政治上的解决要困难，不过20世纪90年代以后西藏发展的局面已经为这种前景的出现准备了足够条件。

2008年

---

① ［英］查尔斯·贝尔：《十三世达赖喇嘛传》，冯其友等译，西藏社会科学院西藏学汉文文献编辑编印，第360、361页。

从旧西藏的高利贷盘剥看民主改革的意义

民主改革运动之前，西藏处于封建农奴制社会形态下。在这个社会里，高利贷剥削是农奴主剥削农奴的重要手段之一，三大领主是大大小小的债主，大活佛、寺院上层喇嘛、贵族都放高利贷，达赖喇嘛、地方政府、寺院都设有专门放贷的机构。

1959 年，在实行分步骤进行民主改革之初，为正确划分阶级，制定民主改革的阶级路线，西藏各地着重围绕封建压迫、封建剥削开展了广泛的调查，高利贷剥削问题就是其中一项重要的内容。当时留下的大量档案资料，有助于我们今天深刻地把握和认识这一问题。不过，在使用这些资料的时候，需要我们进行全面分析，否则，容易引起认识上的混乱。

西藏人民出版社在 20 世纪 80 年代曾经出版过《藏族社会历史调查》资料集，其中所收录的资料，多来自 1956 年、1958 年（少数是 60 年代初）在西藏的实地社会调查。这里先做点摘录，再进行一些基本的分析：

拉萨地区某庄园"在债利上解放前是借五还六，解放后改为借七还八……寺庙债的利息是借四还五，直到 1953 年后才按噶厦颁布的减免债务办法规定，改成借五还六。"1953 年噶厦宣布了"关于减免旧粮债办法和处理牧区钱债等办法"，"该办法对于今后三种领主的放债债利有了新的规定，噶厦放债年利率仍为百分之十，寺庙不得超过百分之二十（借五还六），其他如大小活佛，寺庙的大喇嘛和贵族官员等则不得超过百分之十二点五（借七还八）"。

昌都地区利率不统一，"即使同一地区，甚至同一个债主，利率也有差别。……本区的利率从借五还六（20%）到借一还二点五（150%）都有，均为年利。其实规定利率和实际支付利息是两回事。昌都寺放债，规定年利借四还五（25%），但是夏多采仁在 20 年前向该寺借了青稞 32 克，他记得已经还了 200 克，但是寺方通知他还欠青稞 200 克"。

现在的林芝地区，"（1）借粮还粮：一般是二三月份借，八九月份秋后归还。利率是借四还五，解放后一般已改为借五还六。（2）借钱还钱：借50两藏银每月外加利息15两，本利共65两。借小白洋（每个合3两藏银）的利率是借一还一。借钱的利率较借粮为高。"

现在的日喀则地区拉孜县某庄园，"贵族放债一般利息为借七还八；寺庙放债一般利息为借五还六，喇嘛个人放债利息为两种，一为借五还六，一为借七还八。官府放债利息为借十还十一"。拉孜县另一庄园，"解放前，一般利息为借五还六，解放后的利息，除寺院利息仍为借五还六外，政府有很大一部分的利息为借七还八，借十还十一，贵族和个人也多采用了借七还八"。

也就是说，债息最低的都在10%。而1959年的档案资料中，如果仅仅从所收债息情况看（这是当时调查主要涉及的方面），不少是低于这一比例的。为什么会出现这种情况呢？主要有以下原因。

一是应收债息与所收债息是两个不同的概念，并不是所有的债务每年都将全部债息收回，未收回的、难以收回的部分则加在债务上继续生息，这就是所谓的"利滚利"。这里面存在着较大的差距。

二是谈高利贷盘剥，要联系当时的生产水平来谈。旧西藏的农业经济由领主掌控，高利贷是其主要榨取的方式，它不具有建设性，没有为社会增加生产能力和产出。那个时候，从整个生产来看，属于维持性生产，没有扩大再生产的能力和条件。1952—1959年统计，西藏农区的粮食平均单产仅为140—160斤，收获量为下种量的4—5倍，人均生产粮食370—390斤，人均占有粮食250—270斤，人均占有牲畜8.5—9.2头，是一种自给率很低的自足经济[①]。

要全面地认识这一问题，还应对牧区的高利贷问题进行分析，其表现形式与农区又有差异。

另外需要指出的是，正如前引文所说的，"规定利率和实际支付利息是两回事"，这其中存在着一种"黑色幽默"，我们能够读到不少这样的记载：某人借了多少债，还了多少债，还了多少年了，还有多少债务之类，就是按照最高的利率标准来计算，都是无法达到的数字。"如堆龙德庆县东嘎地方的农奴白玛才仁，在民主改革前所欠的债共分3种，一种是

---

① 转引自安新国《西藏的盐粮交换》，载《西藏研究》1982年第3期。

子孙债,原欠青稞 15 克,还了 601 克,还说尚欠 290 克;一种是联保债,虽已还了 160 克,还说尚欠 700 克;第三种是本人所欠的债,共 103 克,已还 309 克,但还欠 950 克。再如甘丹寺的一户农奴称巴,1941 年向该寺借了 100 克粮食,还了 18 年,已经付息 3000 克,到 1959 年,尚欠 5600 克,藏银 7500 两。"①

还有一种情况,在借粮过程中的剥削,"哲蚌寺用小克给农奴借种,一小克 25 斤,用大克收租和利息,一大克 32 斤。量粮器就一个,但由于量器中的隔板深浅不一,所以便有了多少之分,如用隔板深的那头量,数量就多,反之则少"。② 高利贷中最普遍的是粮贷,利率虽然规定年利为 20%—30%,但多数是春借秋还,实际上只有半年左右的时间。

总之,在旧西藏,高利贷盘剥是一种竭泽而渔式的超经济剥削,在英帝国主义侵略西藏,并在西藏攫取殖民经济利益和培植起了一个买办阶层之后,这种超经济剥削就日甚一日地严重起来;同时高利贷也是一种政治控制手段,借贷联保制就是一种,还有就是强迫借债也是一种,除了榨取经济利益外,还是作为束缚农奴在领主土地上的手段。曾经有管理庄园实际体会的阿沛·阿旺晋美先生,早在西藏和平解放前,就有过感慨,大意是说,这种制度已经难以为继了,如果继续发展下去,结果是农奴没有活路,贵族也活不成;著名藏学家,也是活佛的东嘎教授,在他的《论西藏的封建农奴制度》中,也得出了相同的结论,他用的词是"油尽灯枯"。

仅仅从高利贷问题上看,西藏的民主改革的意义,怎么评价都不为过。

2010 年

---

① 见《旧西藏的封建农奴社会》,载西藏自治区党史资料征集委员会编《西藏的民主改革》,第 364 页。

② [美]安娜·路易斯·斯特朗:《百万农奴站起来》,孟黎莎译,西藏人民出版社 1991 年版,第 158 页。

西藏一九五九

前言

西藏历史的"出现",① 是进入20世纪前后的重大事件,同时表现出与全国政局和社会变化的密切关系。这种关系加上自身的特点,西藏近代以来的历史出现显著的断代型特色,20世纪下半叶尤为鲜明。"西藏一九五九"作为一个专词,所体现的时间含义是西藏和平解放到西藏自治区正式成立,跨度为14年左右。西藏历史的这一段落又以1959年为分水岭,在此前后呈现出迥然不同的形式:前期充满了众多可能性变数,后期则稳定地与中国政治经济和文化发展的主流相衔接。民主革命思想贯穿了这一整个时期;作为西藏现代史上第一次重大的社会转型的发生和这种转型的复杂进程,以及协议"制度"框架内转型的基本完成(就这一时期而言是完整的,其中看起来似乎泾渭分明的一些小的时期的划分,主要是一种政治上的标识,并没有超出这个概念的范围),是这一时期的主要作为。

重新提出这一课题,除了现在汇集出版发行的书籍和大量文章为这一主题的研究提供了丰富的材料,使之有检索的便利和作为"过去时"存在的客观分析的可能外,还在于有了社会发展的逻辑回溯的可能。

西藏的学术性知识群体的"形成"自20世纪80年代始,强烈的

---

① "历史"一词在两个不同的含义上被使用:一是在一般的时间意义上指完成了的时间演进过程;二是在本质主义和目的论的意义上,关注的是人与社会的演进过程中基本形式的合理性的获得与发展,弗朗西斯·福山的《历史的终结和最后一人》即是指此而言,社会的停滞也就意味着历史本身的停滞。本文采用此意。

"现时政治"意识决定了最初涉及这一段"敏感"历史的表态性。"西藏一九五九"本身的政治色彩也决定了从政治话语进行解读的必要性和可能性,这一时期所具有的阶段性如 1951 年和平解放西藏办法的协议的签订、1956 年自治区筹委会成立、1959 年平息叛乱和民主改革、1965 年自治区正式成立等,为纪念性文章提供了良好的纪念背景,事实上大多数这类文章正是以这种方式写成的,其弊在于那些论说在理论和方法论上的薄弱,满足于做出粗疏的政治判断,有如马克思所说的是"不彻底的、片面的和毫无生气的唯物主义","西藏一九五九"成了而且只是成了政治纪念性的话题,远远不是学术探讨性的话题。这造成了话题本身的禁锢。表面化的数据对比和现象对比研究,舍弃了对对象的深入研究和分析,平面化的"正确"导致学术上的空洞与懒惰,无形之中对这一历史的叙述设置了一层禁忌色彩;大跳跃和随意式的"联系实际"也不过是列出一些进步了的、发展了的数据与现象,没有为理解现实问题提出历史的昭示,不能给自己做出的解释以有力的说服——其实在一般意义上,社会演进的逻辑都可以做到这一点。过去与现在的相关性没有得到阐明,历史真正成了过去的一段文字记忆,简单化的态度既体现不出学术的"为",也把学术与政治宣传混同起来。"八股文"式的歌颂与谴责都是无力的。这里可以作一点简略的回顾。国内对这一段历史以学术的形式进行考察和探讨得益于 70 年代末 80 年代初全国性的思想解放运动,随着社会科学的恢复和重建开始,最初的任务有二。一是拨乱反正,"澄清"和纠正在"文革"中被搞乱了的观点和说法。这就必然带有比较明显的政治批判色彩。影响及于后来的,就是文章的社评化和话语方式上的新旧二元简单对比。二是为现实服务。相对于藏学这一块而言,着重围绕国家主权问题开展学术斗争,偏重于历史学科、传统文化的文章占绝大部分;不惟西藏,与全国相仿佛,学科培养和发展意识很少。与内地不同之处在于,对于新的学术工具的借鉴和使用太少。在这个主题范围内,时至今日,还在纠缠着藏学界的依然是"历史发展的必然性与合理性"等课题。这当然是有价值的课题,但在过程编排之中的结论言犹不言,并没有呈现出应有的学术价值来。

马克思在 1873 年 1 月就德国知识界对待辩证法的态度发表了如下的观点:"辩证法,在其神秘形式上,成了德国的时髦东西,因为它似乎使现存事物显得光彩。……辩证法不崇拜任何东西,按其本质来说,它是批判的和革命的。"只需要用"机械形式"代替"神秘形式",这段话就能比较适合于我们知识界对待这一历史的简单化态度。行政化的学术中所表现出的浓重的英雄史观倾向,是导致出现认识上偏差的一个重要原因,诚然这一时期尤其是前半期"上层"的行为具有举足轻重的作用,但这并不能作为忽视民众的理由,换句话说,不能作为忽视物质生产发展程度和这一变动是当时社会关系的根源的理由;它不能在理论上提出这种支持。我们有可资借鉴的宝贵的思想资源——马克思主义的批判精神对我们所经历和所处的时代的解释力仍然是杰出的,作为这个时代的指导思想,在借鉴上不存在忌讳之处,而简单化和庸俗化却阻挡了理解和操作上的深入;此外,在藏传佛教界,历史上曾被领主阶级视为异端的批判资源,虽然很少却弥足珍贵,是属于"传统文化"有生命力的部分。

　　旧唯物主义和资产阶级唯心论在认识论上都存在一种相似的倾向,把问题抽象化、普遍化和静止化。这种形而上学的作风在一些以马克思主义面目出现的人物当中也时有表现。对待宗教问题、文化问题,在研究中或者是对政治宣传话语的响应,辩证法变成了中庸论、对空策;或者是抽去时代特点,忽视社会内容,将之表现为纯然的存在,更多的是二者兼而有之的杂烩。恩格斯关于辩证法这样写道:"口头上承认这个思想是一回事,把这个思想运用于个别场合和每个特定的研究领域,又是一回事。"他是在这样的前提下来谈的:"这个伟大的基本思想,从黑格尔以来,已经如此深入一般人的意识,以致它在这种一般形式中未必会遭到反对了。"这似乎有点像在针对我们现时生活中的一种治学倾向。

　　如果对历史的叙事只是线性的,那就必须舍弃历史的丰富性,只能出现历史的单一性;如果对历史的叙事只是为了表达必然性和优越心理的乐观主义基调,对历史的解读只能是一种割断历史的行为,历史的现时性便会被抽空,"鉴"与"知"就成为不可能。历史的演进会出现革命性事件,在社会激烈变迁之后,一定时期内会表现出相对平缓的演进形态。在过程中革命性事件不会是定时的,但另一方面,诸多的偶然性也易使人产生假设历史的念头。这种做法的不当在于过分追究瞬时性,看不到过渡的形式的消长;在我们已有的关于必然性的说明中,采用的是一种元叙事方式,实际上已经回避了这个问题。西藏历史的元叙事色彩的表现可谓无处不在,对思想问题的忽视造成了不良后果。如果对历史的阐释没有批判精神作为基础,历史只是一个过程,一堆资料,只是行政化政治话语的拷贝。

西藏历史自近代期以来所表现出来的断代性，使一些历史课题在未充分完成的情况下便进入新的课题，前者便潜伏下来，在遇到合适的机会时再重新表现出来，迫使人们不得不在新的基点上再度去做，由此付出了较高的社会代价。

作为一篇在社会学立场上的研究文章，我仍然坚持我的价值相关的观点：所谓深度的意识形态化，所谓一切历史都是当代史，其实表达的就是价值相关的态度，虽然其中的内涵在不同的研究群体中有若干差异，但这种差异不是本质性的。

历史的整数

当 20 世纪初英帝国主义将西藏的大门打开之后——虽然在影响的表现形式上只是限于其时社会的上层，但高度集权的社会制度将这种影响通过上层涵盖了整个社会——引发了一系列错综复杂的矛盾和问题，这些矛盾和问题又相互影响和促动，社会动荡不已。如何与封闭之外的世界相处，是各个方面力图回答的问题。在帝国主义势力的影响下，西藏地方政府早就企图脱离中国，1942 年大扎摄政时期成立的"外交局"即为一个显眼的举动，尔后 1947 年的"泛亚洲会议"事件、1948 年"商务代表团"的活动等亦可同理视之。1949 年"七八事件"既是这种活动的继续，也是一个醒目的标志，是西藏对即将成立的新的中央政府发出的信号，是与后者打交道的开始，由是西藏历史开始进入另一个时代；后者于 9 月 2 日和 7 日分别通过新华社社论和《人民日报》署名文章，第一次公开表明了解放西藏和不允许外国侵略、分割我国领土的立场，并在此前后开始了"经营西藏"的努力。世纪中叶的交替，不仅具有时间上的意义，对于祖国和西藏地方同样具有实质性的转换意义。和平解放的实现，可谓历史做出的带根本性的选择和回答，种种其他的努力均以失败告终。当选择成为唯一的指向时，选择已不再存在。

和平解放时，西藏的形势是处于封建农奴制度下，外有受到帝国主义侵略、奴役所留下的后遗症，如帝国主义势力的影响和外国势力在西藏特权的存在，内有此前清代和民国时期实行的民族歧视和压迫而造成的隔阁，西藏内部则有格鲁派达赖、班禅两大集团之间的不和。在这种历史背景下，一系列社会政治事件显示出明显的阶段性特征：社会政治事件的形式有各种偶然性因素的痕迹，但其背后的决定性指向则是使西藏实现从封建农奴制中解放出来的新民主主义革命这一历史转变。

中央一方面进行进军西藏的各种准备，一方面推动和平解放。在和平努力得不到积极回应的情况下，便辅之以军事行动。1950年10月昌都解放，11月中旬大扎下台，达赖喇嘛亲政；随后达赖喇嘛到边境城镇亚东，组成"亚东噶厦"，一批人在拉萨组成"留守噶厦"。不久西藏地方政府分两批派出以阿沛·阿旺晋美为首席代表的和谈代表团到京，1951年5月23日中央人民政府与西藏地方政府签订《关于和平解放西藏办法的协议》，随之中国人民解放军开始和平进军西藏。8月17日达赖从亚东返回拉萨，9月9日进藏部队十八军先遣支队到达拉萨。10月24日达赖向毛主席发出拥护协议的电报。11月昌都地区通过代表会议协商成立了昌都地区人民解放委员会，这是由政务院直接领导的统战性质的、过渡阶段的政权机构。12月20日十八军进藏部队与西北独立支队在拉萨会师，到1952年7月部队已进驻西藏各重镇和边防要地。1952年2月10日西藏军区成立。1952年4月28日班禅一行到达拉萨，6月底回到日喀则。和平解放西藏的任务基本完成。

1952年1月成立中共西藏工委外事委员会。1952年9月15日中央人民政府驻西藏代表外事帮办办公室成立，统一处理西藏地区的涉外事宜，1953年9月西藏"外事局"撤销。1954年4月29日我国与印度缔结通商和交通协定，1955年废除了印度在西藏的驻兵权，1956年9月与尼泊尔缔结类似协定。废除了外国在西藏的特权，彻底结束了西藏的半殖民状态。

1952年3—4月间"人民会议"策划拉萨请愿骚乱事件，5月1日噶厦宣布立即解散"人民会议"，并撤销支持者鲁康娃和洛桑扎西的司曹（代理摄政）职务。昌都解放后，成立了昌都地区人民解放委员会，免除了当地人民1949年前所欠地方政府的债务，废除了乌拉差役。1953年春噶厦成立了以阿沛·阿旺晋美为首的改革委员会，进行改革尝试；经政务院批准，班禅堪布会议厅于1953年3月实行委员会制，并于9月公布了减免债务和部分乌拉差役的方案。1957年自治区筹委会通过处理农奴主毒打农奴旺杰平错事件，废除了部分农牧奴的人头税。

1954年9月达赖与班禅出席全国人大一届一次会议，达赖当选人大常委会副委员长，班禅在12月全国政协二届一次委员会议上当选政协副主席。达赖、班禅在京期间，在中央的帮助下，西藏地方政府与班禅堪厅之间进行了谈判，1955年1月19日签署了《西藏地方政府和班禅堪布会议厅委员会之间关于历史和悬案问题的谈判达成的协议》。1955年3月9日国务院召开全体会议专门讨论西藏工作，通过了关于成立自治区筹委会、发展交通运输、进行建设等决定。1955年6月23日达赖返回拉萨。

　　1954年12月25日川藏、康藏公路通车。1956年4月22日西藏自治区筹委会成立，达赖和班禅分别担任主任委员和第一副主任委员，陈毅副总理率领中央代表团到西藏表示祝贺。1956年7月21日昌都地区江达宗头人、宗解放委员会主任齐美贡布发动叛乱，是为西藏地区局部叛乱的开始。1956年中央"九四指示"提出西藏"六年不改"的方针，是年11月，达赖、班禅出访印度，达赖在印滞留数月，次年4月1日返回拉萨。1957年5月从邻省窜入西藏的叛乱分子在拉萨成立"四水六岗"反动组织；1958年6月叛乱武装在山南哲古地区（今山南地区措美县一带）成立"卫教军"，建立根据地。

　　当时的上层集团始终没有完全放弃自20世纪上半叶而来的独立梦想，而且始终带有一种不切实际的飘浮性，对外力可能给予的有力支持抱有幻想。这就给人以历史假设的想象，如果达赖集团一直采取一种非激烈对抗的形式对待改革的话，西藏的现代史将会是怎样的呢？① 1959年3月10日全面武装叛乱爆发，17日夜达赖出逃，22日平定拉萨叛乱。3月28日国务院发布命令，解散西藏地方政府，由西藏自治区筹委会行使西藏地方政府职权；4月20日国务院发布撤销昌都地区解委会的布告。1959年平息了拉萨、山南和公路沿线的叛乱；1960年全区基本平息叛乱，20人以上的成股叛乱武装已被消灭；1961年肃清了残余叛乱分子，1962年3月宣布平叛结束。

　　1959年6月28日至7月17日西藏自治区筹委会召开第二次全体会议，通过《关于进行民主改革的决议》。1961年4月21日中央发出《关

---

① "一九五六年，中央已宣布了六年不改的方针，如果认真执行这条方针，不搞叛乱，到'文化大革命'时，整个西藏可能还没有全部进行民主改革，（在'文化大革命'期间，西藏未进行民主改革的边境地区没有搞'文化大革命'）这样整个西藏也就没有进行'文化大革命'的条件，那么西藏寺庙以及其他方面遭到的破坏也就无从而来。"见阿沛·阿旺晋美：《一九五九年"三月十日事件"的真相》，载《中国藏学》1988年第2期。

于西藏工作方针的指示》，提出今后工作采取"稳定发展"的方针。1961年7月9日国务院会议通过了班禅堪布会议厅委员会结束工作的报告。1962年10月20日爆发中印边境自卫反击战。1965年9月19日召开西藏自治区第一届人民代表大会第一次会议，正式成立西藏自治区，谢富治副总理率领中央代表团到藏表示祝贺。

至此，大的趋势已呈现泾渭分明的界限标志。在继续进行社会主义运动的同时，即将进入下一个时期：西藏"文革"时期。

包括地区史、民族史在内的中国近现代史，有一个触目的特征：一个独特的时间标杆醒目地成为历史的分水岭，虽然这种界标的划分首先是以政治变迁为特征的，但当我们进入历史则可以看到，尽管存在着若干变数和若干无法割裂的因素，在历史的"整数"上，它们对于政治学之外的学科领域，同样具有分水岭的价值。当聚光点在政治上时，在其他诸种可能性还不足以成为一种行动力量时，历史的主题不可避免地随着政治主题的变化而引入新的活力，并随之发生依附性变化。

改革与改造

"要举行革命，单是被剥削被压迫群众感到不能照旧生活下去的时候，还是不够的；要举行革命，还必须要剥削者也不能照旧生活和统治下去。只有当'下层'不愿照旧生活而'上层'也不能照旧生活和统治下去的时候，革命才能获得胜利。"[1] 在西藏的"近代期"，上层中的个别先进分子已经看到了这种制度难以为继并试图进行改革，虽然均以失败而告终。[2] 这一时期的风云人物阿沛·阿旺晋美在20世纪40年代"同一些知心朋友曾多次交谈过西藏旧社会的危机，大家认为照老样子下去，用不了多久，农奴死光了，贵族也活不成，整个社会就将毁灭。因此，民主改革

---

[1] 见列宁《共产主义运动中的"左派"幼稚病》，载《列宁选集》第4卷，1972年版，第239页。

[2] 可参见郭克范《本世纪上半叶西藏政事的现代性分析》，载《西藏研究》（汉文版）1999年第3期。

不仅解放了农奴,解放了生产力,同时也拯救了整个西藏。"① 而具备这种清醒意识的毕竟只是极少数得风气之先的人,知识阶层的绝大多数未能超越狭小的圈子与视野来看待问题,广大的被剥夺了受教育权利(且缺乏世俗教育)、处于人身依附状态下的农奴阶层除了消极反抗外不可能有变革的意识;而摒弃了时代气息和抗拒新事物的西藏上层想的只是这一"神圣而美妙"的政教合一制度的永远延续。在帝国主义势力的鼓动和恐吓下,他们认为要做到这一点唯一的出路就是脱离不信宗教的共产党的统治而寻求独立,他们的所作所为完全集中于这一点,我们很难看到从内省出发而做出的改革努力。

和平解放是以战争为先导的,虽然只是进行了规模小时间短的昌都战役,意义却很大,消灭了藏军主力,打破了西藏上层以武力相抗衡的幻想,在美、英、印"关注"西藏问题却一时又不愿深度卷入的情况下,形成了有利的时间差,徘徊在边境上的上层集团被迫接受了以和平谈判来解决西藏问题的方式。

在新中国成立前着手筹划解决西藏问题时,"改革"就是其中应有之义。"十七条协议"签订后就已经明确:"有关西藏的各项改革事宜,中央不加强迫。西藏地方政府应自动进行改革,人民提出改革要求时,得采取与西藏领导人员协商的办法解决之。"在其后的8年里所发生的种种事件,莫不与此有关。1952年3—4月间的"人民会议"事件②,是在和平

---

① 见阿沛·阿旺晋美《西藏历史发展的伟大转折——纪念"关于和平解放西藏办法的协议"签订四十周年》,载《中国藏学》1991年第1期。

② 有必要在这里就"人民会议"组织谈一些认识。它的出现其实是西藏地方政府各种政治力量妥协下的产物,作为一个对"现代文明"抱有很深成见的社会而言,如果没有重要的政治支持这样的组织是不会出现的,或者说即使出现了也不可能有所作为,在20世纪上半叶先后出现的"求幸福者同盟""西藏革命党"的命运就是现成的例子。当时西藏的政治形势是:达赖喇嘛的"亚东噶厦"在边境地区观望了较长的一段时间,这是一个动摇不定的形象,虽然后来返回拉萨的势力占了上风,地方政府人员包括达赖回到了拉萨,但围绕是否接受协议拖了很长时间。当时年轻的达赖表现出的软弱和暧昧的态度对反对派也是一种可以利用的政治资源,毕竟他是亲政者。在对待协议的态度上,反对者和支持者是明显的,而更多的则是一种两可的态度,而在上层情势的倾向中,处于公开话语之"弱势地位"的反对者反而能获得更多的中间派的支持(至少在口头上),清楚不过地表明了反对者在社会压力上所拥有的更大力量。在这样的局面下,一种"非官方组织"的出现其实是迎合了这种需要,也就不再被视为对"美妙制度"的威胁,相反它带来了一种明知其未必会实现却又寄予了可能发生的希望——这种虚妄的心理、非理性的寄托在以后直到现在依然在达赖集团中存在着。

解放西藏基本完成之后的第一次围绕改革问题的重大较量。1952年4月6日中央为此发出的指示说："我们要用一切努力和适当办法，争取达赖及其上层集团的大多数，孤立少数坏分子，达到不流血地在多年内逐步地改革西藏经济政治的目的"，"只要我们对生产和贸易两个问题不能解决，我们就失去存在的物质基础，坏分子就每天握有资本去煽动落后群众和藏军反对我们，我们团结多数孤立少数的政策就将软弱无力，无法实现"。"目前不要改编藏军，也不要在形式上成立军分区，也不要成立军政委员会。暂时一切仍旧，拖下去，……在西藏上层集团看来，目前全部实行协定和改编藏军，理由是不充足的。过几年则不同，他们可能会觉得只好全部实行协定和改编藏军。如果藏军举行暴乱，或者他们不举行一次，而是举行几次，又均被我军反击下去，则我们改编藏军的理由就愈多。"[1] 虽然随后噶厦对"人民会议"明令予以取缔，但不过是在作表面文章。反对改革的努力因他们的暗中庇护而转入地下，一部分"人民会议"分子包括原两司曹之一逃到印度靠近边境的噶伦堡活动。1955年随同达赖喇嘛进京的噶伦索康·旺清格勒和副经师赤江·罗桑益西在返藏途中，到西康一带鼓动当地上层反对改革，煽动武装叛乱。1955年9月"人民会议"向西藏工委递交"前后藏、康区人民意见书"，反对协议，反对成立自治区筹委会，反对开办学校和修筑公路。虽然11月17日西藏地方政府宣布"人民代表"为非法，并逮捕了为首分子阿乐群则，但到了1956年2月自治区筹委会正式成立前，拉萨又出现鼓吹"西藏独立"的传单，反对改革。

鉴于1956年西藏的社会局势出现了一些不稳定因素，中央提出西藏"六年不改"（从1957年算起），六年以后是否改革视情况而定，表明的态度是改革的时机问题。为此，1957年各项改革实验均被停止，除保证青藏公路畅通的人员外，部队和地方工作人员进行了大量的精简整编，将汉藏族干部、工人、学员从4.5万人减少为3700人，其中汉族工作人员精减92%，驻藏解放军减少70%。地方工作和军事据点只限于各分工委所在地和察隅、亚东、江达、扎木、丁青等地；60多个宗办事处除昌都地区外一律撤销。同时为培养人才实施了一项重要措施，1957年6月在陕西咸阳建立了西藏公学，吸收3000多名参加工作不久的农牧民藏族青

---

[1]《毛泽东西藏工作文选》，中央文献出版社、中国藏学出版社2008年版，第62—63页。

年学习，选送一批藏族青年到北京、成都、兰州的民族学院学习。

虽然1959年前几种不同性质的政权在西藏同时存在（1951年初成立的在政务院直接领导下的昌都地区人民解放委员会与封建农奴制度的西藏地方政府和班禅堪布会议厅两种性质不同的政权并存；1956年自治区筹委会成立后，这一在国务院领导下的全区性的带政权性质的机构与上述两种性质的三个政权并存），但并不能得出西藏实践过"一国两制"模式的结论。[①] 首先，这一模式有着特殊的含义，即包括西藏在内的内地主体实行社会主义制度，港澳台实行资本主义制度；而当时对西藏来说，不是实行一种与内地不同的社会制度的问题，而是从和平革命的思想出发，实行一个过渡时期，待条件成熟后进行改革；而且社会主义制度与封建农奴制度在同一区域内的不相容性在和平解放西藏后的8年中已经十分明显地表现出来了。直到1959年以后西藏地方政府被解散、班禅堪厅结束工作，才统回到自治区筹委会和自治区政权下。

在经历了和平解放的斗争、调整对外关系、加强祖国与西藏的联系、成立筹委会、进行局部叛乱与反叛乱的斗争之后，到1959年前，主要进行的工作是分化上层，力图在不发生剧烈社会动荡的情况下创造有利于改革的社会环境和群众基础，而对封建农奴制度只做了局部的改革，未做根本性调整。但是改革必须在适宜的时候进行。正是在这个问题上，中央政府的要求、群众逐渐增长的愿望与西藏上层中的制度维护者发生了矛盾，而邻省藏区的改革也从心理上强化了西藏上层的忧虑。对于前期而言，中央在西藏所实施的政策可以说是有所为有所不为，主要是有所不为。"为"的一面也不是实际去规划和操作实质性问题，而是以间接的而非直接的，侧面的而非正面的，迟缓的而非积极的方式展开工作，归结到一点，就是在叛乱发生之后公开性文字中评述那一段历史时常用的一个词：影响。影响群众是新社会宗旨所开出的必有之义，而统战工作同样是影响感化工作。

如果不发生叛乱，民主改革也一定会发生，但会推迟若干年，且方式会有所不同。但自1956年开始从邻省藏区发生叛乱并波及区内，受到西藏上层的支持，7月扩大到昌都地区；达赖在1956年底到次年初出访印

[①] 至于十四世达赖喇嘛在80年代以来鼓吹的用"一国两制"方式解决"西藏问题"的言论，不过是想以此作为其"两国论"的跳板，为其图谋西藏独立服务的策略而已。

度期间受到分裂势力的鼓动，思想上产生了重大动摇；1957年夏开始，由于达赖和噶厦中分裂分子的暗中支持，"四水六岗"组织的活动有恃无恐，到1959年2月已经十分紧张，叛乱武装当时已经包围了泽当、丁青、扎木等重要据点，并在此前进行多次武装叛乱活动。这明确地预示着激烈冲突可能的到来，和平改革方式在逐渐退隐。1959年"3月10日事件"迅速改变了（主要是加快了）西藏社会变化的进程和节奏。

从和平解放到1959年，中央政策的主导思想是保证社会转型平稳推进，1952年"人民会议"事件后的妥协，1956年以后提出不进行改革的具体时间限制和缩减机构和人员，都在于希望用和平方式过渡。即使在平叛中，对未叛领主实行赎买政策，稳定发展农牧民个体所有制，也是按照同一思路进行的。这种平稳性直接迎来了1960—1965年西藏现代史上第一个发展的"黄金时期"。

如前所述，社会制度改革是最根本的原因，而独立主张不过是附着这一问题的另一层原因；而且经过长达八年的影响，群众中已经开始出现要求改革的愿望。这是民主革命的一个不容忽视的动力，是民主改革顺利进行的基础。历史不受命运主宰，任何事件的发生不可能摆脱众多因素的影响，次要因素和不起眼的缘由只不过扮演着历史发展中的偶然性角色。偶然性因素可以改变，而事物本身的性质却不会改变。人们在回顾历史的文章中常常提及西藏与祖国紧密相连的关系，这种高度相关性在于西藏地方处在新中国内地革命和建设的后半拍，其制度选择和前景是明确的，历史表现出难得的清澈性与无可选择，而且被认为是值得的和适宜的。在当时社会强调且认同集体主义原则的情况下，对社会的高度整合的要求也决定了在这个大家庭中任何标新立异都是不能被接受的。在一个经济欠发达、社会发育程度较低的大国中，这种共患难求发展的命运是一种潜在而强大的凝聚力。

民主改革中提出的"边平边改"的方针，首先表现在1959年8月西藏工委提出的关于划分农村阶级的方案，其时平息叛乱最紧张的时期刚刚过去，局部平叛还在进行。农奴和农奴主两阶级划分原则上是：农奴主占2%、农奴主代理人占3%、90%以上的农奴和5%左右的奴隶，还有一个附加说明："亚东有少数农民，近似自耕农，土地可以买卖"。并按照他们的社会地位和身份、生产资料占有情况、人身自由情况、经济状况提出了具体的划分标准，农奴阶级划分为富裕农奴、中等农奴、贫苦农奴、奴隶、贫苦僧尼。阶级划分的目的是："依靠贫苦农奴和奴隶，巩固地团结中等农奴和团结一切可以团结的力量，打击叛乱的和最反动的封建农奴主及其代理人，实行民主改革，消除封建农奴制度。"可以看出，这与内地土地革命政策在总体框架上是一致的，只不过加上了西藏的内容而已。

　　平叛中所涉及的改革，归纳起来有这样几个方面。（1）接管政权。解散原西藏地方政府和昌都地区各级政权，成立军管会或派军事代表实行军事管制，行使政权职能。无力接管之处，责令旧政府官员在军管会的政策法令内维持现状，等待接管。班禅堪厅委员会所辖之地，不实行军管，但要求建立党组织。各地相当于后来行署机构的基巧办事处，暂时维持现状。（2）重新划定行政区划，以便于巩固国防，适应经济发展和便于行政管理，摧毁封建割据状态。具体划分是根据发展经济的需要、历史情况、边防情况和地理自然状况，将1个市、83个宗、63个相当于宗的溪卡共计147个相当于县级的地理行政单位，划分为1个市（拉萨市）、7个专区（昌都、日喀则、山南、塔工、江孜、黑河、阿里）和80个县级地理行政单位。（3）处理旧官员。未参加叛乱的按左中右三类分别处理，对一般的旧职员，"坚持团结、教育、改造的政策采取录用、学习和安置生产等办法进行处理"，并规定所有需要安排的官员和上层人士，不放在县以下基层组织。（4）对叛乱分子分叛乱匪首、骨干分子、坚决分子三类处理，体现统一战线政策和分化的策略。总的原则是，镇压与宽大处理相结合，"首恶必办，胁从不问，立功受奖"。（5）土地改革，废除农奴主土地所有制，实行农民土地所有制，废除人身依附，发展生产。对叛乱的三大领主的土地、牲畜、房屋、农具等予以没收，对未叛者的生产资料实行赎买（体现的是区别对待、稳定上层的政策）。据核算，要赎买的生产资料约占领主全部生产资料的三分之一，总值（当时的价格标准）在64万元左右，以赎买金证券作为支付凭据，不付利息，偿付办法为按赎买金多少，每年平均，分期付款。土地分配结束后，由县人民政府颁发土地所有证，废除各种契约。（6）寺庙问题等。

　　土地改革以1959年9月自治区筹委会发布"关于西藏地区土地制度改革的实施办法"为标志展开，没收和赎买土地等生产资料分给政治上打破人身依附枷锁的农民，可以看作农业社会主义改造的起点，实质性的步骤是几乎与此同时鼓励和推行的互助合作生产。这既有当时生产条件落后的原因，也有社会改革的政治诉求的原因，以此来培养社会主义因素。

在制定和执行这一政策上是没有争议的。一般认为，农业社会主义改造的完成是以基本实现各种形式（主要是高级形式的）的合作社，即农业生产合作社在农区成为主要的生产组织形式为标志的。1961年7月筹委会制定"牧业三十条"，开展"三反两利"，建立人民民主专政制度，实行牧民个体所有制和牧主所有制，提出稳定牧民个体所有制，互助组不搞公共积累。

在社会主义改造进程中，西藏没有发生内地出现的关于发展速度和规模的激烈争论，原因有四个。（1）内地在1956年基本完成农业的社会主义改造，到西藏开始这一进程时，在发展问题上经验教训已经看得很清楚了，前车之鉴不难吸取；中央对西藏明确提出"慎重稳进"的方针。（2）西藏在社会经济发展状态上与内地有较大的差距，在政策实施中必须予以考虑。（3）西藏打破旧的制度后，整个社会焕发出的生机和对新型制度的拥戴使之开展起来顺利。（4）农区两极分化上主要是阶级分化，阶级内分化不明显，使互助合作中少了一层"中农"左右摇摆的制约环节。根据现有资料分析可以看出，西藏没有像内地那样提出具体的阶段性发展数量指标，少了硬性约束，有了回旋的余地，也就顺利健康得多。同时，农业社会主义改造完成的时限就成了一个模糊概念，但这并不意味着当时没有加快社会主义改造的政策意愿：1960年7月西藏工委在一份关于土地改革复查的通知中，明确要求各分工委选点试办农业合作社，一些互助组据此搞起了"明组暗社"，且扩展到手工业方面，同年11月西藏工委根据中央的指示才停止了试办农业生产合作社。关于农业走社会主义道路的形式和目的，这是值得探讨的问题。恩格斯在《法德农民问题》中说："我们对于小农的任务，首先是把他们的私人生产和私人占有变为合作社的生产和占有，但不是采用暴力，而是通过示范和为此提供社会帮助。当然，到那时候，我们将有足够的手段，使小农懂得他们本来现在就应该明了的一切好处。"[①] 合作化道路的优点在于能够优化资源配置，有利于对农民进行集体主义教育。

关于个体手工业、私营商业的社会主义改造，"过去，西藏的市镇是封建性并带有殖民地性的消费市场，商业不发达，除了手工业，基本上没

[①] 《马克思恩格斯选集》第4卷，第310页。

有现代工业,基本上是农村中小市镇的城乡交流的集散地"。① 民主改革后,生产得到了恢复和发展,市场逐渐活跃起来,市镇商业有了发展。西藏工委在1961年底提出,到1965年不实行私营商业的社会主义改造,并将之作为过渡时期,主要任务是创造改造的条件,要求在国营经济的领导下,对私商"利用、限制、加强思想教育",稳定手工业者个体所有制并积极恢复和发展。从1961年起,5年内不办手工业生产合作社,以自购自产自销为主,国家扶持为辅;对那些适合在农村分散解决原料、分散生产和分散供应的品种不要都集中到市镇搞。恢复发展有益于国计民生的手工业,无发展前途的逐步组织转产,手工业者可以自行采购原料、推销成品,可以与供销合作社直接进行购销。到1961年底,商业流通有4个渠道:国营商业、供销合作社商业、自由交换、私营商业;逐步建立了按行政区域或行业成立的商业联合会组织和手工业联合会。改造之义并不仅限于组织形式,这一时期真正体现改造内涵者在于服务对象的变化:手工业生产服务对象由为领主服役而转为面向群众和生产;商业活动改变了围绕上层生活方式的经营方式,与此相适应的是一些行业的发展与衰落。

社会主义改造(社会主义革命)的发端是清晰的,起点是从制度上促进社会主义性质成分的增长,首先就是促进经济生活中集体主义因素的增长。到1965年西藏自治区第一届人大一次会议时,已建立国营商业机构188个,半社会主义性质的供销合作社和消费合作社近700个,初步形成了以国营商业为中心的商业网;到1964年生产互助组已有26346个,常年互助组占20%左右,其中农业生产互助组22195个,入组户数占到总户数的95%;牧业互助组4151个,占总牧业户的34%;到1965年上半年,常年互助组占到30%左右。其次是建立人民政权,实行民主选举制度。而社会主义改造延续的终端则不具备内地那样的清晰度,1965年9月10日《人民日报》为祝贺西藏自治区成立配发了社论《为建设社会主义的新西藏而奋斗》,透露了这种不明晰:"在短短的几年中就跨过了过去几个世纪的历程,从封建农奴社会,经过民主革命,向着社会主义社会飞跃","西藏自治区人民代表大会第一次会议的召开,西藏自治区人民政府的正式成立,最后宣告了封建农奴制的灭亡,西藏民主革命的胜利结束,社会主义新西藏的诞生"。这一进程一直延续到70年代中期。这也

---

① 见1961年12月31日中共西藏工委《关于市镇手工业、商业若干政策的规定(试行草案)》。

说明了这一解释框架的有限性，莫如民族—国家体系更能说明这一问题：和平解放为这一制度安排实现的第一步，民主改革到自治区正式成立是具体实施这一制度安排的过程；完全可以认为到这一时期结束，西藏已经走上了社会主义社会的道路，具体的数量指标只是细节问题了。

1964年7月30日西藏工委副书记周仁山在一份报告中谈道："由于个体经济有了严重的两极分化，真正的贫苦农奴和奴隶已感到个体经济的困难增多和没有前途，要求进一步组织起来，有了积极走向集体经济的要求。"我的问题是：这种分化是如何发生的？由于资料阙如，不能做出进一步的分析，但可以得出一个基本的结论：改造的舆论氛围已经形成，它是建立在当时西藏社会是以个体经济为基础的社会的判断上的，其逻辑内涵有民主革命还"不彻底"，封建残余的存在，"资本主义自发势力的发生"，等等。

在革命的主题内，还可以进一步分析。由于叛乱的发生和平息，原有的社会秩序被打破，旧的管理方式不再发挥作用，新的秩序框架在组建的同时迅速发挥着作用（虽然还未形成社会普遍的信念，但过去几年的工作已经造就了必要的社会基础）。当平叛工作告一段落后，西藏社会便迅速纳入国家的整体工作之中，通过具有时代特色的"运动"体现出来，一般不像前一时期那样作过多的特殊考虑。1962年12月9日，西藏工委即迅速下发了执行中央关于在农村进行社教的指示，虽然谈到了当时所进行的是人民民主革命，而不是社会主义革命和建设，发展的是劳动人民个体经济，而不是集体经济，但主要还是从西藏情况与内地相同的一面来谈在农村进行社教的必要性和可能性的。1963年西藏在工委和筹委会直属机关和拉萨市直属机关中所开展的"五反"运动，其意义可以从当时和过后两个角度来看：当时在国家的整体部署下，"确有必要"；但现在看，更重要的意义在于表明一种立场，西藏已是国家政策整体考虑的一部分。

在后半期以1961年5月为界，具有明显的政策上的变化。此前主要政策有平叛、镇反、民族、宗教、干部等政策，此后则主要有"稳定发展"的方针和农牧区、边境等具体政策。由于西藏本身经济状况的限制，社会主义革命的任务并不繁重，重要的是培育社会主义经济的问题，这其实在民主革命的同时一直在进行。文化革命应该是社会主义革命的内涵之一，但直到"文革"，在西藏并未受到过多重视，可以说还有几分误读。

鲁迅先生当年在进化论的基础上提出了"不断革命论"的思想，把社会的向前发展变迁均视为革命过程。这其实指的是对社会政权稳定下来之后的内部改革方式问题：渐进式的革命。而发生在西藏的革命进程具有两方面的经验教训可以吸取：慎重稳进和稳定发展的两种延续性的发展方针体现的是这一思想方式，并在实践上取得了突出的成效；但随后的"只争朝夕"的取向，忽视了两种因素：物质生产的相对充分化和思想改造（这一概念在此是中性化的）的滞后。

生活方式与经济基础

在西藏，一直延续到这一时期，人们的生活方式是比较单纯的，就大多数人而言，可变性因素很少。作为一种自在的过程，生活方式可简单地划分为上层的与下层的两种。上层生活方式大同小异，下层生活方式则可以划分成不同群体的：农业式的（含半农半牧式的）、牧业式的、寺院式的。正如马克思分析法国农民阶级时所指出的："小农人数众多，他们的生活条件相同，但是彼此间并没有发生多种多样的关系。他们的生产方式不是使他们互相交往，而是使他们互相隔离。"① 而西藏农奴对于领主的人身依附关系则构成了其时西藏人们生活方式的独特之处，"农奴必须依附于自己的属主，已成为法定的制度"，而且农奴"无法逃脱受奴役的命运"，"农奴对自己的人身和财产都是没有完全自主权的，领主深深地控制着他们的人身权利。这种领主不完全地占有农奴的制度，与领主垄断性的土地占有制度一起构成了西藏封建农奴制度的基础"。② 生活环境、生产条件以及这种人身依附等因素决定了农奴在生产上的被动与消极，封闭状态也使他们难以产生改革意识，生活、生产处于停滞化的形态之中，一眼可以望到头的年复一年的生活，使一切都显得固定化、程式化。西藏上层贵族的生活方式则可以比附于凡勃伦的"炫耀性的闲暇"（conspicuous leisure）的生活方式③，讲礼仪，重优雅，轻视劳作，交际圈子内安闲度

---

① 《马克思恩格斯选集》第 1 卷，第 693 页。
② 多吉才旦主编：《西藏封建农奴制社会形态》，中国藏学出版社 1996 年版，第 78、83 页。
③ 高丙中、纳日碧力戈等：《现代化与民族生活方式的变迁》，天津人民出版社 1997 年版，第 7 页。

日。社会的两极分化被制度化且消除了革命因素的可能，"自由"的上层对消费趣味的追求是普遍存在的，这是承继上一个时期的遗产。这种生活方式所形成的习惯力量是如此强大，以致在昌都战事最紧张的时刻，拉萨的贵族官员们还在忙于冗长的社交聚会。[1] 如果说宗教含有助人面对生活中的不确定性的最初价值的话，那么我们能够看到在凝固的生活中，虽然宗教的影响是那么深广，但生活的确定性却是更为牢固的，西藏驳杂的宗教在人们的生活中的作用是一种支持与麻醉的意义，岁月浸染使宗教如无形的箍子将人们的生活固定在僵化的模子之中。这种生活方式（主要是它的单一化），决定了人们信仰的单一和稳定。但这是脆弱的单一性和稳定性：一方面是消费主义型的生活方式，而另一方面却是求生存的生活方式，在同一社会环境下，反差十分强烈。如果一旦引入别样的参照系、更为人道的生活方式，即使在神佛思想的笼罩下，对现状质疑的观念也会有迅速生长的可能。

和平解放之初，中央政府首先要解决的问题是"驱逐帝国主义侵略势力出西藏，西藏人民回到中华人民共和国大家庭中来"，因而作为以这种原有生活方式为基础的社会制度还未予触动。50年代随着进藏部队和工作人员的到来，出现了"他群"生活方式者，西藏社会在一种鲜明的对比下开始产生对自己生活方式的自觉。随着自1952年开始的一个接一个的参观团、致敬团的内地之行（从1952年到1957年先后组织了13批千余人的致敬团、参观团到内地），随着修筑川藏公路招收民工工作的开展，随着开垦农场招收流浪者劳动，更随着大量的"影响群众"工作的开展，这种自觉的范围和程度在不断增大，由此孕育和滋生着对生活方式变革的愿望。

1959年后革命的目标是建立一种集体生活方式——隐性追求是整个国家的整合。集体主义的追求可以从两个方面导出：一是政治性选择，一是工业化的发展，两者都是社会化的效果，攻击的目标都是自然经济和半自然经济，使家庭劳动力成为社会劳动力；劳动者在丧失劳动能力后的赡养问题由家庭转移到社会。西藏的集体化是前一种选择，以前的生活方式迅速转化。当时的社会还是非消费的社会，除了主流观念的反消费主义倾向外，最基本的原因是生产力水平的低下，社会物质财富的贫乏，自然其

---

[1] 参见《现代西藏的诞生》，第161页。

首选目标在解决生存问题，无力顾及消费。

此前的经济活动并没有构成社会联系的密切化。西藏延续数百年的不发达的经济关系，决定了它本身不可能贡献出解决社会问题的办法来。当我们对西藏被动地进入现代后所出现的社会运动潜流进行考察，即可发现它们的外部世界的思想背景；当社会主义运动在西藏出现时，由于加进了其理论和实践在外部世界的成熟化这一比较因素，不再是空想中的浪漫，社会制度的跨越在民族—国家体系中成为了可能。进军西藏把经济问题放在最突出的地位的合理性在于三点。一是为了保证在一个缺乏政治和群众基础的区域立足。进藏初期有一个常为人引用的插曲，十八军首长到拉萨后会晤当时的司曹时，他们所以敢于毫无顾忌地发表有违国家统一和"协议"的言论，并在粮食问题上讥笑进藏部队，就是因为他们看到了这一问题的重要性。打通交通运输线成了重要考虑的因素。二是在封建农奴制度之中注入新的因素，诸如组建国营贸易公司，发放农牧业贷款，在川藏公路西线征用藏族民工时发放货币和物资作为报酬（这对于习惯了无偿为领主支差的人们来说是新鲜事），开辟农场，开展边境贸易。三是努力消除西藏经济中的殖民地色彩，通过与印度、尼泊尔等周边国家签订平等互利性质的协议，妥善处理经济往来中的不平等关系——1956年以后出现的动荡局势与1952年的情形有着本质的区别，新型经济形式对旧制度产生的潜移默化的影响已经显露，在上层引起了恐慌，西康地区发生在土地改革中的叛乱事件以及大批康区人到拉萨活动只是一个触发因素，不是本质原因。

西藏革命的意义归结到经济因素上就是资源占有与分配方式的变革。最初的经济举措主要是起为政治服务的作用。1952年5月2日国营西藏贸易公司在拉萨与西藏商人签订合同，以高出国际市场两倍的优惠价格收购西藏400家羊毛商积压两年的价值400多亿元（旧币）的羊毛。这是第一个重要的经济措施；1952年5月22日西藏工委以进藏部队先遣支队政治部代理人民银行名义，在拉萨郊区农村发放第一次无息农业贷款30多亿元（旧币），到1959年前中央发放无息农业贷款计155.3万元（新币），还拨款100万元购买农牧工具，无偿地发给农牧民等。1959年以后，西藏经济发展在一个新的起点上运行。但社会状况除了旧制度被推翻，生产资料所有制改变了之外，生产力水平落后，人民贫穷，自然经济占主导地位（就市场而言基本上是一个初级市场）并未得到有效改变，即人民在经济上还未翻身。当时存在多种经济性质：牧区所有制不变，承认牧主经济；农业区土地制度改变后，土地分给了农民；社会主义经济力量相对雄厚（如公路运输、贸易、银行等），起着主导作用（因为当时整个经济规模就很小）；外商侵略性经济未完全结束，特别在商业上；交通不便，商品流通慢，地区差价大；进藏工作人员和部队主要靠内地供应。在这样的情况下首先统一币制，1959年8月10日统一开始收兑藏币，同时开展物资供应以支持人民币流通。

1960年8月西藏工委发布市镇粮油定量供应暂行办法实施细则，这在社会学上的意义有三点：（1）"单位"体制在经济上的强化；（2）户籍制度在城乡分隔上的推动，并将城镇手工业者从个体状态纳入集体或国营体制中来；（3）在粮油供应标准上按劳动强度进行划分，而不是按照地位、等级来划分，体现出新型的公平思想。

和平解放到平叛改革前，西藏只有昌都地区自1951年沿用噶厦政府的税收制度征税，到1954年改征商业税，其他地方一直未征。民主改革摧毁了旧的税制，建立了新的税制，"废除原西藏地方政府在税收上给予外商和三大领主商业特权……贯彻发展生产，保证供应，稳定金融物价的财经方针，有利于配合今后私营工商业的社会主义改造，有利于城乡间的物质交流"，巩固新的社会制度所要求的联盟。工委从1960年1月起在西藏开征工商业税，这也是当时唯一开征的税种。当时面临的形势是，外商和领主商业享有免税特权，中小商人和摊贩只知"支差"出"乌拉"，无纳正税的习惯。为此，采取的措施是，低税率、简易税制、在工商业比较集中的城镇征税。在此，经济方面的考虑因素不是主要的，主要的考虑在于政治原因和经济制度原因。

民主改革从政治上使属民变为公民，经济上使人由为生存而劳作变成为更好地生活而劳动，也标志着西藏的经济制度、政治制度与国家主权的一致化。不仅为西藏的发展提供了保障，更为管理创造了良好的制度条件，为意识形态上的世俗化进程准备了必要条件。

那时的政府行为、经济措施与当时的社会政治理念呈融合的关系，可以拿1962年初中国人民银行西藏分行下发的农牧业、手工业贷款办法为例来说明："办法"明确提出贷款的重点对象是贫苦农牧民，尤其是最困难户，"争取在三年左右解决其困难，五年左右富裕起来"；对于条件稍好者，"如必须由国家帮助扶持者，也可适当贷款"，其他阶层一般不予考虑。手工业方面要求区别需要恢复的、发展的、维持的行业,重点是用于为生产生活服务的行业,"优先贷给直接为农牧业、工业服务的行业以及群众生产生活必需品的行业,注意扶持当地名牌产品及当地缺少又为群众所需要的新行业";"对于不利于国计民生,不利于人民身心健康须逐步淘汰的行业,不予贷款,但在协助其转业时,如资金有困难,可以适当贷给"。措施中包含和体现了手工业服务对象的根本变化,并由此鼓励一些行业发展目标的转变,从为少数上层人服务(这可以说是以前手工行业存在的主要条件)转而为大多数人、为自己服务,不仅拓宽了服务的空间,更为重要的是其中由经济而导致政治意义上实质性转型的价值。

其他还表现在自1960年初(即平叛告一段落时)开始即提上政府工作议事日程的以下方面:商业网改造,过去是由遍布全区的各种庄园、寺庙和各级官员、头人倚权实行超经济的剥削,这种封建的商业网随着三大领主统治的垮台而崩溃了,新的商业网需要迅速建立起来填补空白,这就是发挥国营商业的主渠道作用,具体是健全县级(含)以上国营商业机构,县级以下铺开贸易网点(采取由贸易总公司下到基层设点或设流动小组、"公家"单位代购代销、改旧式庙会集市为新的集市、开展物资交流会、组织购销员、利用小商小贩、开展农牧民之间的互通有无的贸易、组织供销互助组或合作社等),建立起以社会主义商业为骨干的、有广大农牧民和小商小贩参加的商业网。信贷方面,废除高利贷,通过银行、信用合作、群众之间互助借贷等形式发展新的信用关系,建立新的财政制度等。

从和平解放的协议签订后中央对进藏部队的指示,到1952年"人民会议"事件发生后中央的指示,从1957年实施"六年不改"的指示到1961年4月中央就社会主义改造问题而发出的"稳定发展"的指示,都指出了西藏工委工作上"急"的问题,但在追求"具有更重大、更持久意义的事物"上是一致的,分歧点只在速度上,反映的是相异的认识观,是如何看待经济基础的问题。经济所追求的最终目的是使人们的生活更美好而有意义,在这个基础上构建的马克思主义理论大厦也正是寻求生活的合理和有意义,这也是社会主义革命和建设(包括民主革命)所追求的目标,这一目标的达到首先需要解决生存问题,在"满足虚荣心和优越感的相对需要"成为不必要时,当绝对需要不成为一个问题时,才有可能实现。1961年指示所提出的让翻身农奴享受到好处,使生产得到发展,正是解决绝对需要的努力。如果急于超越现实去寻求意义，无异于在不稳固的基础上建立大厦——"急"的倾向在西藏现代史上具有强烈的诱惑力，在随后的进程中不时表现出来，值得进一步探讨。

"宗教的批判是一切批判的前提"

对于马克思主义的建构而言，宗教问题占有醒目的位置。完成于马克思世界观重大转变时期的重要著作《〈黑格尔法哲学批判〉导言》对宗教问题所作的充满激情的阐述，是马克思主义宗教观的第一篇重要文献。正是在此他提出了"宗教是人民的鸦片"这一论断，得出的逻辑结论是"对天国的批判变成对尘世的批判，对宗教的批判变成对法的批判，对神学的批判变成对政治的批判"。恩格斯在《反杜林论》中，对宗教做出了经典的概括："一切宗教都不过是支配着人们日常生活的外部力量在人们头脑中的幻想的反映，在这种反映中，人间的力量采取了非人间的力量的形式。"[①] 对我国宗教工作的实践而言，发生过重要影响的经典论述还有列宁写于1905年的《社会主义和宗教》："就国家而言，我们要求宗教是私人的事情，但是就我们自己的党而言，我们无论如何也不能认为宗教是私人的事情。""教会与国家完全分离，这就是社会主义无产阶级向现代国家和现代教会提出的要求。"[②] 作为一个完整的体系，被我们忽略或者说未引起我们重视的是什么呢？对宗教的批判如果不能归结到人的本质的认识上，"那些使人屈辱、被奴役、被遗忘和被蔑视的东西的一切关系"的推翻就只是表面意义上的，"他把僧侣变成了俗人，但又把俗人变成了僧侣。他把人从外在宗教解放出来，但又把宗教变成了人的内心世界。他把肉体从锁链中解放出来，但又给人的心灵套上了锁链"[③]。

藏传佛教诚然具有一些与其他宗教相异的特点，但"本质上的佛教"与"作为社会表现形态的佛教"的严重背离，以及藏传佛教得以成立的前提条件，决定了它对人的精神统治与其他宗教没有什么根本的区别。在

[①] 《马克思恩格斯选集》第3卷，人民出版社1972年版，第354页。

[②] 国家宗教事务局编：《马克思恩格斯列宁宗教问题著作选编及讲解》，宗教文化出版社1999年版，第145页。

[③] 同上书，第10页。

这一历史时期，如果说其前期存在所谓对宗教的批判的话，也只是通过进藏部队和工作人员在言行举止中表现出来的"异样"的待人方式及其新的生活方式给予接触者以对宗教表现形态的怀疑式的影响，而且这种影响是肤浅的，不自觉的；另外一点就是对"上层人士"通过到内地参观访问的形式，通过中央领导人（主要是毛泽东）劝导式的影响。神学的统治仍是这个"喇嘛王国"的仅有的灵光圈。

宗教问题在西藏占有十分突出的位置。1950年4月周恩来提出："西藏实行政教合一，我们逐步使政教分离"，① 1950年5月27日西南局报中央批准的十项和谈条件中即明确提出"实行宗教自由，保护喇嘛，尊重西藏人民的宗教信仰自由和风俗习惯"，"十七条协议"中加以肯定下来；② 1959年叛乱发生以后，周恩来在与西藏爱国人士谈话时提出三条意见："（一）宗教不能被封建农奴制度玷污；（二）反对清朝皇帝实行的民族削弱政策；（三）信教的不一定都在寺庙。"③

后期对宗教的清算主要是对附于政治上的罪恶的清算，寺庙的民主改革是实行"政治统一，政教分离，信教自由"，政治上要求"在人民政府领导下，反帝爱国守法，走社会主义道路"，进行"三反三算"（反对叛乱、反对封建特权、反对剥削，算政治迫害账、算等级压迫账、算经济剥削账），基本上清算的是宗教通过叛乱在政治上所表现的奴役性和最直观的经济上剥削压迫形式。当时有几条政策：把宗教信仰问题同宗教中的压迫、剥削制度加以分别；把僧侣的一般宗教活动同其对群众的勒索、虐害等为非作恶的行为加以区别；把参加叛乱和其他进行破坏活动的分子同思想上反动但无活动的分子区别开来；把民愤极大的分子同民愤不大的加以区别；参叛的地区同未叛的地区加以区别——但没有谈到政教合一的根本性联系问题。根据十世班禅的提议，对宗教改革提出了实行五项原则：放弃剥削压迫，寺庙进行民主管理，宪法进寺庙，喇嘛参加劳动，对各教派专门从事学习佛学的喇嘛和老弱喇嘛的生活由政府解决。废除了宗教中的封建特权、封建压迫剥削和封建管理制度，推行"寺庙民主管理章程"，建立寺庙民主管理委员会（组）这一新型管理组织，使这一目标有了可以实现的制度基础。当时的认识是，农奴制度玷污了宗教，一切特权废除

---

① 西藏自治区党史办公室编：《周恩来与西藏》，中国藏学出版社1998年版，第113页。
② 《毛泽东西藏工作文选》，中央文献出版社、中国藏学出版社2008年版，第16页。
③ 西藏自治区党史办公室编：《周恩来与西藏》，中国藏学出版社1998年版，第199页。

了，就是政教分离；其时的宗教改革策略在外表上类似于宗喀巴当年的"纯洁佛教"改革，有这样一个口号："恢复宗教的本来面目，去掉被封建农奴制度玷污了的东西。"[①] 对于少数留寺僧尼，有劳动能力的一律参加劳动，自食其力；老弱病残专门念经的和有必要留下的年幼喇嘛，如寺庙的收入不够维持生活，由政府补贴，喇嘛每年最高生活标准青稞26克，最低16克，平均21克。对于有较大影响的各教派主要寺庙和位于交通要道的寺庙，应有意识地暂时保留；偏僻地区的寺庙，逐步做到有寺无人。自治区筹委会第38次常委会通过关于"培养一代既有宗教知识，又有政治觉悟和科学文化知识的宗教界知识分子"的决定。经过筹备，从1961年11月起，先后办起念经喇嘛班17处，参加学习的近2000人；根据自愿原则，选送了11名既有宗教知识又有反帝爱国思想的喇嘛到北京佛学院学习。

但也只是停留于此，人的解放主要是从物质性奴役上的解放，精神性奴役的解放除了去掉了一层物质性的外壳，刚刚破题便中止了；由于世俗教育的缺乏，民族整体文化素质得不到提高，社会生活现代形态的实现极不充分，也阻碍了对宗教的批判。1963年下半年开始进行的"揭露达赖叛国罪行的教育"，着眼点是"政治斗争和阶级斗争"。也可以说，社会行进的车轮犁平了太显突兀之处便直接驰入了政治的批判，其不彻底性在当时和随后的"文革"时期并未显露，一直到20世纪80年代才以强烈的反弹表现出来，直接影响了西藏社会的发展进步。在90年代后期开展的"寺教"工作只停留在依法管理上，在对宗教的批判上，单薄的学术界和行政知识界缺乏有价值的回应（主要回应只在政治性认同上，这是远远不够的），藏传佛教界的反映则主要是被动的。

在人类思想史上，启蒙的基本完成是以世俗化为标志的。从这一角度来看，西藏的现代史只有现代政治观念、形式普及化的过程，以及用阶级分析方法解释旧社会和批判旧社会、改造旧社会的过程。如果说这也是一种启蒙的话，只是在浅层上打破了人们对统治权的敬畏和神秘，是不完整的和片面的；谈不上有一个自觉的启蒙运动，启蒙工作在若干层面上的展开是在政治革命的框架下实施的，具有明显的不深入特点和严重的不均衡性。

---

① 西藏自治区党史办公室编：《周恩来与西藏》，中国藏学出版社1998年版，第199页。

一个明显的事实是，以拉萨三大寺为首的宗教活动场所是旧政权和制度的主要支柱，寺庙在叛乱中充当了一个显眼的角色。在平叛中理所当然地对寺庙给予了高度重视。一是揭露寺庙宗教生活中的阴暗面，从"三反三算"出发进行调查和揭露，从道德层面上予以打击，僧尼表示"今后参加劳动"和还俗之举是其逻辑延续。二是重点反叛乱，斗争叛乱分子，展览其叛乱罪证，发动周围群众和动员依靠力量之一的贫苦僧尼，收缴枪支、"反动文件"，"挖出隐藏的叛乱分子"；清算叛乱、剥削、特权"三笔账"。

这里提供一份1959年档案材料的节录，对象是扎囊县顶古钦寺（噶举派），它在当时来说最多只能算中等偏小型的寺庙，并不具有广泛的影响，正是这种"非典型性"，体现了那个时代宗教生活在社会表现上的普遍与典型。

一、叛乱账："全寺参加叛乱的共21人，占全寺总人数的7%弱，叛情较轻不以叛乱分子论处的5名，被迫报名参加伪志愿军的6名，均系一般喇嘛。该寺原有公私枪支16支（钢枪），其中公家原有钢枪1支、土枪43支、私人钢枪15支。实交出钢枪14支，土枪43支，分两批埋在神塔中，已全部取出，刀矛共收数十把。"

二、剥削账："1. 该寺共有四个溪卡，辖有土地种子700克，每年收入粮食约八万斤，加上所属寺庙向该寺纳税和所属地区人头税，每年共收入粮食约九万斤、酥油238克、银子100品、氆氇60派。支出为每年给每个喇嘛每人6克青稞，全寺养20多个朗生，每人每年只给6克青稞，有的甚至只管吃，没有工资。另外再加上每年念经和向桑颇（注：一贵族领主）交少部分租子。全年收入开支相抵，剩有43700多斤粮食，很大一部分为购置供神物品，修整经塔、经殿等大量浪费了，也有不少部分为活佛及上层喇嘛所挥霍。另外有积存大批粮食（约一万斤），也有一部分找不到开支下落。2. 高利贷剥削。A. 向全体僧尼放永久债：每个僧尼12品银子，许借不许还，每年每人缴利息银子1品，共向全体僧尼放了980品银子，每年纯收利息达80品，这也是套着小喇嘛不能离庙的一根绳子；B. 向群众放债：该寺向群众放债的银子本利约500品，青稞达60多克，其中债最多的一人达银子40多品，青稞20余克，利息最高达50%；C. 寺内等级制度森严，剥削严重：活佛每年每人发18克青稞，18克酥油，12头羊，大米、白面、衣服制作、房屋修缮等实报实销；强佐、聂巴每人每年除吃公家的外，还可领青稞12克，而一般喇嘛每人每年只发6克，尼姑根本不发，完全由家中拿来吃，反要做些无偿劳役。因此上层享得多，一般喇嘛享受很少，或者没有享受，有时给上层支差，受劳力剥削。"

三、特权账，归纳有以下12大特权："（1）私设监狱、刑罚，设有两个监狱，备有脚镣手铐皮担。（2）干涉民事：凡是附近群众，互相发生纠纷，该寺就以所属老百姓为借口进行干涉，以调解为名勒索群众财物，要群众送礼，如双方不服则施以刑罚。（3）干涉政治，擅自委派佐扎、根保。该寺每年派有两个佐扎到宗政府参政，并在两个所属地区派有两个根保，宗政府开会，寺内佐扎必往参加，执行决策的权利，根保除执行宗政府的任务外，还执行庙内法令。（4）私藏武器，组织叛乱。曾埋有土枪43支；叛乱时该寺当权派强佐、基苏、聂巴等为首谋划叛乱，如强佐、基苏亲赴宗政府，秉承叛首功德林、郎色林的意旨，参加审查全县志愿军的名单，回来后又积极组织志愿军，支援叛匪。（5）占有大量生产资料，进行高利贷剥削，及无偿劳役剥削。……另外有11个地区计80余户给该寺出乌拉，最多的每户每年出乌拉三个月以上。（6）利用宗教敲诈群众财物，如群众生病到庙内求神，首先必须送一品银子和哈达；所属地区的老百姓死了，还要向庙内送银子，还有念死人经画符，以假药治病等勒索群众财物的方法。（7）宗教信仰不自由。当喇嘛首先必须向活佛和格贵送银子，献哈达，还俗时除了执行上述规则外，还要向全体喇嘛发布施，另外还必须还清12品银子的债务才能还俗，因此没有钱的人当了喇嘛要想还俗是很困难的。（8）封建管理制度森严。该寺设有扎仓、聂仓两个系统，扎仓管政治，聂仓管经济也管政治，另外寺内设有总聂巴，各溪卡设有德巴，寺内喇嘛每12人为一组，在扎仓管理下，统治很严。（9）等级制度森严，上至活佛下至朗生共分六等，因而上层利用等级享有各种特权，对寺内小喇嘛、寺外群众剥削压迫。（10）打罚制度：经堂清规戒律很多，如小喇嘛念经不到则要罚跪，罚苦工；经堂内喇嘛头靠地，连看都不敢看活佛、格贵一眼，否则就要挨格贵的鞭子。（11）隶属制度：该寺管辖6个小庙，分布在后藏及山南各地，并管有隆子、穷结9个小地区，每年收取酥油、青稞及人头税。（12）大喇嘛鸡奸小喇嘛，这在寺内已被公开允许的一条特权。"①

即使在思想专制而蒙昧的时代，世俗化进程在受到外力影响下仍然具有不可抗拒的诱惑力，通过少数得风气之先者的生活方式的改变，直观地影响到周围人群的思想观念。这种影响并不带有理论自觉的色彩；只是从政治操作的层面上展开，对一种稳定而停滞的社会更具有破坏性；同时，认识上的不自觉也阻碍了世俗化的深入，物质条件的欠缺，也决定了这种世俗化影响的有限性；在"大局"稳定的情况下，其具有发生保守退缩倾向的必然性。20世纪上半叶，帝国主义势力的影响和动荡的政局，使西藏地方一些人受到西方生活方式的影响，进而在西藏社会的小范围内造成了一定的冲击，但终究因其对宗教神权统治所具有的潜在破坏性而与宗教集团相冲突，受到了强制性扼制。

虽然宗教中存在着将贫困视为美德、摆脱物欲的羁绊以求沉思的倾向，但它们一旦组织化并复杂化时，对经济的依赖必然使之卷入经济事务，不管其是否愿意。藏传佛教是教理与实践相背离的宗教，它扮演的已不是对人之此在进行解释和探求的角色，宗喀巴纯洁佛教的努力在后来由于被引入了活佛转世和与世俗政权紧密结合两个关键因素而变得面目全非——宗喀巴创立格鲁派一百多年前的13世纪末期，活佛转世制度首先在噶玛噶举派中开始实行，而格鲁派迟至17世纪中期才开始采用。宗喀巴对他的教派进行的制度安排是单纯宗教化的"甘丹池巴"制度——宗教是以其功能来体现其作用的，如果只从寺院中体现的宗教进行静态功能分析，而忽略了民间社会的宗教形态中的非佛教色彩和佛教与政权的依存关系，无异于隔靴搔痒。其异化还表现在宗教道德追求与宗教实践的背离。多数人对宗教的认同只是出于日常习惯（在那个年代，别无可以追求的精神需求选择，宗教成了人们唯一的精神抚慰）；作为一种社会设置，藏传佛教所以看起来还"运转正常"，是依靠教育、政权设置的禁锢和社会封闭共同促成的，它对于"异端"思想和新生活方式的不容忍，正是体现了这种复合设置方式颓败与落后以及对参照因素引入可能导致的社会结构性破坏的恐惧。这就不难理解宗教集团何以会成为阻挠改革与发

---

① 此为1959年手写档案，在用词等方面有不规范之处，悉照旧。引自扎囊县档案全宗号—第1卷（1959年）。

动叛乱的重要力量了。

现代性话题

  现代化概念是1951年由美国学者提出的，其基本含义是说明从农业社会向工业社会的转变。1958年美国的丹尼尔·勒纳在《传统社会的消失》一书中提出了两种相互对立的社会：传统社会和现代社会。现代化则是指前者向后者转变的过程。20世纪六七十年代对现代化含义的解释更多地倾向于一种特殊的社会变革，这种变革包括政治、经济和社会文化等方面。现代化叙事是对经验事实和历史粗线条进行总结而梳理出来的趋向性叙事，具有目的论的特征，而在这种叙事成为叙事之前，并不具有理论上的目的论色彩，我在这里分析的正是取向化的方面。

  一个社会的变迁不是渐进而是以突变的形式发展的时候，最初一些微弱的旨在促进"现代要素"产生和发展的因素便开始隐匿。从这个意义说，西藏的现代化新尝试仍旧不能从"传统"中生长出来，但一些表面上看来与这一主题不相关的因素在这一转变过程中起到了"环境"作用（这一点也说明了传统与现代不可分离的关系至少不完全是相斥的关系）。在"一九五九"的后半期，其参照系是内地的社会变迁发展模式——民主革命和社会主义改造。如果追溯到发展的来源上，是进化论的理论模式；反映到政治学上，则是政治参与的鼓励和扩大，社会流动的有限定的可能。中国现代化的寻求与其说是作为后发国家进行模仿式创新，毋宁说是在既定的框架中的自我探索——当现代化理论兴起时，中国处于与世隔绝的状态中，不存在前一种可能，而现代化的自觉直到70年代中期才得以明确——而且从一开始，发展的概念就不是一个单纯的经济增长的概念，而是有着鲜明的社会因素与政治因素。

  在历史的背后，当然容易发现这条道路中的一些乌托邦色彩；在废除了封建等级制后，隐含的是另一种社会等级制。但在其时却是一条唯一的选择，它对于凝聚人心，把社会从相互隔绝状态中组织起来所起的作用是正面的，它的极端化，对个人利益的忽视，贫穷革命论、觉悟论的错误推导，曾使包括西藏在内的全国成了一个政治运动的大场——这只有到这一历史时期结束后才比较充分地表现出来。

对于现代期的到来和内涵的获得，衡量的尺度之一是新因素的导入。在20世纪上半叶这种导入只发生在这个区域社会的"主流层"（上层），虽然在不同认识取向上存在极大的差异，而且在可能导致社会转化的那一方面一直处于被动地位。20世纪是西藏在停滞了数百年后重新获得"历史"的世纪。

新一轮的现代化启动（虽然当时没有提出这一目标性说法）不是由社会内部自发的，不是直接源于科学技术发展所带来的生产力提高进而导致的内生性变革愿望，而且"知识分子"基本退出了倡导者的行列（而且在那时的西藏"知识分子"只能作为异端而存在，而知识阶层大多不具备现代意识），是在继续照旧生活下去难以为继的思想前提下，在外生因素的促发下开始的（由政府倡导并发起，由政府设计后推行）。这就决定了这种革命的任务在政治性层面告一段落之后，必须首先放到发展社会生产力上来，而人的政治性解放为此创造了一个基本的条件。作为后发社会，因为是在革命的叙事下开展的，西藏并未从自身的角度出发深刻感受到"追赶发展的压力"的沉重。在技术、知识、人力资本等现代化动力因素一时难以取得突破性进展的情况下，自然地从制度变迁着手的——在社会学意义上，其时的核心问题是建立同新的发展方式相适应的社会制度框架，平叛改革在建设性意义上是实现了制度变革的结构性突破，初步形成了有效的社会激励机制，打破了长达半个世纪现代化动力不足的僵局。

虽然在上半世纪已经出现了若干次现代化的努力，但是由于那个阶段的能够发动现代化努力的力量的关注点已经发生了重大转变——所谓历史不可超越地完成，导致这种努力趋于停止，和平解放以后是在不同的基础上重新启动了这种努力。对西藏而言，接受的过程是被动的——社会人文环境的缺失；专制统治下，政事上层的取向和意见仍是决定性的，对社会控制的有效性并没有丧失；而社会环境突出的前现代状态：缺乏中间阶层，工业化和城镇化水平低下——"影响群众"工作确实起着催生新与埋葬旧的作用，那种潜移默化的影响是容易被感受到的。在这个时期，西藏仍然是一个传统社会，"立足于较低水平的相互依赖性和相应高度的地方自给自足性基础之上的"①，西藏基本上不具备前现代基础。马克思解

---

① ［美］吉尔伯特·罗兹曼主编：《中国的现代化》，国家社会科学基金"比较现代化"课题组译，江苏人民出版社1998年版，第626页。

释社会变迁的生产力发展水平理论，在西藏表现出了独有的特色：对社会资源和自然资源的控制和支配方式在封建农奴制度形成之后，已经一次性"完成"，社会的生机和活力受到制度控制和精神禁锢的双重约束，生产力水平长期停滞不前，内生性变迁的基础不存在。当社会必须有所变革的问题意识出现后，历史的关注点却在政治上更为突出，其外力促进方式就难以避免了。

在国家主体为了工业化目标（也就是现代化目标）而将城乡差别制度化的背景下，西藏也只能卷入以户籍制度和身份管理为主要特征的这一进程。就西藏而言，由于城镇功能的背离（主要是为少数人服务的区域）和发育严重不足，对这一进程表现出了"顺理成章"的接受。

西藏社会概念的成立并不是由自身因素所决定的，而是在同与之相异的社会形态的比较中所获得的。其社会性属性并不明显，社区的隔离性、各阶层之间联系的单线化造就了社会结构的松散；一些"现代词语"也不具有现代意义，比如"生产"，是按习俗组织而不是以效益为目的的。1959年以前，是一个历史事件频率很高的时期，反映出的是对"传统"的严重反动，并在世人未曾意识到的方面产生社会结构上的破坏性影响；这是一个"外部影响与内部回应"相互促进的过程。到了这以后，则超出了这一模式。西藏由是卷入了"世界性的进程"，原有"稳定的和牢固的东西"不再稳定和牢固。

封建农奴制社会难以继续维持下去，但是阶级的对立并没有导致阶级斗争的发生，民生凋敝只带来了消极的抵抗，如逃亡，如小范围内的破坏。对于上层社会而言，宗教的双重奴役作用确实收到了满意的效果。50年代的修路等工作，有一点意义是为人所忽视的，就是对制度破坏性冲击在于"改变了没有自由民存在空间"的现状。在整个时期，均属于个人行为足以影响全局发展方向的时期，前期以西藏内部为主，后期以全国为界，未脱离"时事政治"的直接而表面的影响，这与社会结构的单一化有关。因为社会性力量的微弱，政治性力量的压倒性地位，社会生活的单一性无以促成趋势性因素的增长，因而这一时期的社会变迁是"有计划的变迁"。西藏社会是一种结构分化程度很低的社会：政府对经济以及各种社会资源实行全面的垄断，政治、经济、意识形态三个中心高度重叠，政权对社会实行全面控制——说明另外的问题是，社会动员能力强；缺乏中间阶层的作用，政权直接面对民众；社会秩序完全依赖政权控制的力度；社会自治和自组织缺失，社会控制系统单一——全部社会生活呈现政治化、行政化趋向，社会各子系统缺乏独立运作的条件；社会身份制盛行，结构僵硬；缺少自下而上的沟通，民众意见的凝聚缺乏必要的组织形式。现代民族—国家的整合性，讲社会各系统的各个部分之间的相互依赖性以及对这些部分的协调和控制，西藏社会在整合性的经济层面相对较弱，只存在两大社会阶层之间的单线联系，其整合性主要是从精神网的全面控制来实现，当系统框架发生变化时，这种整合性就不是基本稳固的。现代化运动对社会首先带来的是社会结构的分化，在领主与农奴的身份制度之外产生新身份的社会成员，并在制度框架被打破后，身份重新转化，形成新的职业，以此促进社会分层。

对教育的宗教垄断以及教育权与身份的密切联系，在前一个时期虽然有所冲击，但毕竟是在社会制度保持原状的情况下的不得已而为之的努力，民主改革中这是一项重要的改革内容。1960年7月23日西藏工委批转的工委宣传部《关于加强民办小学工作的几点意见》中说，到当时为止，全区已建立民办小学1000多所；存在的问题主要有，师资质量太低，且多是还俗喇嘛，教材供应不上，少数学校还教学生读经文，对学生有严重体罚现象等。但总的来说，自和平进军西藏后就认真对待的世俗教育工作打破了寺庙对教育的垄断，一直被剥夺受教育权利的低阶层子弟毕竟走进了世俗学校。

现代化作为一种理论形态，带有浓厚的经济决定论色彩，这是对此话题产生批判声音的主要来源。而当西藏从经济社会停滞不前的状态下走向现代化轨道时，因为不是从理论指导实践的方式出发来推进这一进程的，而是从社会主义革命与建设的范式出发来考虑问题，在一定程度上避免了这一阴影。革命话语是如此强大，迅速超越历史发展的渐进阶段，努力实现"更高阶段"的政治发展，反而成了西藏现代史的"主基调"，强调"慎重稳进"（1959年前）和"稳定发展"（1959年后），实际上在起着"反正"的作用。

社会的变革形成社会制度的转换，随之通过发展生产力和建立新的经济秩序来完成这一变革过程。与发生在现代社会的转型（比如90年代在建立社会主义市场经济框架下的社会转型）有所不同，后者可用整合性社会向分化性社会转变来表达，而前者则是从一种整合性社会转换成另一种整合性社会，从新的基础上切入现代社会的流程。同时也伴随着社会分化，原有社会结构各要素进行新的重组；在政治领域，虽然它仍然起着统制文化领域和经济领域的作用，但其内涵和前提已被颠覆；区域内部联系的纵向单一性被打破，横向联系因素在迅速生长，阶层结构被彻底打乱，在民主革命的话语下组合成农牧民、工人、干部等身份阶层，僧侣阶层的影响和规模大大降低，并开始从一种政治制度的支撑性地位退出；作为社会主义制度下的基层组织形式的过渡性组织，贫农团等"民间性"组织得以形成和发展；被漠视了利益的群体开始形成自己的利益意识和相关的制度保证；随着新的社会观念的传播，新的价值观念亦在形成。

新的社会整合仍在强有力的政治运作下进行，其开辟的活力空间极大地激发了社会的创造热情，也由此奠定了社会群体对新制度的强烈认同和管理的合法性，发展的"黄金时期"的观点由此成立。同时这种整合性的前提也决定了社会分化的有限性：制度安排所能提供的社会发展与进步的余地发挥到一定限度后，其惰性就会逐渐表现出来。即使随之到来的不是"文革"时期，也难以出现新的发展上的黄金时期，只要政治统治过分笼罩在经济文化领域的机制不发生改变。无论如何，经济联系的加深，在顽强而悄然地改变适应这种经济方式的传统习惯，全新的大门在慢慢开启。

余论

20世纪50—60年代就全国而言是特殊的年代，它留下来的话语是斗争、知识分子、改造等。时过境迁，我们看到的是在扭曲、残酷等一些黑色批判词的后面，忽略了整个社会的精神面貌，关注的焦点是政治人物和知识阶层，也就是关于那个时代的表述是英雄史观叙事，被历史文件所忽略的、被当事人的回忆所强化的只是与抽象的人民有关。比如对从战争状态到过上平静的生活、对从散沙式的社会到有了目标与依靠的模糊认识、一种消去阴暗而变得开朗的社会面貌，人们除了下一些想当然的批判词并必须加进政治性的限定外，似乎无话可说了。"被篡改了"的历史在继续讲述着，这不同于歪曲与捏造，而是通过强化和渲染一面，遮蔽和忽视另一面造成的。

文中提出了一些个人的观点，我无意于把它们作为"结论"罗列在此。"结论"一词还有另外一层含义,就是问题的解决,但历史并未给出结论,这需要在随后的实践中逐渐做出。我并没有写一个时期社会变动全史的企图,比如我不得不忽略包括思想史梳理在内的一些重大课题。这既是一个能力问题,也是思想史资料不足的问题:西藏现代思想的兴起必须追溯到20世纪初或更早,而早期的社会分析资料又相当不平衡,西藏政协编辑出版的《西藏文史资料选辑》偏重于重大政治社会事件,鲜见社会形态的直观描述,且很少涉及和平解放以后的历史;相关的调查资料又偏重于对社会的静态描述。

又比如对外关系问题,这主要是对印度的关系问题(由是涉及与英国的关系问题,另外还有与美国的关系)。在昌都战役结束后不久的1950年11月1日,印度政府在一份给中国政府的照会中清楚地表明了它的立场:"印度政府对西藏并无政治的或领土的野心,……某些权利是由于惯例和习惯而产生的,这些惯例和协定在具有密切的文化和商业关系的邻居之间是自然的,这些关系表现在:印度政府在拉萨派有代表,在江孜与亚东有商业代表,在到江孜的商路上有邮政及电信机关。为了保护这一商路,四十多年以来,就一向在江孜驻扎了一小队卫兵。印度政府切望这些机构继续存在,这些机构对印度与西藏都是有利的,并不在任何方面损害中国对西藏的宗主权。"[①] 用"惯例和习惯"来模糊英印帝国主义强加于西藏的不平等条约关系,并将非法的"麦克马洪线"(1914年"西姆拉会议")一并模糊过去,为其"没有领土的野心"悄然设置了一个前提条件;用"宗主权"这一20世纪初帝国主义侵略我国西藏时炮制的概念(首见于1907年8月31日英俄《西藏协定》)取代"主权"概念,企图淡化印度势力在西藏的存在对我国主权所造成的损害。次年2月7日印度军队越过色拉山口,侵入门隅达旺地区,并要求冬季驻达旺的错那宗本限期离开,到年底除勒布区外,全部门隅地区均被印度侵占(而中印边境东段的传统习惯性边界是沿着喜马拉雅山脉南麓划分的)。1959年叛乱发生后,印度尼赫鲁政府向我提出了大片领土要求,不仅要我国承认其占领的东段领土是合法的,而且还要我承认从未被印占领的西段的阿克赛钦地区是属于印度的。1959年8月、10月印军在边界两次挑起流血冲突;

---

① 西藏自治区党史资料征集委员会、西藏军区党史资料征集领导小组编:《和平解放西藏》,西藏人民出版社1995年版,第171页。

1962年10月印度发动大规模武装进攻。"印度在处理与西藏地方的关系时,不仅企图永远保持旧有特权,还想撇开中国政府进行活动。"① 通过重新签定协议,取消了印度在西藏地方的特权后,围绕领土争端和达赖问题,中印关系时起时伏,一直延续到现在。

再比如关于民族问题,"打破民族壁垒,消除民族隔阂,用阶级对抗代替民族对抗",这还只是适用于新制度的政治操作,如何正确认识民族—国家内部的民族问题,保证民族区域自治制度有更完善的实现形式,都是很大的课题,有必要进行深入探讨与发掘。

如果要进一步分析的话,至少还得涉及如何认识社会主义的问题。当时是把生产资料的公有制(全民所有和集体所有)、经济上的计划性作为人类解放的前提条件来对待的,我在文中也只是从当时的出发点做了分析。至于社会整合问题,不仅仅是社会主义社会所追求的,也是现代民族—国家所追求的社会目标,且越往后发展,法制在整合中的作用越明显,这一时期也只能在国家主权下从政治意识上探讨。面对同样的对象,不同立场和视角有不同的语言表达方式,对"西藏一九五九"的解读当然主要是政治上的。同样是政治性的,我们的解读与达赖集团的解读又是大不相同,他们的叙述框架是民族与宗教,我们则是革命与社会进步,即使只从语言的张扬和遮蔽以及关键词的选择与界定几个方面看,就能够分析出许多有价值的东西来。在某种程度上可以说,形式即内容。即使达赖,他在1959年前后的公开言论中无论是语言风格还是内涵上可谓判若两人,这并非"策略"一词可以完全解释。社会中的主流话语在1959年前后的变化亦可做如是比较,语言又表现出社会变革的程度。

在一般情况下,有必要从大题目着手做出初步的开掘,随之或同时进行小角度的深入才有可能使研究深化,建立一种互补性的研究谱系;有必要在更宽阔的视野中来重新设置一些论题。在许多人对这段历史进行了大量的研究之后,再次对之予以有限的分析,不在于下定论,而在试图表明历史本身的复杂性,对学术、理论提出了也许为我们所忽视的一些可能性阐释,应该说这其中留下的论题多于已论述的,已论述的方面显而易见还有许多需要深入的地方。我在阅读大量文献的过程中,不时碰到西藏现实问题的最初引线,历史强烈的阶段性在很大程度上是表象,其发展的内在

---

① 阴法唐:《周恩来对西藏民族发展的卓越贡献》,载《西藏日报》1998年3月2日。

逻辑比我们想象的要深刻和牢固得多，我希望以自己浅薄的也是初步的论述带来一些启发。我愿意将自己的矛盾与困惑表达出来：我所做的难道不是"去发现文化变迁的断裂性和因果理念"这一在社会学、人类学受到质疑的观点？作为我以为适用的工具，我只能这样选择。同时我也意识到了在政治、社会大叙事的框架之外，不能完全或者说不适于用这种叙事策略进行解释的具体而微的生活场景和事件的存在，往往只能受到遮蔽。在历史著述发达而历史学欠缺的史学界，没有新的理论、方法的创造性运用，没有更多的人们来做这"其始也简"的工作，史学、社会学就难以在藏学领域发展，学术的繁荣就不过是单纯的愿望而已。

2001 年

西藏革命在中国人民革命中的意义

  中国革命创造了一整套新的词汇，其中一个重要的词就是"翻身"。……对于中国几亿无地和少地的农民来说，这意味着站起来，打碎地主的枷锁，获得土地、牲畜、农具和房屋。但它的意义远不止此。……总之，它意味着进入一个新世界。（"关于'翻身'一词的说明"）

  这场大革命在20世纪上半叶改造了中国，它所迸发出来的巨大的政治、社会力量，不断地震撼着中国以至于全世界。（"序言"）

  ——韩丁《翻身——中国一个村庄的革命纪实》（1966年）

一　不仅仅是问题的提出

  20世纪90年代以来，国内知识界出现了一股"告别革命"的保守主义思潮；进入21世纪以后，这一思潮更是以要在中国推行民主社会主义、实行所谓现代民主政治的面目出现。"告别革命"的同时，认为中国需要"补上资本主义社会"这一课，并认为"历史"将终结于现代资本主义形态。

  这股思潮的演变有比较清晰的轨迹。"文革"结束之后这一思潮就开始出现了，并逐渐扩展到对1957年以后中国社会主义建设实践的否定，进而扩展到对于社会主义改造时期的否定；从妖魔化党和新中国的缔造者毛泽东主席，进而妖魔化中国共产党的历史。更有甚者，一直否定到整个旧民主主义革命的历史。

  对待革命问题上的历史虚无主义，首先是把革命与破坏等同，与建设对立,用现代化史观取代唯物史观。而只有对现代资本主义及其全球化的历史进程进行考察,才有可能对中国革命史做出恰当的说明。正是在这一点上,保守主义思潮采取了回避的态度。

这一思潮主要针对的是一部煌煌的中国革命史。可能是因为西藏题材的现实政治上的敏感性,再加上这批知识分子在专业领域上的相隔,还未见到直接针对西藏革命的保守主义论说,但在其对整个中国革命的全程推演上,西藏革命是包含其中的。

二 革命之一般和中国新民主主义革命

"要举行革命,单是被剥削被压迫群众感到不能照旧生活下去的时候,还是不够的;要举行革命,还必须要剥削者也不能照旧生活和统治下去。只有当'下层'不愿照旧生活而'上层'也不能照旧生活和统治下去的时候,革命才能获得胜利。"① 在西藏的"近代期",上层中的个别先进分子已经看到了这种制度难以为继而试图进行改革,虽然均以失败而告终。

列宁曾指出:"革命是历史的火车头——马克思这样说过。革命是被压迫者和被剥削者的盛大节日。人民群众在任何时候都不能像在革命时期这样以新社会秩序的积极创造者的身份出现。在这样的时期,人民能够作出从市侩的渐进主义的狭小尺度看来是不可思议的奇迹。……首先让无情的斗争来解决选择道路的问题吧。如果我们不利用群众这种盛大节日的活力及其革命热情来为直接而坚决的道路无情地奋不顾身地斗争,那我们就会成为背叛革命的人。"② 海因兹·德迪里奇(Heinz Dieterich)说:"由于任何革命都带有改善穷人境遇的目标,即基本实现等值原则。在我们这个世纪里,革命正变得越来越暴烈。如果革命的结果是以一个非等值经济取代另一个非等值经济,那就是失败的革命。从这个意义上讲,到我们的时代开始时为止,所有的革命都失败了。从 1917 年起,开始了以原则上

---

① 见列宁《共产主义运动中的"左派"幼稚病》,载《列宁选集》第 4 卷,人民出版社 1972 年版,第 239 页。

② 《社会民主党在民主革命中的两个策略》,载《列宁选集》第 1 卷,人民出版社 1905 年版,第 601—602 页。

讲有别于以往的一系列革命，它们取得了成功，因为它们得以接近了等值原则。但是，共产国家不应该在取缔生产资料私有制以后停滞不前，必须实行以实际价值（等于包含其中的整个劳动时间）交换商品，必须依据个人投入的劳动时间来支付报酬……从长期看，等值原则只能在世界层次上同时实现。"[1]

三 "新民主主义革命"概念的提出

中国共产党领导的中国革命，包括新民主主义革命和社会主义革命两个阶段。抗战时期，毛泽东先后发表了《〈共产党人〉发刊词》《中国革命和中国共产党》《新民主主义论》，其中提出了这一概念。"现时中国的资产阶级民主主义的革命，已不是旧式的一般的资产阶级民主主义的革命，这种革命已经过时了，而是新式的特殊的资产阶级民主主义的革命"，即"新民主主义革命"。"所谓新民主主义的革命，就是在无产阶级领导之下的人民大众的反帝反封建的革命。"[2] 1948年4月，毛泽东《在晋绥干部会议上的讲话》中提出，"无产阶级领导的，人民大众的，反对帝国主义、封建主义和官僚资本主义的革命，这就是中国的新民主主义的革命，这就是中国共产党在当前历史阶段的总路线和总政策。"[3]

中国的革命运动分两步走。毛泽东有一个著名的论断："整个中国革命运动，是包括民主主义革命和社会主义革命两个阶段在内的全部革命运动；这是两个性质完全不同的革命过程，只有完成了前一个革命过程才有可能去完成后一个革命过程。民主主义革命是社会主义革命的必要准备，社会主义革命是民主主义革命的必然趋势。而一切共产主义者的最后目的，则是在于力争社会主义社会和共产主义社会的最后完成。"

中国新民主主义革命的任务，是由工人阶级领导人民大众，推翻帝国主义、封建主义和官僚资本主义在中国的统治，变半殖民地半封建社会为新民主主义社会。中华人民共和国的成立，就全国范围而言，标志着新民

---

[1] 海因兹·迪德里奇：《参与性民主与新社会主义的基础》，载李陀、陈燕合主编《视界》，第10辑，河北教育出版社2003年版，第101页。

[2] 《毛泽东选集》第2卷，人民出版社1991年版，第647页。

[3] 《毛泽东选集》第4卷，人民出版社1991年版，第1316—1317页。

主主义革命任务的基本完成和社会主义革命的开始。

关于中国革命运动的发展和转变，毛泽东主席在《新民主主义论》中指出："这个革命的第一步、第一阶段，决不是也不能建立中国资产阶级专政的资本主义的社会，而是要建立以中国无产阶级为首领的中国各个革命阶级联合专政的人民主主义的社会，以完成其第一阶段。然后，再使之发展到第二阶段，以建立中国社会主义的社会。"①

西藏地方的民主革命实际上也正是按照这一理论来进行的，只是在时间上晚一些。西藏民主改革阶段的两重任务是，对外推翻帝国主义压迫的民族革命和对内推翻封建压迫的民主革命，而最主要的任务是推翻帝国主义的民族革命。

四　西藏革命的必要性

西藏革命是20世纪40年代席卷全国的革命在西藏的继续。西藏的民主革命分为两个阶段完成：第一阶段是西藏和平解放，它的重点是"驱逐帝国主义势力出西藏"，也就是实现民主革命的第一重任务即反帝任务；1959年后实行的民主改革，则是完成第二重任务即反封建任务。

"解放"一词在20世纪的中国有着特殊的含义。20世纪中期，对于中国共产党人来说，最基本的含义是指，将国土从国民党统治下的状态转变为共产党治理。但对于西藏，则是另一种情况，主要是从一种相对隔离状态解放出来，从帝国主义势力的影响中解放出来，成为新中国一个主权完全实现之地。这是和平解放时期的"解放"。和平解放实现后，则关注点为将西藏人民从被奴役的状态中解放出来，成为社会公民和国家的主人。

西藏在这个时期的主要社会问题，是社会制度问题，是社会制度阻滞社会发展的问题。这个时期，西藏社会是处于一种相对稳定而这种稳定又是十分脆弱的状态，到了20世纪50年代，西藏已经处于一个必须做出抉择的关口，而新生的人民政权不可能继续让西藏保留长达半个世纪的、与中央政权不合理的状态，国际形势也不容西藏保持其暧昧的局面。此时的

---

① 《毛泽东选集》第2卷，人民出版社1991年版，第672页。

情景是，新的社会机制的形成，已不可能走一条"自发的道路"，而且传统性制度中几无可以借以更新的资源。如果——我在这里做出一个假设，这种推理性假设和事实判断性假设有所不同——如果没有发生"解放"，那么西藏将走上一条改良式的道路，这条道路充满着荆棘和巨大的障碍，社会的冲突将会延绵不绝。

西藏政教合一制度中，处于支配地位的是教权，教权大于政权，包括政权在内的社会权利都纳入宗教统治权利之下。西藏社会是在用佛教的因果轮回观念，阻止阶级矛盾的激化，防止出现阶级斗争。这种观念认为：今生所受的痛苦，是前世所造的因带来的，要在来世有好报，今世要造好因。而阶级斗争则是"造恶因"，是不适宜的。

对于小农经济状态，马克思在《路易·波拿巴的雾月十八日》中有一段精彩的阐述："他们的生产方式不是使他们互相交往，而是使他们互相隔离。……他们进行生产的地盘，即小块土地，不容许在耕作时进行任何分工，应用任何科学，因而也就没有任何多种多样的发展，没有任何不同的才能，没有任何丰富的社会关系。每一个农户差不多都是自给自足的，都是直接生产自己的大部分消费品，因而他们取得生活资料多半是靠与自然交换，而不是靠与社会交往。一小块土地，一个农民和一个家庭；旁边是另一小块土地，另一个农民和一个家庭。一批这样的单位就形成一个村子；一批这样的村子就形成一个省。……既然数百万家庭的经济条件使他们的生活方式、利益和教育程度与其他阶级的生活方式、利益和教育程度各不相同并互相敌对，所以他们就形成一个阶级。由于各个小农彼此间只存在有地域的联系，由于他们利益的同一性并不使他们彼此间形成任何的共同关系，形成任何的全国性的联系，形成任何一种政治组织，所以他们就没有形成一个阶级。因此，他们不能以自己的名义来保护自己的阶级利益，……他们不能代表自己，一定要别人来代表他们。"[①] 马克思的分析，很切合西藏当时的小农经济状况。

西藏社会阶级主要分化为农奴主阶级和农奴阶级。农奴阶级中又可分为"堆穷""差巴""囊生"。差巴和堆穷是依据封建土地关系所做的等级划分。种差岗份地的农奴叫差巴，意为支差的人；没有差地、耕种领主或大差巴的小块耕地，并为之而服役的人叫堆穷，意为冒烟火的小户。此

---

① 《马克思恩格斯选集》第1卷，人民出版社1972年版，第693页。

外逃亡户、不从事农牧业的其他职业户、租赁农奴主和少数富裕差巴份地、住房的人、手工业者或只靠出卖劳动力营生的也叫堆穷。其社会地位低于差巴。囊生即家奴,多半从差巴和堆穷中破产而来,他们没有生产资料,没有人身自由,就是农奴主的奴隶,所谓"会说话的工具"对囊生而言就是一个恰当的刻画。

  那个时期,从整个生产来看,属于维持性生产,没有扩大再生产的能力和条件。1952—1959 年统计,西藏农区的粮食平均单产仅为 140—160 斤,收获量为下种量的 4—5 倍,人均生产粮食 370—390 斤,人均占有粮食 250—270 斤,人均占有牲畜 8.5—9.2 头,是一种自给率很低的自足经济。①

  20 世纪 50 年代初,山南地区工作队的人员通过开展治疗等工作,结交了一些上层人士,其中就有扎囊县扎其村藏仲省噶的庄园主,他们在工作中看到了一些触目惊心的情况,"看到(庄园主班觉)家有十几部氆氇机张在织氆氇。在人工的操作下,不断发出有节奏的织机声音。房里有几十根房柱,有六根柱子拴着一至三岁的六个男女小孩。孩子都穿得很破烂,衣服上有不少补丁,有一男孩的手上和嘴上都粘满了大便,有一个女孩坐在尿上,哭声不断,两个小孩流着口水在地上爬来爬去,满脸的泥土,头发成了几十条毡片。虱子在头发中不断地蠕动着。另外两个孩子用痴呆的眼神看着我们。……孩子们的父母都是这个庄园的朗生。……晚上我们又看到惊人的场面。在二楼一间大房间里,点着用榨油的油渣做成细长的火把式的照明用具。在这昏暗的光照下,坐着三十多名妇女在纺线,衣服一个比一个破烂,因三年主人才做一件普通的新衣,脸上涂满了'推加'(民间自制的防晒膏),整个脸是黑的,手背也是黑的,光着污垢的脚坐在地上。房内鸦雀无声,只听到纺线的转子转动声和梳子摩擦声,一个人梳毛供四个人纺线用。再细看,每个纺线妇女的座位衣边上,都用灶灰印有特制的灰印。把每个人都固定在座位上,替主人一刻也不停的纺线。(他们做活大约到晚上半夜)"②。

  后来曾经担任过西藏自治区人民政府主席的多杰才旦,1952 年作为中央派往西藏的科学考察队的队员,他看到的是:"初到拉萨时,给我印

---

  ① 转引自安新国《西藏的盐粮交换》,《西藏研究》1982 年第 3 期。
  ② 旺杰:《西藏往事——记十八军一个藏族战士在西藏期间的真实经历》,《康巴文苑》编辑出版,2003 年版,第 37—38 页。

象最深的是随处可见衣衫褴褛、蓬头垢面的乞丐,当时在拉萨城东、南、北曾有许多破旧不堪的贫民窟,还有原西藏地方政府的'罪犯',他们因监狱不管饭而肩抗木枷,脚戴铁镣,沿街乞讨。其情景令人触目惊心,惨不忍睹。"①

在法国藏学家耐尔的笔下,也是相似的场景:"沉重的徭役还常常迫使他们在农忙时节离开田野,这些无偿的义务,实际与一切压在藏族人头上的其他重负并无区别。到处都在为官府施工、修筑道路、建造房屋等等,五花八门。所有这些繁重的劳役都压在可怜的村民身上,他们既无工资,也得不到饭食。而除了官府强制分派的工作外,农民们还得无偿为那些手持差票的过往客人运送行李和货物,还必须为他们及其随从提供牲畜、饲料和食粮。……他们没有权利也根本不可能离开家乡,去寻找另外的土地和不过分的苛刻的头人。"②

20世纪40年代出任国民党政府驻藏办事处官员的李有义教授,回忆他在1945年时在前藏考察旅行的经历时,十分感慨:"在沿着雅鲁藏布江中下游约1700多英里的旅程中,我所看到的是一派衰败的景象。在每天的旅程中都能看到几处人去楼空的废墟,垄田痕迹依稀可辨,人烟却已杳杳。我所经过的'鬼镇'何止百处。"③

这一时期的重要历史当事人阿沛·阿旺晋美,在20世纪40年代"同一些知心朋友曾多次交谈过西藏旧社会的危机,大家认为照老样子下去,用不了多久,农奴死光了,贵族也活不成,整个社会就将毁灭。因此,民主改革不仅解放了农奴,解放了生产力,同时也拯救了整个西藏,这是西藏民族在'十七条协议'的基本原则指引下,从衰败没落走向兴旺发达的一次根本性转折"。④ 阿沛在参加全国人大会期间就前后藏历史悬案问题与堪厅方面进行谈判过程中,多次谈及这个问题。1954年10月12日,与张经武、范明的谈话中如是说:"我很清楚,你们是把我当封建贵族

---

① 见多杰才旦《一个永远值得纪念和欢庆的日子》,载《光明日报》2009年3月23日。
② [法]亚历山大·达维·耐尔:《古老的西藏面对新生的中国》(原版出版于1953年),李凡斌、张道安译,西藏社会科学院西藏学汉文文献编辑室编印,1986年,第75—80页。
③ 格勒、张江华编:《李有义与藏学研究——李有义教授九十诞辰纪念文集》,中国藏学出版社2003年版,第69页。
④ 阿沛·阿旺晋美:《西藏历史发展的伟大转折——纪念"关于和平解放西藏办法的协议"签订四十周年》。

看，但是我个人对于封建制度早已看穿了，早在解放前数年，我在思想上已把它放弃了，因而当昌都解放时，我就不很困难地倒向一边。"10月20日在与詹东·计晋美交谈时说："西藏的一切制度，不管谁赞成谁反对，总之，肯定是要改变的，我们这一套东西，必然要收拾的，而且现在就已经开始了。这点，就三年来西藏各方面的情况变化，完全可以看出。再说，内地正在火热地搞社会主义建设，大势所趋，人心所向，哪容我们原封不动地停滞在原地上？这点，我们两边的人都应该清醒地认识到。"对詹东将拉让没收其他贵族家后送他的庄园一事，直言不讳地说："我看你真疯了，这些做法是老做法，当别人正考虑要放弃它的时候，当别人已感到它是不幸事件的祸根的时候，为什么我们还留恋它呢？还去抓它呢？你看不见吗？"①

张国华到达甘孜与甘孜博巴政府副主席格达活佛见面时，后者"谈到西藏的悲惨状况时，不禁放声哭了起来，说：'毛主席不派队伍来，我们西藏民族快给毁灭了啊！'"②格西曲扎也曾做出过判断，"1942年的一天，他曾对夏扎·甘登班觉说：'今后世界的形势会发生变化，西藏现在的各拉让、寺院和贵族都是依靠庄园和百姓过日子的，这种日子不会继续很久了，将来每个人只能按自己的能力工作才会有饭吃。'他还说：'如果人民起来闹翻身，少数人是阻挡不住的。'"③

作为传统社会中的"精英统治"方式，毫不顾及社会生产发展，为了维持其奢侈的消费，实行的是超经济的盘剥。它的存在已经丧失了起码的合理性。它既不能摆脱帝国主义势力的影响，特别是殖民经济体制的影响，也没有改进社会的意愿。即使有个别眼光长远人士的清醒，在那种制度框架下也是无能为力的。阿沛先生的感叹就是鲜明的证明。

在进军西藏之后，西藏一些地方出现过要求进一步解放的声音，徐淡庐1952年1月7日的日记记载，"曲水附近有一个赛宗，前任宗本赛西（擦绒的亲戚）率三人自称是人民代表，特来向我表示，西藏应立即进行改革，以解人民倒悬。这是一件新鲜事"；1月15日赛西再次找到徐淡

---

① 张定一：《1954年达赖、班禅晋京记略·兼记西藏自治区筹备委员会成立》，中国藏学出版社2005年版，第165、171、173页。

② 西藏自治区政协文史资料研究委员会编：《西藏文史选辑》第2辑，1984年，第89页。

③ 霍康·索康边巴：《格西曲扎简史》，载西藏自治区政协文史资料研究委员会编《西藏文史资料选辑》第5辑，1985年4月。

庐,"这次谈得露骨、激烈,提出希望我们支持他组织一个社会团体,以便督促西藏地方政府加速实施十七条协议"。①

正因为有了解放,道路的选择已经表现出其不容置疑性,不论它放到什么时候来进行。这条道路是有意识设计出来的,对于整个社会的制度性改造,那就是社会主义制度。历史地看待,自发与设计两种不同的制度形成模式,对社会的影响差异巨大,而且我不以为在那样的历史时期自发形成有着多大的可能性,即使有,也不认为是更好的选择方式。

西藏和平解放主要解决的问题是"推翻帝国主义",实现国家统一的目标与国防的巩固。对此,不论是当时的西藏地方政府还是后来的达赖集团以及一些"研究者",都存在着不同的认识。直接参与西藏和平解放的李维汉,在纪念"十七条协议"签订30周年的讲话中专门谈到这个问题,不仅仅是出于历史的考虑。他从三个方面谈了帝国主义侵略造成的严重后果:"第一,帝国主义唆使西藏地方统治集团中的亲帝国主义分子,极力破坏西藏和祖国的关系,以'独立'、'完全自治'为名,阴谋将西藏从祖国分割出去,成为帝国主义的殖民地或附庸。尤其是在辛亥革命期间和中国人民解放战争即将在全国胜利的时候,亲帝分子背叛祖国的分裂活动达到了高峰。第二,帝国主义使西藏封建农奴制社会逐步半殖民地化。……帝国主义侵入西藏后,不但不去破坏西藏农奴制度,反而极力维护、保持这种制度,并力求使之逐步殖民地化。它们为西藏地方政府培养官员,训练和扩大军队,成立警察局并由英帝特务任代本,以操纵西藏地方政府。它们又在经济上使三大领主垄断西藏羊毛出口等对外贸易,形成官家、贵族、上层僧侣、商人四位一体,实质上是逐步买办化。这一切又大大加重了西藏人民对军费、军粮的负担和在经济上的剥削。第三,帝国主义破坏了西藏民族内部的团结,首先是达赖喇嘛和班禅额尔德尼之间的团结。九世班禅由于坚持反对帝国主义的侵略,倾向祖国,受到亲帝分子的压迫,被迫逃离西藏,长期流亡内地。在达赖集团内部,爱国分子也受到迫害。"②

西藏改革的必要性还体现在西藏全局性叛乱发生之后的形势当中。1959年5月12日,周总理与阿沛等人谈话,阿沛的一番话语对此做了比

---

① 徐淡庐:《高原日记摘抄(续三)》,载《西藏党史通讯》1988年第2期。
② 李维汉:《统一战线与民族问题》,人民出版社1981年版,第584—587页。

较完整和清晰的说明:"目前西藏发生了叛乱,出现了新的情况,改革可以很快进行。因为,第一,西藏人民只有改革才能很快改变生活困难的情况;第二,叛乱分子发动叛乱,打着民族、宗教的旗帜,实际是一场阶级斗争。如果我们推迟改革,不但对彻底平息叛乱不利,还会引起很多麻烦。所以,西藏的改革是势在必行。"

五 以和平方式实现西藏的革命

对于西藏革命,毛泽东同志从一开始就有两个明确的观点,一点是不容置疑性,也就是说,西藏革命必须进行;另一点是西藏革命的实行努力争取采用和平的方式。可以说,这一思想贯穿了西藏革命的整个进程。

首先是西藏和平解放的争取以及实现。1950年5月17日,中央给西南局、西北局的电报中做了明确阐述并在整个和平解放时期始终坚持的,"在解放西藏的既定方针下和军事进攻的同时,利用一切可能以加强政治争取工作,是完全必要的","只要有利于进军西藏这个基本前提,在策略上应该使之能够起最大限度的争取和分化作用"[①];而在和平解放实现的过程中,实行特殊对待,正如邓小平对十八军领导所说,"在少数民族里,正是由于过去与汉族的隔阂很深,情况复杂,所以不能由外面的力量去发动少数民族内部的所谓阶级斗争","进步力量在那里很少,影响很小。将来这个力量发展起来,会起很大的影响,现在不起决定影响","当然我们也不是完全依靠上层,而是通过他们慢慢影响各方面的工作"。

这种政策规定,不仅仅针对西藏地区,是及于中国几大主要少数民族地区的。1952年5月17日,中共中央电告新疆分局:"在新疆实行社会改革,应充分地估计到民族和宗教的特点,有意识地在民族和宗教问题上作一些让步,以换取整个社会改革的胜利,是完全必要的。"

和平解放基本实现之后,根据党中央和毛泽东主席的决定,西藏地区实行了一个比较长时期的慎重稳进方针,更是和平解决问题思想的重要体现。

---

① 中共西藏自治区委员会党史研究室编著:《中国共产党西藏历史大事记(1949—2004)》第1卷,中共党史出版社2005年版,第18页。

1950年6月6日，毛泽东主席在党的七届三中全会上讲话《不要四面出击》中就指出："少数民族地区的社会改革，是一件重大的事情，必须谨慎对待。我们无论如何不能急躁，急了会出毛病。条件不成熟，不能进行改革。一个条件成熟了，其他条件不成熟，也不要进行重大的改革。当然，这并不是说不要改革。按照共同纲领的规定，少数民族地区的风俗习惯是可以改革的。但是，这种改革必须由少数民族自己来解决。没有群众条件，没有人民武装，没有少数民族自己的干部，就不要进行任何带群众性的改革工作。我们一定要帮助少数民族训练他们自己的干部，团结少数民族的广大群众。"①

1950年6月，中共中央专门发出了《关于慎重处理少数民族问题的指示》："以后各地有关少数民族的问题，应集中由各中央局处理，重要的则报告中央处理，下级不得擅自处理。""擅自处理少数民族问题，因而引起事变者，应该认为是严重的违反纪律的事件，并受到应有的处分。"对少数民族地区内部的社会改革，提出必须从缓，在没有得到各中央局和中央的批准之前，各级党委不得在少数民族人民中提出这些改革，发布有关改革的决议和口号，不得在报上进行有关这些改革的宣传。"在少数民族中进行工作，必须首先了解少数民族中的实际情况，并从各少数民族中的具体情况出发来决定当地的工作方针和具体工作步骤。必须严格防止机械搬用汉人地区的工作经验和口号，必须严格禁止以命令主义方式在少数民族中推行汉人地区所实行的各种政策。"②

慎重稳进表述首见于周恩来总理在1950年10月欢迎参加国庆观礼的全国各民族代表宴会上的讲话："对于各民族的内部改革，则按照各民族大多数人民的觉悟和志愿，采取慎重稳进的方针。"③

1953年7月，全国统战工作会议通过了《关于过去几年内党在少数民族中进行工作的主要经验总结》，其中总结的一条经验是："我党在少数民族地区的工作，特别是对社会改革的问题，从来是采取慎重稳进的工作方针。但这并不意味着我们不准备去帮助少数民族人民进行社会改革，不去作这方面的工作，也不意味着我们要勉强去推迟社会改革。这是因为考虑到少数民族地区社会发展一般比汉族地区落后，有些现在还保持很原

---

① 见《毛泽东选集》第5卷，第23—24页。
② 黄光学主编：《当代中国民族工作》上，当代中国出版社1998年版，第57页。
③ 《当代中国民族工作大事记（1949—1988）》，第12页。

始的社会制度，民族关系非常复杂，革命的力量尚未长成也不容易长成，群众觉悟很多尚在启蒙阶段、上层领袖和宗教领袖在群众中还有很大的影响，我党对各少数民族的社会经济结构的调查研究还很缺少等事实，特别是考虑到如果工作中出了严重错误，纠正难、挽回影响与重新取得信任更难的情况，采取慎重稳进的方针是正确的，非如此不可的，今后仍必须坚持这个方针。……（尚未进行改革的地区由于经济落后），由于这些地区的上层领袖和宗教领袖在群众中还有较高的信任，群众还拥护他们。由于这些地区的群众觉悟尚有待于长期的启蒙工作，革命的力量的生长不容易，我们的工作也不容易打下基础。由于这些地区人口不多，但处在广大的边境（个别地区例外），和中央的关系尚不密切，帝国主义的分裂活动尚在继续，少数民族中的离心倾向时起时伏。对于这些地区的社会改革可考虑不再采取其他民族地区已经采取过的激烈的阶级斗争方法去进行社会改革，而采用比较和平的方法即经过曲折迂回的步骤和更为温和的办法去进行社会改革，以便十分稳妥地推动这些地区向前发展。"①

1956年9月15日，刘少奇在《中国共产党中央委员会向第八次全国代表大会的政治报告》中说："正确处理少数民族问题，是我们的国家工作中一项重大的任务。我们必须用更大的努力来帮助各少数民族在经济和文化上的进步，使各少数民族在我国社会主义建设事业中充分地发挥积极作用。""今后，在尚待进行民主改革和社会主义改造的地区，我们仍然必须采取我们所一贯采取的慎重方针，这就是说，一切改革必须由各少数民族的人民和公众领袖从容考虑，协商处理，按照各民族自己的意愿办事。在改革中应当坚持和平的方式，而不要采取强力斗争的方式。对于少数民族的上层人士，在他们放弃对于劳动人民的剥削和压迫以后，国家要采取适当的办法，使他们的政治待遇和生活水平不致降低，并且说服人民群众同他们长期合作。对于少数民族地区的宗教信仰问题，我们必须长期坚持地执行宗教信仰自由的政策，决不可以在社会改革中加以干涉；对于宗教职业者的生活困难，应当帮助他们得到适当的解决。""继续改进汉族人民和少数民族人民、汉族干部和少数民族干部之间的关系，就有特别重要的意义。在目前，为了改进这种关系，主要的问题是要克服大汉族主

---

① 该文件1954年10月中央进行了批转，见国防大学党史党建政工教研室编辑出版，《中共党史教学参考资料》第20册，第390页。

义。"报告谈到了几种表现：一是部分汉族干部不尊重少数民族干部的职权和意见，不积极耐心地帮助少数民族当家做主，而是由自己在那里包办代替；二是认为少数民族一无长处，样样不如汉族的观点；三是忽视少数民族在我国社会主义建设中的重要作用。"只有坚决克服了大汉族主义的任何一种细小的表现，少数民族中的地方民族主义情绪才能顺利地克服，国内各兄弟民族才能在我们的人民民主的大家庭里面更加亲密地团结起来。"①

1956年9月在党的八大上，中央统战部部长李维汉的发言中说："各少数民族内部都有一些上层人士，他们是前资本主义的或者资本主义的剥削者以及这些剥削阶级的知识分子。他们同劳动人民间的矛盾，只有经过社会改革才能解决。另一方面，这些上层人士的大多数具有爱国立场，在民族关系上，部分的还在宗教上，同劳动人民有一定的联系，成为本民族的公众领袖。一部分少数民族中，这种公众领袖有很大的影响。我们党很早以来，就对于少数民族公众领袖这两方面的情况作了正确的估计，并对他们采取了争取、团结的政策。因此，在革命胜利以前，我们已经同许多少数民族的公众领袖建立了反对帝国主义和反对国民党反动统治的统一战线。中华人民共和国成立以后，这方面的统一战线更加扩大和巩固了。借助于这方面的统一战线，我们经过和平方式解放了西藏，我们同许多过去没有联系或者很少联系的少数民族人民群众发生了联系，开展了工作，这就是对劳动人民的联盟起了辅助作用。在民族的团结方面，在社会改革中，许多少数民族的公众领袖做了有益的工作；同时他们自己也受到了教育，获得不同程度的进步。在我国的条件下，各民族的社会主义改造是采取和平方法进行的。一部分需要实行民主改革的少数民族地区，因为那里的社会发展情况特殊，也必须采取和平方法去进行。正是由于劳动人民同公众领袖间的统一战线的存在和发展，使和平改革成为必要，也成为可能。和平改革是阶级斗争的一种特殊形式，即依靠劳动人民，团结一切可以团结的力量，采用逐步的迂回曲折的方法来达到民主革命和社会革命的目的。不是通过强力斗争的方式强迫剥削者放弃剥削，而是通过和平协商的方式说服他们愿意放弃剥削；同时，国家采取适当办法保证不降低他们

---

① 中共中央党校党史教研室编：《中共党史参考资料（八）》，人民出版社1980年版，第331—334页。

的政治地位和生活水平。关于社会改革的具体政策、方法、步骤、部署和时间等等问题,由劳动人民的代表和公众领袖们进行认真的协商,双方真正赞成了,才动手进行改革,否则宁肯慢一点,等待酝酿成熟了的时候再进行。这里,说服劳动人民采取某些必要的、合理的让步,是有积极意义的。有的地方存在着对少数民族公众领袖的影响估计不足,同他们协商不够的缺点,应当加以改正。同时还必须耐心地帮助公众领袖们和其他上层分子进行自我教育,帮助他们主动地向劳动人民靠拢,以便取得劳动人民的谅解,实现长期合作。和平改革可以促进民族团结,可以减少以至避免生产力和社会财富的破坏(许多少数民族地区的生产力水平很低,社会财富很贫乏,更应当尽可能避免破坏);可以争取一批知识分子为社会主义服务(少数民族中的知识分子很少,更应当尽可能把他们争取和教育过来)。所以我们在少数民族地区应当认真地执行和平改革的方针。"①

在其他少数民族地区进行的民主改革,也是采取类似的方式进行的。在八大上,国务院副总理乌兰夫9月19日的发言中谈道:少数民族地区的民主改革和社会主义改造,必须充分根据各民族的不同特点去进行,以为各民族既然都要实现社会主义,或者正在实现社会主义,因而一切工作都可以和在汉族或者在别的民族中同样地毫无区别地去进行,没有必要再去注意民族间的差别、各民族人民的意愿和觉悟水平、民族间历史上残留的民族隔阂等这些重要因素对工作的影响,可以不采取适合于各民族具体情况的工作步骤、工作方法和具体政策,对工作只有害处没有好处。……凡是不从实际情况出发,急于完成任务的做法,就必然会出问题、走弯路,时间只会更拖长。对于少数民族的改革问题,步子稳妥一些,甚至作某种必要的等待,因而时间放长一些,正是反映了民族问题的实际情况和实际需要。

"党中央政治报告提出在没有进行民主改革和社会主义改造的少数民族地区进行改革,必须坚持和平的方式,不要采取强力斗争的方式,是正确的,经验证明这样做是可能的。少数民族地区在什么时候采取什么步骤和工作方法进行民主改革和社会主义改造,应该由少数民族自己去考虑;并且应该和上层人物长期团结合作,协商办事;这样做,可能会使我们在

---

① 中共中央办公厅编:《中国共产党第八次全国代表大会文献》,人民出版社1957年版,第496—497页。

改革的步骤和工作方法的具体问题上作某些让步，但是，如果有利于工作，我们就应该做某种必要的让步。"

"少数民族牧业区的民主改革和社会主义改造，也应该采取和平方式，依靠劳动牧民，团结一切可以团结的力量，在稳定地发展畜牧业生产的基础上，稳步地去进行。根据牧业区的不同情况和条件，有些地区可以在完成民主改革之后去进行社会主义改造，有些地区可以在社会主义改造的过程中同时去完成民主改革的任务。在进行民主改革和社会主义改造的过程中，应该继续执行多年来行之有效的不斗不分不划阶级，牧主、牧民两利，扶持贫苦牧民生产和增畜保畜的政策。"①

八大上，云南省委第一书记谢富治在谈到云南少数民族地区的民主改革时就这样说："在边疆，因为民族隔阂比较深，各民族都有其自己的政治、经济制度，而且地接国境，改革的每一措施，都对各方面发生深远的影响。因此，我们根据党中央的指示，采取了和平协商土地改革的方式。那就是党依靠农民群众，团结民族上层领袖人物，用和平协商的方式，达到消灭封建剥削制度的目的。正是这种温和的改革，需要进行复杂、困难的准备工作。主要是疏通民族关系，团结上层，透过上层去联系群众，反过来又依靠群众的觉悟去影响、推动上层。经过做好事，交朋友，培养民族干部，推行区域自治等工作，党的威信日益提高，民族中的新生力量逐渐成长。在大势所趋之下，上层人士对改革表示愿意接受，这就使边疆地区的土地改革，成为'水到渠成'之势。……既然是和平协商，所以上层统一战线工作就特别重要。在协商改革中，我们对民族上层进行了政治上的安排，生活上的照顾，使他们从切身体验中感觉到，只有赞成改革才是最好的出路。这样不仅有利于换取他们放弃剥削和特权，也有利于促使他们更加向党和人民靠拢。"②

9月28日《人民日报》刊登的内蒙古自治区党委书记奎璧在八大上的书面发言："在放手发动群众中，我们坚持了必须满足基本群众的政治经济要求，坚持了稳步前进地进行民主改革的方针。在进行民主改革问题上，一方面反对了那些认为'内蒙古社会特殊，不必进行民主改革'，'内蒙古社会无阶级，不必进行土地改革'等等错误主张；一方面也要反

---

① 《中国共产党第八次全国代表大会文献》，第248—249页。
② 同上书，第625页。

对搬套汉族地区的一套改革方法。我们在牧业区提出了'不斗不分，不划阶级'的政策，采取了自上而下的比较和缓的方式，取消了封建特权，宣布自由放牧，确定了牧主牧工两利的工资政策。这些都是根据牧业经济的特点所规定的。在改革土地制度中，我们注意到土地关系中的民族关系，规定了有别于汉族地区的一些具体政策。在社会主义改造中，对牧业的改造，我们坚持了积极领导慎重稳进的方针，确定了采取比较长期的、和缓的、为牧民和牧主乐意接受的多种多样的形式进行改造；对于牧主主要保障他们的政治地位和生活水平不致下降。在农业的社会主义改造中，在民族杂居区在民族联合社内，发现有些蒙古和其他少数民族农民收入下降的状况以致可能影响民族团结的现象，我们正在检查解决中。"

同日刊登的新疆维吾尔自治区党委第一书记王恩茂的书面发言："新疆是一个多民族地区，极大多数民族信仰宗教，过去反动统治阶级造成的民族隔阂所遗留下来的影响是很严重的，反革命分子容易利用民族问题来反抗民主改革和社会主义改造。这是在这一地区进行民主改革和社会主义改造的困难情况。针对这一情况，我们工作开始就强调了民族团结，坚持了宗教信仰自由，重视了做好统一战线工作特别是做好民族上层人士、牧区部落头目和宗教人士的统一战线工作，在政治上安排他们的地位，保持同他们长期团结和合作，在经济上照顾他们的利益，保持他们原有的生活水平，这样就取得了他们对民主改革和社会主义改造的拥护，并使得反革命分子无隙可乘，从而保证了各项工作的顺利进行和取得胜利。新疆维吾尔自治区有广大的农业区和畜牧业区。这两种地区的情况是不同的。我们没有采取像农业区土地改革运动的办法，对畜牧业区进行民主改革，而是以比较长的时间，在这种地区一面实行不斗不分，不划阶级，牧工牧主两利，发展包括牧主经济在内的畜牧业的政策；一面巩固社会治安，改造旧政权，加强人民政权，建立牧区党的组织，培养牧区干部，发展畜牧业互助合作组织，试办畜牧业生产合作社，建立国营牧场，发展畜牧业区的牧业、农业、商业、交通运输业、文化、教育和卫生事业等，其中许多工作，实际上带有民主改革的性质，在很多方面实行了民主改革，同时为畜牧业社会主义改造准备了条件。至于某些尚未完成的民主改革任务，则准备在完成社会主义改造中去同时完成。经验证明：这样做既能顺利完成畜牧业区民主改革和社会主义改造的任务，又保证了畜牧业不受破坏而能得到进一步的发展。在少数民族地区进行民主改革和社会主义改造，必须强调坚持慎重稳进方针，充分地做好准备工作，特别是要用比较长的时间，做到党的政策的宣传教育、训练干部、试办等工作。"

革命也就意味着政治权力的转移，1956年西藏自治区筹备委员会成立，从其组成人员就可以看出，除中央方面的人员外，西藏地方参加筹委会的人员，他们的社会来源相对来说是单一的，那就是由上层人士组成。如果不发生全面武装叛乱，大体上也就按照这种样式建立新的政治权力。有人会提出疑问，新的政治权力不就是原先那批人士在继续行使吗？

其实不然。新民主主义革命的前提是推翻旧制度，建立新制度。同样的人群，但是他们的身份已经发生了根本性的变化。正如周恩来1956年7月24日召集在京的民族上层人士时指出的，"改革的内容不外两条：一条是使广大人民获得解放；一条是使上层人士失去对土地和奴隶或农奴的所有权，但是得到政府的安置。在少数民族地区实行这样的民主改革，既有利于人民，也有利于上层人士。"①

1956年8月25日工委统战部《关于最近一个时期各阶层代表人物的思想动态的通报》：阿沛、饶噶厦两噶伦曾表示愿意将庄园交出来搞改革试点；擦绒札萨表示想在自己的庄园上办一个生产合作社；拉鲁愿意把他的房子变成学校、医院或一个工厂。拉恰门堆巴说，藏政府改革会议讨论发薪问题时，就已签名赞成交出庄园。班禅额尔德尼更重视在春堆溪卡试行改革的工作，说试办的好坏会对全区发生影响。帕巴拉堪穷表示，昌都的土地几乎全是我们寺庙所有，只要帕巴拉活佛说一句话就行了。但夏苏说，"不同意谈什么改革"，即使改，"改革的手段要好"。台吉德赖拉布旦和堪仲曲康·洛桑曲旦说："可以不改寺庙，至于寺庙今后的收入够不够，他们不要管，据说哲蚌等寺的喇嘛都主张不进行改革。"还发现有的贵族、寺庙出卖庄园，分散财产。鲁康娃去山北他自己的庄园时，一喇嘛要打他，还说："以前你骑在我们头上，现在你还想欺负我们吗？"还反映，噶厦已很长时间不办公，工作陷于瘫痪。达赖在六七月间曾找噶伦开会，提出要整顿噶厦，并表示："对于债务、乌拉等可以考虑全部废除，至于因此而给政府增加的开支，可以请求中央补助。"随后，噶伦等开了两天会，提出废除执行前请求中央补助，经中央批准后再执行。改革试办得由筹委会统一领导，还提出参加筹委会工作的官员要"定期开会汇报

---

① 西藏自治区党史办公室编：《周恩来与西藏》，中国藏学出版社1998年版，第138页。

和请示"等。

如果说和平解放所解决的主要问题是"驱逐帝国主义势力出西藏",那么民主改革所追求的目标就是进行社会制度变革,引导西藏地区走上社会主义道路。这一点是没有什么疑问的,连当时极力反对改革的地方政府方面的人士也看得很清楚。

对于1959年前为民主改革所做的工作,多为在不恰当的时机所进行的不成功的尝试。实质性的民主革命,只能是在1959年后。最先发出的指示是1959年3月22日,中央经由在北京的张经武代表向西藏工委下达的《关于在西藏平息叛乱中实行民主改革和若干政策问题的指示(草案)》:因为叛乱的发生,"六年不改"政策自然不能再执行下去,为了保证平息叛乱的彻底性(也就是群众基础的获得问题),消除叛乱的根源,平息过程中必须同时进行民主改革,提出边平边改。

对于西藏社会内部来说,最根本的问题就是土地问题亦即农奴问题。民主改革给这一根本问题带来了解决的现实前景。民主改革采取两种方式来解决这一问题:没收分配与赎买分配。

赎买政策的实施,体现了自和平解放西藏之初就确定的"和平改革"的政策。所谓和平改革,就是坚持自上而下的协商与自下而上发动群众,在体现在叛乱问题上的区别政策的前提下,以和平的方式实现社会改造。其涉及面是全面的:不仅包括了广大贵族和农奴的利益问题,还涉及寺庙在新的社会里的地位与作用问题。是一次在形式上的、彻底的人的解放。

赎买政策的实施,同样也是"顺利发展"的事情。早在1953年时,中央就明确提出:"在我党我军和人民政府的领导和控制下,一方面争取和团结住一切可以争取团结的上层人物,坚持长期地和他们团结合作的方针,为此并准备花一批钱把他们养活起来,用来换取他们对于改革旧制度的让步和赞助、引导他们一步一步地跟我们前进。应肯定少数民族上层人物是可以改造的,我们应争取改造其中的大多数。"[①]

1959年5月31日,中央对西藏工委《关于当前平叛工作中几个问题的决定(草案)》(5月12日发出)的批示中就明确规定:中央决定在西藏地区的土地改革中,对于没有参加叛乱的贵族的土地和多余农具、耕畜、房屋,一律仿照内地对待资产阶级的办法,实行赎买政策。对于没有

---

① 国防大学党史党建政工教研室编:《中共党史教学参考资料》第20册,第390页。

参加叛乱的二地主（按：即后来所指的农奴主代理人）的多余农具、耕畜、房屋，也实行这一政策。同时指出，对这些人连同其亲属，要把他们包下来，在政治上给予适当的安排，在生活上给予适当的补贴。为了安置需要安置的上层人员还可以考虑在自治区和专区两级建立政协的组织。这样作，对于分化瓦解叛乱分子有利，也对改革有利。

实行赎买政策，是我们党的一贯政策，也是符合马克思主义的政策。马克思曾说过："假如我们能用赎买摆脱整个匪帮，那对于我们是最便宜不过的事情了。"[①]《中国共产党历史大辞典》将赎买政策表述为：在我国工人阶级领导、人民掌握国家政权的条件下，有代价地把民族资产阶级占有的生产资料逐步收归国有，将资本家私有制改造成为社会主义公有制的政策。[②]而在西藏地区的赎买政策的实施有所不同，因为所面对的对象并非资产阶级，而是封建的农奴主。在内地的政策执行中，对买办的、垄断的官僚的资产阶级，实行的是没收政策，对民族资产阶级实行赎买政策；西藏地区对于叛乱的实行的是没收，对于未参叛的实行赎买政策。对于稳定经济，在政治原则问题上实施区别对待政策都有好处。

1959年9月29日，西藏工委扩大会议制定《关于执行赎买政策的具体办法》，有一个初步的核算数字：全区实有耕地812558克，每年休耕地55万克，合计3362558克；牲畜农区290万头，牧区600万头，合计890万头。全区贵族和大头人642户（前藏391户、后藏27户、昌都24户），其中参叛462户，占72%；未参叛的172户，占26.8%；不清者8户。未参叛的172户（含堪厅所属）占有土地39万克，占有牲畜99560头，占有房屋（指贵族在溪卡的房屋）22800间，占有农具7000套。

全区有寺庙2138座，僧尼102605人，其中叛乱的寺庙971座占寺庙总数的45%，参加叛乱的僧尼68106人占60%；未叛寺庙占有土地46万克、牲畜49780头、房屋（溪卡）11400间，农具8000套。

根据乃东、东嘎、蔡宗、江孜的典型调查，农奴主代理人约4000户，其中参叛的1200户占30%，未叛者2800户占70%；未叛农奴主代理人占有牲畜67.5万头，房屋3万间，农具5000套。——因是估算的数字，所以增加了5万克土地作为机动数字。总计应赎买土地90万克，占全区耕

[①]《马克思恩格斯选集》第4卷，第315页。
[②]《中国共产党历史大辞典·社会主义时期》，中共中央党校出版社1991年版，第71页。

地总数（不含休耕地）的 32%，牲畜 82.4 万头占总数的 29%，房屋 6.42 万间，农具 2 万套。

土地一项，只对领主赎买，不对代理人赎买。1959 年的耕地，统一以每克 30 元计价，全区 90 万克①需要赎买款 2700 万元。牲畜中，骡、马每头平均 100 元，耕牛、犏牛每头 50 元，母黄牛、母牦牛每头 30 元，一般菜牛每头 20 元，毛驴每头 25 元，绵羊每只 5 元，山羊每只 2 元。共需要赎买的牲畜 82.5 万头②，需赎买款 1705 万元。房屋分等级按柱计算，需要赎买款 195 万元。农具以套计算，每套 20 元，需要 40 万元（不成套的按件估价）。赎买对象多余的粮食可由粮食部门收购，需款不计入赎买款内。以上共需赎买款 4575 万元，再加上 15%—20% 的机动，要赎买的生产资料占三大领主的 1/3 左右，合计价值 6000 万元。

赎买对象在牧区的牲畜按牧区政策办理，不予赎买；其在农区占有大量牲畜和大片牧场又不是为农业服务的也不赎买；赎买对象的庄院、主房、寺庙属于寺院范围内的房屋不赎买，赎买的房屋限于贵族、寺庙在溪卡的房屋和农奴主代理人的多余房屋；给每户领主留一定数量的生产资料。

赎买款的支付由自治区筹委会统一印制类似公债券性质的赎买金证券作支付凭据，赎买金不付利息；5 万元以下的 8 年还清，5 万—10 万元的 10 年还清，10 万元以上的 13 年还清。

1960 年 1 月 3 日西藏自治区筹委会土改委员会发布《关于执行赎买政策中几个具体问题的规定》，就如何准确地确定赎买对象做出规定。

1960 年 8 月 21 日，西藏工委统战部在给中央统战部《关于赎买政策执行情况和贯彻执行赎买政策的意见》的电报中，就西藏各地在执行赎买政策中出现粗糙现象，提出若干问题的具体意见。（1）原划为叛乱的农奴主及其代理人，经过改革复查摘掉帽子的，其多余的生产资料进行赎买。对原没收的主要生活资料，除朗生安家的外，已经分配给群众的，可由政府折价赎买，其价格不高于当地市价，所支付款项，列入年内应付赎买金内。（2）对漏网叛乱人员，其生产资料已办了赎买手续的，应宣布

---

① 据 1959 年 11 月 3 日西藏工委《关于西藏地区土地制度改革方案（修改稿）》，90 万克土地中，属于堪厅及其所属贵族、寺庙的 21 万克，前藏和昌都贵族的 18 万克、寺庙 46 万克，另增加 5 万克作为机动数。

② 同上来源。其中属于农奴主代理人的 67.5 万头。

没收并将赎买证据收回。(3)对虽有叛乱行为，因主要成员不在家或其他原因未公开宣布其叛乱，没有戴叛乱帽子的农奴主及其代理人，所占有的多余的生产资料，应进行赎买，如果家中无人又无亲戚，目前只作登记核对，暂不办理赎买手续，其赎买金应当汇总在全分区赎买金的总额内。(4)在改革期间，错将富裕农奴划为代理人或戴叛乱帽子的，在摘掉帽子时，将已没收或赎买的生产资料和生活资料，能退还原物者退还原物，无原物的折价赔偿（土地除外，如原留土地不足耕种时，可由机动土地内调剂），所需款项，由政府支付。(5)对未叛寺庙，经过运动后已无住寺僧尼，其应赎买生产资料只登记数量，不办理赎买手续；对于未叛而有僧尼的，其所占有的生产资料应按私人占有或寺庙占有分别给民主管理委员会和个人办理赎买手续。(6)已被赎买的农奴主及其代理人，因犯罪被捕、被判或被镇压者，其所得赎买金，应由法院在判决时按其罪恶轻重没收或由其子女继承。

1960年10月的全区统战工作会议，批转了统战部的《关于继续贯彻执行赎买政策和清理"二八"减租和借粮问题的意见》。1960年10月25—26日，筹委会举行第35次常委会，通过"关于赎买未叛农奴主及农奴主代理人占有的多余的生产资料的赎买金的支付办法"。决定自1960年11月起到12月止，委托各地国家银行支付1960年度对未叛农奴主及其代理人占有的生产资料的赎买金；从1961年起，赎买金支付时间由每年9月起到10月31日止。

1961年3月19日《西藏日报》报道，"目前全区向被赎买户办理赎买手续的工作已基本上胜利完成。对占有多余生产资料的未参加叛乱的农奴主和农奴主代理人，由国家发给了正式赎买凭证并支付了1960年的赎买金"，到2月底止，已给1300多家被赎买户办清了赎买手续，支付了1960年的赎买金，按照8、10、13年分期付款的办法，首期支付了3133129元。

1966年10月26日，区党委决定暂停支付赎买金，其时已支付8578000多元，尚有7694000多元未支付。1978年11月9日，区党委报请中央批准继续支付赎买金：民主改革时，实行赎买政策的有2590户，应付赎买金16273000元，到1966年10月尚未支付的有7694000多元，对此类款项，继续支付，以体现党的政策。

赎买政策实施的背后，实际上包含了在西藏统战工作对象的转变，原来的反帝爱国统一战线成为人民民主统一战线。封建农奴制度的被推翻，统一战线增加了工农联盟的基础，与未叛领主及代理人和未叛的宗教界人士结成联盟；1959年12月20日，中国人民政治协商会议西藏委员会成立，"西藏正处于完成民主革命时期，原来的反帝爱国统一战线已过渡到人民民主统一战线。中国人民政治协商会议的纲领，在西藏基本是适用的，不需另立章程。西藏地区是没有民主党派的地方组织，因而政协西藏委员会一方面是与上层代表人物进行政治协商，实现党的政治领导的机构，另一方面，也是团结教育和改造上层人士的主要阵地。因此，政协西藏委员会在党的领导下，由各人民团体、各民族、各阶层、各界代表人士组成"。①

上面仅就赎买政策的具体方面做的描述和说明，作为一项大政策，还有具体政策之外的丰富内涵。民主改革运动中的群众斗争运动，对于没有参加叛乱的农奴主及其代理人，采取了保护过关的措施：只进行背对背的诉苦批判，不搞面对面的斗争；对他们实行完全包下来的措施，安排好职位，安排好生活，做到各得其所，然后逐步进行改造，使之成为自食其力的公民。

对于赎买政策的执行问题，作为西藏地方领导人中对于改革的必要性认识很深的人士，阿沛·阿旺晋美表现出了与他人不同的做法。② 开始时他表示他不接受赎买，直接将多余的生产、生活资料交出去，在要求他从大局着想之后，他将所有的赎买款全部拿了出来，修建桥梁等，自己没有收受一点。

---

① 西藏工委统战部：《关于成立中国人民政治协商会议西藏委员会的意见》。
② "1959年4月中旬（出席全国代表大会期间），……周恩来总理、彭真副委员长先后同我们（指十世班禅、帕巴拉等人）商谈有关西藏民主改革政策问题时，提出了对没有参加叛乱的农奴主占有的生产资料实行赎买政策，即由国家出钱把他们占有的土地、耕畜、农具及多余的庄园房产等买过来再分配给农奴和奴隶。对此我当时毫无思想准备，也想不通，一再表示不同意。我认为农奴主的一切财产究其实质，都是剥削农奴的劳动成果而积累起来的，全部没收后分给农奴和奴隶，是物归原主，理所当然。如果中央决定执行这项政策，我也赞成，但我个人绝对不要赎买金。中央领导同志一再说服我，要我顾全大局，考虑其他没有叛乱的农奴主的利益，而且赎买政策不只是几个赎买金的问题，首先是体现在政治上对叛乱和没有叛乱的农奴主区别对待的大政策界限问题。这样我放弃了自己的意见，表示拥护这个政策。"见阿沛·阿旺晋美《西藏历史发展的伟大转折》，载《西藏研究》1991年第2期。

六　土地革命

　　土地改革，是以反封建为基本任务之一的新民主主义革命的一项基本内容。

　　党的八大政治报告指出："我们党没有采取单纯依靠行政命令、'恩赐'农民土地的办法，去进行土地改革。在中华人民共和国成立以后，我们花了整整三年的时间，用彻底发动农业群众的群众路线的方法，充分地启发农民特别是贫农的阶级觉悟，经过农民自己的斗争，完成了这一任务。我们花了这么多的时间是否需要呢？我们认为这是完全需要的。由于我们采取了这样的方法，广大的农民就站立起来，组织起来，紧紧地跟了共产党和人民政府走，牢固地掌握了乡村的政权和武装。因此，土地改革不但在经济上消灭了地主阶级和大大削弱了富农，而且在政治上彻底地打倒了地主阶级和孤立了富农。广大的觉悟的农民认为，无论是地主或富农的剥削行为都是可耻的。这就为后来的农业的社会主义改造创造了有利的条件，大大地缩短了农业合作化所需要的时间。"[①]

　　1950年6月28日，中央人民政府委员会第八次会议通过《中华人民共和国土地改革法》[②]，我们可以对之与西藏地区的土地改革的情况做一比较，看看其中的异同。

　　　　土地改革的根本目的在于，废除地主阶级封建剥削的土地所有制，实行农民的土地所有制，借以解放农村生产力，发展农业生产，为新中国的工业化开辟道路。

　　按：这是一致的，除了"地主阶级"需要改换成"农奴主阶级"外。下同。

　　1959年6月28日至7月19日西藏自治区筹委会召开第二次全体委员会议，委员和列席代表600多人参加会议，在代理主任委员班禅额尔德尼

[①]《中国共产党第八次全国代表大会文献》，第17页。
[②] 人民出版社编辑部编：《土地改革重要文献汇集》，人民出版社1953年版，第2—10页。

的主持下，7月17日，通过了《关于进行民主改革的决议》，叛乱发生后，中央与西藏工委先后提出的一系列改革措施和方案比较完整和全面地体现到了"决议"之中，拖延了多年的西藏民主改革由是正式全面开展；"为适应人民当前要求，改善人民生活，发展生产，并为土地改革奠定基础"，7月23日，通过了《西藏地区减租减息实施方案》，为"组织全体农（牧）民，有步骤地实行民主改革，发展农（牧）业生产，改善农（牧）民生活；在农牧民中进行爱国反帝和人民民主以及社会主义的政治教育，提高政治觉悟；实行人民民主的权力，保护劳动人民的利益，团结各阶层人民，巩固祖国统一，加强民族团结，贯彻执行政府的一切政策法令"，决定组织农民协会，通过了《西藏地区各县、区、乡农民协会组织章程》，"区、乡农（牧）民协会在民主改革期间，代行农村基层政权职能"。

《西藏日报》为此次会议配发了社论《迎接西藏民主革命的新阶段》，宣布"西藏开始进入了一个和平的民主革命新阶段"，"这一场革命，是一场和平革命，就是说，是不流血的革命"。

> 没收地主的土地、耕畜、农具、多余的粮食及其在农村中多余的房屋。但地主的其他财产不予没收。

按：叛乱发生后，由于许多寺庙、贵族参与叛乱，有的参与者出逃，有的被俘，又值春耕时节，正待春耕和播种，1959年4月4日，西藏工委以军管会的名义请示中央，当年农区实行"谁种谁收"政策。即当年土地的收益归耕种者所有，并免除当年公粮，暂不对土地所有权进行界定。5月31日，中央在一份批示中指出："明令宣布没收那些参加叛乱的上层反动分子、寺庙和原西藏地方政府的土地，由原耕农民耕种，并在今年实行'谁种谁收'，以后再行分配土地的政策。明令宣布对于那些没有参加叛乱的上层分子和寺院的土地，以及一九五八年以后的债务，实行减租减息的政策。"[①]
西藏工委又规定，对叛乱牧主的牲畜，实行"谁放牧，（畜产品）归谁所有"的政策。土地改革当年在农业区参加叛乱的领主和代理人的土地实行"谁种谁收"；未参与叛乱的领主及代理人出租的土地实行"二八

[①] 西藏自治区党史资料征集委员会编：《西藏的民主改革》，西藏人民出版社1995年版，第97页。

减租"；1958年前放的债务一律废除，未参加叛乱的领主1959年放的债务实行减息。牧业区，未参加叛乱的牧主的牲畜仍归牧主所有，参加叛乱的，由原放牧者放牧，收入归放牧者所有；实行牧工牧主两利政策，减少牧主的剥削，增加牧民的收入；债务问题按农业区办法处理。

这里没收的只限于参与叛乱的农奴主及其代理人，没有参与叛乱的农奴主阶级的生产资料等实行赎买政策。《关于执行赎买政策的具体办法》是西藏民主改革的几个主要文件之一。

> 征收祠堂、庙宇、寺院、教堂、学校和团体在农村中的土地及其他公地。清真寺所有的土地，在当地回民同意下，得酌予保留。

按：1959年5月2日，西藏工委拟定《关于在当前平叛中几个问题的决定（草案）》，规定了接管政权、重新划定行政区划、处理旧官员、对叛乱人员的区别对待问题、做好交通运输和支援平叛工作、财经工作、收缴枪支、建立地方人民武装、牧业区工作、寺庙问题、涉外事宜、组织机构和干部调配、农村工作等13个方面的政策措施，又称"十三项政策"，勾画了民主改革的基本内容和所涉及的方方面面；5月31日中央批复同意这些措施。随后还制定了《关于"三大寺"若干问题的处理意见》，专门就宗教工作进行规定。

> 所有没收和征收来的土地和其他生产资料，除本法规定收归国家所有者外，均由乡农民协会接收，统一地、公平合理地分配给无地少地及缺乏其他生产资料的贫苦农民所有。对地主亦分给同样的一份，使地主也能依靠自己的劳动维持生活，并在劳动中改造自己。

按：作为非常时期的管理机构，在平息叛乱中先后成立了若干军事管制委员会。1959年3月23日拉萨市军事管制委员会成立，除日喀则外的其他各地军管会随后陆续成立①。1959年6月12日，《西藏日报》② 报

---

① 1959年4月10日，塔工军管会成立；4月11日江孜军管会成立；4月20日亚东军管会成立；4月22日昌都军管会成立。

② 《西藏日报》藏、汉文版于1956年4月22日，即西藏自治区筹委会成立当天创刊。1952年11月1日创办的藏、汉文版《新闻简讯》为其前身。

道，经过平叛，西藏许多地方已经建立了人民政府和成百上千的群众性组织——平叛生产委员会、平叛保畜委员会和居民委员会，为民主改革打下了基础。1959年7月5日，西藏第一个农民协会——乃东县凯松溪卡农民协会成立。

土地改革到1960年10月基本完成分配土地的任务，共没收和赎买耕地280多万克，将这些生产资料分给了20万户80多万政治上打破人身依附枷锁的、无地的农奴和奴隶。经过土改复查之后，中央于1960年9月12日要求工委，凡是复查完成或即将完成的地区，在1960年冬开始颁发土地证，而在当时，确实存在着"认为颁发土地证没有什么实际意义。认为快搞合作化了，可以不要发土地证了"这样的看法。就如当时所提出的，这一工作的意义在于，进行社会主义道路的教育，进行保卫翻身果实、防止复辟、搞好生产的教育。

1961年7月，筹委会制定"牧业三十条"，开展"三反两利"，建立人民民主专政制度，实行牧民个体所有制和牧主所有制，提出稳定牧民个体所有制，互助组不搞公共积累。到1961年10月全区农村已有90%以上的农户组织了互助组，随着牧主牧工"两利"政策的执行，牧主对牧工的封建奴役关系已被废除。①

> 为加强人民政府对土地改革工作的领导，在土地改革期间，县以上各级人民政府，经人民代表会议推选或上级人民政府委派适当数量的人员，组织土地改革委员会，负责指导和处理有关土地改革的各项事宜。

按：1959年9月20—22日筹委会第三次会议决定，在完成民主改革第一步"三反双减"的地区，转入以分配土地为主要内容的第二步。通过了《关于废除封建农奴主土地所有制，实行农民的个体所有制的决议》《关于西藏地区土地制度改革的实施办法》《关于成立土地制度改革委员会的决定》，通过了关于农村阶级划分的决定和有关牧区政策的报告。此后，土地改革运动迅速铺开，由农会干部、土地工作组干部和熟悉土地情

---

① 见全国人大副委员长、西藏自治区筹委会代理主任委员班禅10月17日在第二届全国人大常委会第45次会议上的《关于西藏工作的报告》。

况的农奴代表组成的"土地评查小组",以乡村为单位按人进行土地分配。

> 划定阶级成分时,应依据中央人民政府颁布的划分农村阶级的决定,按自报公议方法,由乡村农民大会,农民代表会,在乡村人民政府领导下民主评定之。

按:1959年8月,西藏工委提出关于划分农村阶级的方案。将农奴主及其代理人划分为上层,其余为下层,比例在95%左右。事实上,代理人基本上仍属于政治上被奴役的阶层,《辉煌二十世纪新中国大纪录·西藏卷》将两大阶级确定为98%和2%,这是符合实际情况的。[①] 即农奴主占2%、农奴主代理人占3%、90%以上的农奴和5%左右的奴隶,还有一个附加说明,"亚东有少数农民,近似自耕农,土地可以买卖"。西藏的边沿地方亚东,民改时有自耕农1000多户,占有耕地9900多克。并按照他们的社会地位和身份、生产资料占有情况、人身自由情况、经济状况提出了具体的划分标准,农奴阶级由划分为富裕农奴、中等农奴、贫苦农奴(含贫苦僧尼)、奴隶等四个阶层。

后来有一份具体的统计情况:农奴阶级由差巴(在不影响支差的情况下差地可以传继,也可以短期出租、典当、抵押,但不能出卖;上等差巴占10%,中等差巴占20%,下等占70%)、堆穷(意为"小户",多是破产的差巴转变而来,经济地位相当于雇农)、朗生(家内奴仆即奴隶,1959年调查占5%约6万人)、贫苦喇嘛、游民(农奴中无地可耕、到处流浪、无固定职业的人;有的以唱歌跳舞为生,有的从事下贱的苦活,过半乞讨生活)等几个阶层组成。有些地区还有"明约玛"(江孜的下涅如地区无朗生,有此等级,字面意思是"似主似仆",似朗生,但可以离开主人不受限制)、"贱人"(乞丐、屠夫、背尸人、铁匠,统称为"买日"即出身和骨头最下贱的人)诸等级。

[①] 1959年西藏工委讨论划分阶级方案时,周仁山(1956年冬由青海进藏担任工委副书记)提出,"西藏划分农奴主和农奴两大阶级。自己不占有生产资料,依附于农奴主,靠剥削为生的人划为农奴主代理人,按农奴主对待;剥削收入超过25%不到50%的农奴,划为富裕农奴,列入农奴阶级范围。工委接受了他的主张,制定了划分阶级的方案,得到各方好评"。见张向明等《缅怀周仁山同志对西藏平叛改革的重大贡献》,载《西藏党史资料》2005年第1期。

阶级划分的目的是，"依靠贫苦农奴和奴隶，巩固地团结中等农奴和团结一切可以团结的力量，打击叛乱的和最反动的封建农奴主及其代理人，实行民主改革，消除封建农奴制度"。可以看出，这与内地土地革命政策在总体框架上是一致的，只不过加上了西藏这一特定的对象考虑而已。

本法不适用于少数民族地区。

按：之所以有这样一条规定，是因为当时少数民族地区还没有还不具备进行以土地改革为主要内容的民主改革的基本条件，就西藏地区而言，还没有实现和平解放。1950 年 6 月 14 日，刘少奇在全国政协一届二次会议上作《关于土地改革的报告》中专门谈道："在少数民族聚居的地区，……二千万左右的人口的地区在什么时候能够实行土地改革，今天还不能决定。这要看各少数民族内部的工作情况与群众的觉悟程度如何，才能决定。"

这里对西藏的民主改革这方面的内容归纳一下：牧区改革，基本的要求是废除封建特权和封建剥削，实行"三不两利"（不斗、不分、不划阶级，牧工牧主两利），帮助贫苦牧民发展生产。农业区，实行区别对待的政策，没收参加叛乱领主的主要生产资料进行分配，对未参加叛乱的实行赎买政策。

七　其他方面的改革

自 1960 年初（即平息叛乱告一段落时）开始即提上政府工作议事日程的有以下方面：商业网改造，过去是由遍布全区的各种庄园、寺庙和各级官员、头人，倚仗封建特权实行超经济的剥削，这种封建的商业网随着三大领主统治的垮台而垮台了，新的商业网需要迅速建立起来填补空白，这就是发挥国营商业的主渠道作用，具体是，健全县级（含）以上国营商业机构，县级以下铺开贸易网点①，建立起以社会主义商业为骨干的有

---

① 采取由贸易总公司下到基层设点或设流动小组、"公家"单位代购代销、改造旧式庙会集市为新的集市开展物资交流会、组织购销员、利用小商小贩、开展农牧民之间的互通有无的贸易、组织供销互助组或合作社等方式实施。

广大农牧民小商小贩参加的商业网。信贷方面，废除高利贷，通过银行、信用合作、群众之间互助借贷等形式发展新的信用关系。建立新的财政制度等。

宗教问题在西藏占有十分突出的位置。远在西藏问题没有得到妥当解决前的1950年4月，政务院总理周恩来就已经提出这样的观点，"西藏实行政教合一，我们逐步使政教分离"；1950年5月27日西南局报中央批准的十项和谈条件中即明确提出"实行宗教自由，保护喇嘛，尊重西藏人民的宗教信仰自由和风俗习惯"，"十七条协议"中加以肯定下来。

1959年前对于藏传佛教，在改造方式的考虑上，与1959年后是不同的。1956年成立的西藏自治区筹委会，其中就成立了宗教事务委员会，由达赖喇嘛的副经师赤江·罗桑益西活佛任主任委员，包括有西藏各地区、各教派的委员。佛教协会的成立同样体现了这种精神。中央的希望是，通过这些方式，实现藏传佛教的民主改革，以适应社会变化的需要。

在全国范围来看，1958年主要就伊斯兰教和藏传佛教开展了宗教制度的民主改革，这一改革并未在西藏地区执行，当时提出的所谓喇嘛教改革的问题，主要是指在其他藏区以及内蒙古等信奉藏传佛教之地。"废除伊斯兰教、喇嘛教对群众的残酷的压迫、剥削和各种特权，清除、镇压这些宗教中的反革命分子，是一个反封建的斗争，是有关少数民族人民群众的彻底翻身运动。"[①] 提出宗教制度中必须废除的有五条（可以与西藏平叛中开展的工作相比较）。（1）废除宗教中的一切封建特权，包括私设法庭、监牢和刑罚，干涉民事诉讼，擅自委派部落头人，私藏武器，干涉婚姻自由，压迫歧视妇女以及干涉文化教育事业。（2）废除喇嘛庙的生产资料所有制和高利贷、无偿劳役等剥削制度，取缔非法商业。对于保留寺庙，可以留出小部分土地、牲畜和其他财产，使留下的宗教人员参加劳动生产，维持生活。（3）禁止寺庙敲诈勒索群众财物，宗教活动也不得妨碍生产和违反国家政策法令，但群众自愿的布施不加干涉。（4）寺庙不得强迫群众当喇嘛，喇嘛有还俗自由，群众有自愿当喇嘛的也不要强行制止。（5）废除寺庙的封建管理制度，包括管家制度、等级制度、打罚制度和寺庙间的隶属关系。可以这么看待，在次年进行的宗教民主改革中，实际上已经有了一个很明确的规范性政策。

---

① 1958年12月中央批转国家民委党组关于当前伊斯兰教喇嘛教工作问题的报告的批语。

民主改革前，全区有佛教寺庙2711座，僧尼119105人，在寺僧尼占全区人口的10%。1959年平叛中开展了寺庙的"三反三算"（反叛乱、反奴役、反特权，算政治迫害账、经济剥削账、等级压迫账）运动，1960年对此活动进行了复查。民主改革中进行的宗教改革，起点是1959年3月30日经中央批准，西藏工委、西藏军区联合组成三个军管代表即工作队，在武装部队的掩护下，分别进驻叛乱的三大寺。其主要目的是，"搜捕叛乱分子，清查武器和反动文件，发动群众，组织以贫苦喇嘛为骨干的寺庙民主管理委员会，彻底摧毁叛乱的基础"。到8月20日，三大寺共查出参叛人员8660多名，占总人数的55.4%，其中参叛外逃的6192人；查出各种枪支2106支，子弹10万多发，缴获大炮一门，土炮二门，据查，外逃人员带走枪支1051支。①

> 在西藏叛乱发生、达赖出走之后，班禅实际上已经取代了达赖的宗教地位。

作为当时"运动"的基本形式，寺庙民主改革分四个步骤。（1）发动群众进行反叛乱，清查、清理寺庙中隐藏的叛乱组织和叛乱人员。（2）反对封建特权和封建剥削，发动贫苦僧尼与农奴，算寺庙的政治迫害账，揭露寺庙的封建统治和剥削罪行，并明令予以废除。（3）实行民主管理，"成立以贫苦僧尼为主、爱国守法的上中层宗教人士参加的民主管理委员会"，"对寺庙的公共财产和收入，一律实行民主管理，使财权掌握在群众手里，对于私人财产，属于叛乱上层的实行没收，没有叛乱的仍然归个人所有"②。（4）组织僧尼的正常宗教活动。对于留寺僧尼，"有劳动力的喇嘛一律参加劳动，自食其力；老弱、残废、专门念经的喇嘛，和很少一部分确有必要留下来的年幼喇嘛，如他们的收入不够维持生活，可由政府适当补助。喇嘛生活费的补助，以平均每人每年粮食21克（折合人民币七十三点五元）为宜"。③

西藏自治区筹委会于1959年下半年通过了《寺庙民主管理章程》。到1961年9月，全区有僧尼的宗教活动场所已减少到172座，僧尼为

---

① 《党的宗教政策在西藏》，载《西藏党史资料》1991年第3期。
② 张国华、谭冠三、汪锋：《关于西藏民主改革中若干问题的报告》，1959年9月5日。
③ 同上。

7440人，只有22座属于边境地区的寺庙307人没有开展"三反三算"运动。其中千人以上的寺庙2座，百人以上千人以下的5座，50—100的10座，10—50人的62座，10人以下的93座。

1959年9月2日，西藏工委就三大寺"三反"将近结束，向中央报了《对三大寺若干问题的处理意见》，经批准后公布。提出了"双十条"："一、必须公开宣布废除的：1. 彻底摧毁一切叛乱组织和反革命组织（如'西藏独立国人民会议'、'西藏自由同盟'和'四水六岗'等），彻底肃清寺内的叛乱分子和反革命分子。2. 废除寺庙放给农牧奴和贫苦喇嘛的所有高利贷和债务。3. 坚决废除寺庙的各种封建特权，包括寺庙委派官员、管理市政、私设法庭、监牢、刑罚和私藏武器、没收群众资产、流放人民、干涉诉讼、干涉婚姻自由和干涉文化教育、卫生事业等。4. 依法没收三个寺庙的牧场、庄园及一切生产资料。5. 废除寺庙向群众派乌拉、派差役、对群众进行人身奴役的封建特权制度。6. 不准寺庙向群众敲诈勒索财物和强行摊派；取缔其非法工商业和强买强卖；严禁其投机倒把和偷税漏税行为。7. 废除寺庙向宗溪、部落摊派群众当喇嘛的制度；禁止寺庙强迫群众当喇嘛。8. 废除寺庙内的封建统治和封建等级制度；禁止寺庙内的打罚制度。9. 废除寺庙间的封建统治的隶属关系。10. 废除寺庙利用宗教节日（如传昭）行使的一切封建特权，包括接管市政府、对人民横征暴敛，巧取豪夺，没收人民财产、强奸妇女、残害人民等。二、公开宣布保护和不加干涉的：1. 贯彻执行宗教信仰政策，保护爱国守法的喇嘛寺庙。2. 保护喇嘛的政治权利。喇嘛在政治上一律平等，享有人身自由的权利。3. 保护文物古迹。4. 保护寺庙的建筑、佛经、佛像、宗教用具和陈列品。5. 保护喇嘛有生产劳动和参加政治学习的权利。6. 保护群众自愿当喇嘛和喇嘛自愿还俗的自由。7. 保护寺庙的正当商业、运输业和手工业。8. 不干涉群众自愿给寺庙放布施。9. 不干涉正常的宗教活动，但宗教活动不得妨碍生产建设和违反国家的政策、法令。10. 不干涉寺庙学经、辩经和确定宗教职务的考试制度。"[①]

寺庙的民主改革是实行"政治统一，政教分离，信教自由"，政治上要求"在人民政府领导下，反帝爱国守法，走社会主义道路"，进行"三

[①] 西藏自治区党史资料征集委员会编：《西藏的民主改革》，西藏人民出版社1995年版，第136—137页。

反三算", 基本上清算的是宗教通过叛乱在政治上表现的奴役性, 和最直观的经济上剥削压迫形式。当时有几条政策：把宗教信仰问题同宗教中的压迫、剥削制度加以分别；把僧侣的一般宗教活动同其对群众的勒索、虐害等为非作恶的行为加以区别；把参加叛乱和其他进行破坏活动的分子同思想上反动但无活动的分子区别开来；把民愤极大的分子同民愤不大的加以区别；参叛的地区同未叛的地区加以区别。——但没有谈到政教合一的根本性联系问题。

1959年叛乱发生以后, 周恩来在与西藏爱国人士谈话时提出三条意见，"（一）宗教不能被封建农奴制度玷污；（二）反对清朝皇帝实行的民族削弱政策；（三）信教的不一定都在寺庙。"藏传佛教的民主改革, 首先是从摧毁叛乱基础方面开始的, 在拉萨叛乱平息后不久的3月30日, 西藏工委与西藏军区联合组成三个军管小组, 分别进入哲蚌寺、色拉寺和甘丹寺, 主要任务是搜捕叛乱人员, 清查武器和叛乱文件, 发动群众, 组织贫苦喇嘛组成新型寺庙管理委员会。1959年8月5日和10日, 甘丹寺贫苦喇嘛和达孜县群众联合举行大会, 控诉寺院领主的叛乱、特权、剥削等罪行。

"十三项政策"对宗教问题的规定是, 对寺庙既要坚决解决叛乱和封建特权问题, 又要注意分寸。坚持宗教信仰自由政策, 保护爱国守法寺庙和宗教界人士, 要有意识地保留和保护那些代表性较大的寺庙。"当前主要是发动贫苦喇嘛, 争取分化上层, 彻底肃清叛乱, 废除封建特权。已叛寺庙实行军管, 将叛乱分子捉光, 枪支缴光, 叛乱证据收光。非叛乱寺庙经谈判协商收交枪支。"

1960年, 十世班禅提出寺庙改革的五条办法：一是放弃剥削；二是民主管理；三是执行政府法令, 宪法进寺庙；四是喇嘛要参与生产；五是老弱喇嘛和专门念经的喇嘛, 生活由政府包起来。班禅的这一建议后来在工作中得到了执行。1961年4月筹委会第5次会议通过了这"五项原则"。

经过改革, 西藏人民群众有当喇嘛的自由, 喇嘛也有还俗的自由；各教派一视同仁、平等对待；寺庙僧人通过民主选举, 建立民主管理委员会或民主管理小组, 自行管理宗教事务, 自行开展佛事活动。根据十世班禅的提议, 废除了宗教中的封建特权、封建压迫剥削和封建管理制度, 推行"寺庙民主管理章程", 建立寺庙民主管理委员会（组）这一新型管理组织, 使这一目标有了可以实现的制度基础。1961年1月23日, 毛泽东主席会见班禅, 后者提出要有3000人专门学习佛教经典, 他们的生活由政府包下来，得到了毛泽东的赞成。这其实已经提出了佛教研习如何适应社会变化的问题。1962年9月中国佛学院新成立藏语佛学系，也是这一举措的延续。

1961年6月20日"扎什伦布寺民主管理委员会"成立，班禅任主任委员。班禅在成立大会上说，两年多来，西藏百万人民在党的领导下推翻了三大领主的统治，真正当家做主了；叛乱的寺庙进行了"三反三算"，未叛乱的寺庙进行了"双反三算"，贯彻执行了党的宗教信仰自由政策，对未参加叛乱的寺庙和爱国守法的僧众予以保护，寺庙原有的封建特权和不合理的制度法规被废除了，寺庙逐步实行了民主管理。西藏工委副书记兼日喀则分工委第一书记夏辅仁在会上说，关于寺庙和宗教，必须坚持政治统一，信教自由的原则。寺庙和宗教界人士要服从党的领导，爱国守法，不能违背国家和人民的利益；党和政府对正当的宗教活动和宗教信仰是一贯尊重的，是不加干涉的。[1]

八　西藏的社会主义革命问题

基本上完成了民主改革任务之后，西藏的工作就进入了社会主义改造时期。自和平解放基本实现后，西藏就处于社会主义这一重大的制度框架之下，至于公开宣布实行社会主义制度或者说一些社会指标是否达到了当时设定的标准，并不十分重要。

在社会主义改造问题上，毛泽东于1957年7月曾明确指出，分两方面，一方面是社会制度的改造（所谓"三大改造"），一方面是人的改造，也就是知识分子问题，或曰思想改造。这是一个"完整的框架"。后来发生的对于班禅的批判，实际上就是后一方面在西藏的表现。

生产资料所有制的社会主义改造，在西藏，最主要的就是农业的社会主义改造。虽然在民主改革之后，农民的个体所有制经济相比封建农奴主所有制经济而言，对于促进生产力发展起到了很大作用，但是从根本上说，个体经济因是分散的、相对孤立的，带了相当程度的守旧性，仍然是

---

[1] 见1961年6月25日《西藏日报》，转引自西藏社会科学院文献信息处编辑的报刊复印资料《西藏宗教》，第22页。

一种落后的经济组织形式,一方面它限制着生产力的发展,另一方面它更与国家范围内实行的社会主义工业化之间存在着矛盾,这就决定了社会主义改造的必然性,这就是内地在20世纪50年代前期开展的农业生产合作化运动,用一个简明的句子表述就是:组织起来。

与民主改革一样,西藏的社会主义改造,是在全国范围内已经完成的大背景下进行的,基本保证了这一运动的有序开展。

内地社会主义改造基本完成之后,毛泽东主席即提出了展开政治战线和思想战线的社会主义革命问题。1957年开展的全民整风和反右派斗争,就是其具体体现。"在我国,1957年才在全国范围内举行一次最彻底的思想战线上和政治战线上的社会主义大革命,给资产阶级反动思想以致命的打击,解放文学艺术界及其后备军的生产力,解除旧社会给他们带上的脚镣手铐,免除反动空气的威胁,替无产阶级文学艺术开辟了一条广泛发展的道路。在这以前,这个历史任务是没有完成的。"[1]

按照刘少奇在党的八届二中全会上的工作报告(1958年5月5日),在生产资料所有制方面的社会主义革命问题上,是根据毛泽东同志1955年《关于农业合作化问题》进行理论上的解决,并在实践中体现在1955年冬季和1956年春季的社会主义改造高潮中;在政治战线和思想战线上,理论上的解决来自毛泽东同志的《关于正确处理人民内部矛盾的问题》,实践上体现在1957年以来的整风运动和"反右派"斗争。[2]

整风运动的中心问题是处理人民内部矛盾,改进人们在社会主义的劳动中以及其他共同活动中的相互关系。生产资料所有制的社会主义改造,是改变人们关系的前提。也就是说,管理者、脑力劳动者与群众之间的关系,从过去的阶级对立状态改变成了互助合作的同志关系。整风运动就是进一步理顺和巩固这种关系,以发挥社会主义制度的优越性,进一步解放社会生产力。思想战线上的社会主义改造,最终目的就是要在人们心理上消灭剥削阶级和剥削制度的一切残余。[3]

---

[1] 1958年2月,毛泽东对周扬《文艺战线上的一场大辩论》的修改,见《建国以来毛泽东文稿》第七册,第94页。

[2] 见《社会主义教育课程的阅读文件汇编》第三编,人民出版社1958年版,第104—105页。

[3] 同上书,第116页。

九　不断革命的问题

早在 20 世纪 50 年代初，中央领导中就曾经发生过"巩固新民主主义制度"的争论。围绕新民主主义革命胜利后建设怎样的国家的问题，刘少奇同志反对过早地"动摇、削弱、直到否定私有制"和过早地采取社会主义步骤。对此，薄一波《若干重大决策与事件的回顾》[①]专设一章"刘少奇同志关于巩固新民主主义制度的构想"进行了评说。这场争论的实质是，新民主主义革命胜利之后的社会是一种过渡类型的社会形态还是一种相对确定的社会形态。

1850 年 3 月，马克思、恩格斯在《中央委员会告共产主义者同盟书》中指出："民主主义的小资产者至多也不过是希望实行了上述要求便赶快结束革命，而我们的利益和我们的任务却是要不间断地进行革命，直到把一切大大小小的有产阶级的统治都消灭掉，直到无产阶级争得国家政权，直到无产者的联合不仅在一个国家内并且在世界一切占统治地位的国家内都发展到使这些国家的无产者间的竞争停止，至少是直到那些有决定意义的生产力集中到了无产者手里的时候为止。对于我们说来，问题不在于改变私有制，而在于消灭私有制，不在于掩盖阶级矛盾，而在于消灭阶级，不在于改良现存社会，而在于建立新社会。"[②] 马克思在 1850 年的《1848 年至 1850 年的法兰西阶级斗争》中，还进行了如下表述："这种社会主义就是宣布不断革命，就是实现无产阶级的阶级专政，这种专政是达到消灭一切阶级差别，达到消灭这些差别所由生产的一切生产关系，达到消灭和这些生产关系相适应的一切社会关系，达到改变由这些社会关系产生出来的一切观念的必然的过渡阶段。"[③]

1905 年 7 月，列宁在《社会民主党在民主革命中的两个策略》一文中，就明确指出，民主革命的胜利与社会主义革命的开始是一个连续的进程。同年 9 月，列宁在《社会民主党对农民运动的态度》一文中，提得更加明确："在实践上，在奴役性的、农奴制的大地产占优势而实现大规

[①] 薄一波：《若干重大决策与事件的回顾》上卷，中共中央党校出版社 1991 年版。

[②] 《马克思恩格斯选集》第 1 卷，人民出版社 1972 年版，第 385 页。

[③] 同上书，第 479—480 页。

模的社会主义生产的物质条件尚未具备的地方,这可能是把土地转归于小私有农民阶级掌握;而在民主革命完全胜利的条件下,就可能是实行国有化;也可能是把巨大的资本主义地产转交给工人协会,因为我们将立刻由民主革命开始向社会主义革命过渡,并且恰恰是按照我们的力量,按照有觉悟有组织的无产阶级的力量,开始向社会主义革命过渡。我们主张不断革命。我们决不半途而废。"①

1958年1月21日毛泽东在南宁会议上的结论提纲中,谈到了不断革命问题,对于中国革命给出了到那时为止的一个完整的路线图,在"不断革命论"部分,他给出的是:"夺取政权——土地革命(民主主义的)——再一次土地革命(社会主义的)——社会主义的思想的政治的革命——技术革命。"并进行了具体的分析:"从1958年起,在继续完成思想、政治革命的同时,着重点应放技术革命方面。当然是经济与政治、技术与政治的统一,年年如此。思想、政治是统帅,是君,技术是士兵,是臣,思想政治又是技术的保证。阶级消灭以后,人与人之间的思想政治斗争,或革命,继续进行,但性质变了。国家权力,在对内职能上,逐步地不存在了,现在对劳动人民也已基本不存在了——说服而非压服,打倒官气,十分必要。政治家,一定要懂得一些业务,在农业是试验田,在工业试制产品,两者都用比较法,在同一条件下,先进与落后比较。企业与企业比,车间与车间比,个人与个人比。技术方面比,政治方面也要比,看谁领导得更好。"②随后,1958年4月15日毛泽东同志在《介绍一个合作社》一文中,更完整和规范地提出社会主义革命的路线图:社会主义的经济革命(生产关系的改造)、政治革命、思想革命、技术革命、文化革命。③

应该说,在西藏基本完成新民主主义革命后,如何向社会主义过渡的问题上,已经不存在理论上的争议了。西藏地方之所以在土地改革后稳定了一个比较长时期的个体所有制,并不是所谓"巩固新民主主义制度"的问题,而是从当时西藏的实际情况出发,让人民有休养生息的机会。而且,在全国绝大部分地区已经完成社会主义革命的背景下,西藏一地推迟进行社会主义革命,无碍于大局。

2011年

---

① 《列宁选集》第1卷,人民出版社1972年版,第634页。
② 见《建国以来毛泽东文稿》第七册,中央文献出版社1992年版,第25—26页。
③ 同上书,第177页。

西藏民主改革：被延迟的革命

  现在，西藏正在面临着一次和平的革命，这就是全国人民代表大会决议所指出的、西藏广大人民所期待已久和迫切要求的民主改革。这是一场革命，是一九四九年前后席卷中国大陆的人民大革命在西藏的继续。这场革命，在西藏和平解放以来的八年中，一直因为原西藏地方政府的阻挠而拖延了。在叛乱平定之后接着进行的革命，将是一场和平的革命，就是说，不流血的革命。西藏人民对于西藏的没有参加叛乱的上层阶级将采取赎买的政策，就跟汉族地区对待民族资产阶级的政策差不多。因为在西藏人民的背后，有全中国已经完成了民主改革和社会主义改造的几亿人民的支援，有充分的条件这样做。
  ——《人民日报》编辑部文章《西藏的革命和尼赫鲁的哲学》（1959年5月6日）

  关于西藏的民主改革，有一个认识是确定的：在中国共产党领导的伟大的新民主主义革命中，西藏革命是其中一个组成部分，是一场必须进行的革命，同时，它又是一场被延迟了的革命。
  1956年，内地社会主义改造（社会主义革命）基本完成的时候，西藏的生产资料所有制方面的民主改革还没有真正展开。而就在这一年，中央又决定从1957年算起实行"六年不改"的方针。也就是说，如果不发生1959年全局性的叛乱事件，西藏民主改革至少将在1962年之后进行，具体什么时候进行要看国内和西藏地方形势的发展变化情况而定。

一　西藏民主改革中社会制度改革的必然性

  西藏和平解放的实现，社会制度改革的必然性就已经没有任何疑义了。

　　新中国成立前，着手筹划解决西藏问题时，社会制度"改革"就是其中的关键词，唯有实行改革，西藏的发展问题才能得到根本上的解决。关于改革，《中央人民政府和西藏地方政府关于和平解放西藏办法的协议》（即"十七条协议"）明确的是："有关西藏的各项改革事宜，中央不加强迫。西藏地方政府应自动进行改革，人民提出改革要求时，得采取与西藏领导人员协商的办法解决之。"在其后的8年里所发生的种种事件，莫不与此有关。事隔数十年，达赖集团和其舆论支持者，一直在有意对这一条文避而不谈，而只是强调"对于西藏的现行政治制度，中央不予变更"条文，似乎协议中只是规定了不改革的条款。

　　1950年7月，邓小平在西南地区少数民族工作会议上说：少数民族地区，"改革是需要的，不搞改革，少数民族的贫困就不能消灭，不消灭贫困，就不能消灭落后"。"要在少数民族地区研究出另外一套政策，诚心诚意地为少数民族服务。"①

　　早在"十七条协议"签订之前，李维汉就在中央统战工作会议上的报告中指出："各民族内部制度的改革，是各民族人民自身解放所必需，但任何少数民族的内部改革，必须是该民族内部广大人民群众自己的运动。必须在他们之中的干部与群众的觉悟程度、组织程度以及其他条件成熟了的时候，这种改革才可以进行，才能实现。一般地说，各少数民族的情况极其复杂，群众觉悟和革命力量的增长较为缓慢，因此对他们内部制度的改革，必须采取慎重缓进方针，切忌主观急躁，或机械地搬用汉民族中的经验。在开始进入少数民族区域的时候，要用一切办法去争取当地民族的谅解和信任，消除他们的疑虑和顾忌。在工作进行上，一般要注意首先搞好上层关系，联合各民族中愿意接近我们的人，甚至是反动阶级中的人，以便于破除过去的民族对立，接近广大群众，发现和教育他们中的积极分子，从而建立初步的工作基础。"②

---

　　① 《邓小平文选》第1卷，人民出版社1989年版，第164页。
　　② 1950年3月21日，见国防大学党史党建政工教研室编《中共党史教学参考资料》第19册，1986年，第113—114页。

二 西藏民主革命的准备

"一九四九年中国人民解放战争在全国范围内取得了基本的胜利,打倒了各民族的共同的内部敌人——国民党反动政府,驱逐了各民族的共同的外部敌人——帝国主义侵略势力。"("十七条协议"前言语)这是西藏得到解放的基本前提;而西藏和平解放的基本实现,也就标志着西藏进入了民主革命的准备阶段。西藏和平解放的标志性事件——"十七条协议"的签订,为完成反帝任务的完成准备了必要的社会条件。中央在收回外交权,结束西藏地方对国家的非爱国主义态度和行为的同时,生产资料所有制方面的民主革命的准备工作实际上已经开始进行。

中央认识到了西藏改革的长期性,这种认识应该说在进军西藏之前就已经有初步的想法,不过最终形成是在进军西藏之后,通过与当时西藏上层的协商与斗争中完成的。

在处理"人民会议"事件时,1952年4月6日中央发出的指示说,"我们要用一切努力和适当办法,争取达赖及其上层集团的大多数,孤立少数坏分子,达到不流血地在多年内逐步地改革西藏经济政治的目的","只要我们对生产和贸易两个问题不能解决,我们就失去存在的物质基础,坏分子就每天握有资本去煽动落后群众和藏军反对我们,我们团结多数孤立少数的政策就将软弱无力,无法实现"。"目前不要改编藏军,也不要在形式上成立军分区,也不要成立军政委员会。暂时一切仍旧,拖下去,……在西藏上层集团看来,目前全部实行协定和改编藏军,理由是不充足的。过几年则不同,他们可能会觉得只好全部实行协定和改编藏军。如果藏军举行暴乱,或者他们不举行一次,而是举行几次,又均被我军反击下去,则我们改编藏军的理由就愈多。"[①]

中央的这种态度,也是一种无形的压力,西藏地方政府不可能无限期地延迟下去。这当口,经政务院批准,班禅堪布会议厅于1953年3月实

[①] 见中共中央文献研究室、中共西藏自治区委员会、中国藏学研究中心编《毛泽东西藏工作文选》,中央文献出版社、中国藏学出版社2008年版,第62—64页。

行委员会制,并于 9 月公布了减免债务和部分乌拉差役的方案①。这样的局面,促使达赖喇嘛授命噶厦和基巧堪布,要他们与四大仲译钦摩和四大孜本提出方案。他们建议先设立一个改革机构,并提出 7 条实施方案报达赖,达赖批示召开"春堆"讨论。1953 年,噶厦成立了以阿沛·阿旺晋美、索康·旺清格勒共同主持改革局,以为西藏的民主改革进行准备工作。

1953 年,西藏地方政府改革局发布了《关于减免旧粮债办法和处理牧区钱债等办法》②,规定欠债户中,除富户外,其他中下等户,又分为上中下三等,凡是 1949 年所欠噶厦、寺院和贵族的粮债,均应分别情况进行减免。欠噶厦的,中上等户减本 1/10,中中等户减本 1/8,中下等户减本 1/5。债本在按上述规定扣除后,仍以 1/10 年利率计息。对下等户利息全免,本减一半。欠寺庙的,凡利息已并入债本的,中上等户本利减 1/4;中中等户减 1/3;中下等户减 1/2。凡利息未并入债本的,中上等户本减 1/10,利减 1/3;中中等户本减 1/8,利减 1/2;中下等户本减 1/5,利减 2/3。对于确无偿还能力的贫苦户,本利已合并者,减 5/6;本利未合并者,本减 1/2,利全免。此外一切粮债,由于债务人和保人皆无,而由接种该债务人和保人的差地代为偿还的,不再由接种差地人负担。欠寺庙活佛和喇嘛的,欠贵族关于的,利已并入本的,中上等户减 1/3,中中等户减 1/2,中下等户减 2/3;利未并入本的,中上等户本减 1/8,利减 1/2;中中等户本减 1/5,利减 2/3;中下等户本减 1/4,利减 4/5。凡确无偿还能力及欠债户死亡而由保人代还的,本减 4/5,利全免;利已并入本的,减 19/20;欠债人和保人全无,由接种人代办为偿还的,本利全免。

该办法规定,减免后的粮债从 1953 年起一律停止生利。减免后,欠债数在 10—1000 者,应按债务人偿还能力大小,在 10—100 年的期限内还清。凡债主强收债户土地抵债的,一律于 1953 年秋后退还原主。

该办法对于今后三种领主的放债做了新的规定,噶厦放债利率为 10%,寺庙不得超过 20%(即借五还六),其他如大小活佛、寺庙的大喇

---

① 班禅堪布会议厅委员会主任詹东·计晋美 1955 年 3 月 9 日在国务院第七次会议上的报告,见《周恩来与西藏》,第 61 页。

② 参见《藏族社会历史调查(一)》,第 152—153 页。

嘛和贵族官员则不得超过12.5%（即借七还八）。此外，禁止其他种种敲诈勒索，如收债时，先收"看样银"，量头的"冒尖"，逾期罚粮和向收债人请求交粮的费用，借债时的送礼，送鸡蛋、银两等。

"关于'减免债务'的作用和意义，从很多材料来看，它在实际上并未解决什么问题，在形式上把农奴欠债减去一部分，并停止生利，然后要农奴在若干年内还完，每年还定下偿还数，到期不还仍要生利。其作用是刺激欠债者还债的积极性。对于减免一部分债务的规定，许多债主并没有遵守，并且作完'该解'后，索取了大量土地抵债。减免债务办法是丝毫没有危害放债人根本利益的，放债人所'得'比所'失'要大。所以，减免部分债务是一个很有欺骗作用的要债办法。其中一部分减免较多，或全免者，当可得些实利。"① 改革局于藏历木马年（1954年）一月十七日发布了《关于根据协议改革社会制度的布告》②，主要精神有：为保证佛事活动开支，调查清理收回贵族多占土地，尽量维持收支平衡；各地宗溪僧俗官员平时不能擅离岗位；农民所需粮食、种子、肥料、农具等应设法解决，不能耽误农时；各宗溪在税收上，兼顾政府收入和群众生活；开垦荒地的按1/10收税，减轻差役负担；搞好藏汉团结和内部团结等。

可以做出一个判断：这是一个根本未触及社会制度的改革方案，而且相关条款具有很大的灵活性，缺乏强制执行的保证，不过是一篇八股文而已。

1956年4月的西藏自治区筹委会成立大会上，班禅方面表现出积极的姿态，这种姿态是真诚的。具体表现是，班禅本人和堪厅最重要的官员之一的计晋美，在发言中积极赞成改革，提出带头在堪厅所属的春堆庄园进行民主改革试点，为改革封建农奴制度、解放农奴和奴隶摸索经验。筹委会成立大会上，由于堪厅方面首先提出改革问题，因而成为讨论的一个焦点，"昌都地区已有了改革，态度非常积极；后藏方面，以班禅为首的堪厅负责人都积极拥护改革，愿意先行试验；但噶厦方面的代表则沉默不表态；而三大寺的代表则公开反对改革，他在发言中指出，要考虑到改革带来的后果。由此看来，改革何时进行？如何改？一定要注意政策，多做细致的工作，争取这几方面的意见统一，才能着手；否则，会引起西藏内

---

① 参见《藏族社会历史调查（一）》，第153页。
② 布告译文见《西藏文史资料选辑》第九辑附录，民族出版社1999年版。

部的不团结"。①

对于筹委会的成立和对大批西藏上层人士的工作安排,筹委会秘书长阿沛的说法是正确的,"我体会当时中央的意图,是要通过筹委会的工作,把原有的贵族官员锻炼、改造、培养成为国家工作人员,为对西藏的旧政权进行和平改造,使之和平过渡到自治区的人民政权做准备。只是由于上层反动集团的干扰破坏,中央的这一意图没有能完全实现,西藏自治区迟迟未能成立"。②

改革事宜在西藏内部已经开始出现,1956年,班禅在后藏建立了机械学校,主要用来培养各方面的专门人才,1958年在正式成立机械管理机关时,班禅谈到过它的作用:"现在的制度非常落后,而今我们堪厅政府的经济快要形成青稞状态了。青稞的样子是两头细中间粗。我们上面的政府和下面的百姓都极穷,而中间的一群贵族却吃成了大胖子。这是贵族们亏待政府,勒索百姓造成的。我为了改革以上弊端,拟建一批机关和学校,首先使政府富强起来,然后利民,而能否成功取决于政府的公职人员。今后,机械学校设军事和文化课,未取得该校毕业者,将不被委任为堪厅政府的官员。"③

1956年5月26日当雄机场修建完成。这是1万名解放军官兵和来自西藏104个宗的6500名民工在西藏军区领导人和噶厦官员的指挥下,经过4个月的努力完成的。机场工程完成后,民工自愿参加了拉萨到泽当公路的修筑。民工代表65人在拉萨拜见达赖喇嘛时,呈交了《要求早日对西藏进行民主改革的报告》,通过创刊不久的《西藏日报》的宣传,成为当时有政治影响的事件。

1956年8月25日工委统战部《关于最近一个时期各阶层代表人物的思想动态的通报》:阿沛、饶噶厦两噶伦曾表示愿意将庄园交出来搞改革试点;擦绒札萨表示想在自己的庄园上半一个生产合作社;拉鲁愿意把他的房子变成学校、医院或一个工厂。拉恰门堆巴说,藏政府改革会议讨论发薪问题时,就已签名赞成交出庄园。班禅额尔德尼更重视在春堆溪卡试

---

① 王以中:《随陈毅进藏日记》,载西藏自治区政协文史资料委员会编《西藏文史资料选辑》第18辑,民族出版社1999年版。
② 阿沛·阿旺晋美:《西藏历史的伟大转折》,载《中国藏学》1991年第1期。
③ 拉敏·索朗伦珠:《缅怀十世班禅洛桑赤列伦珠确吉坚赞贝桑布》,载西藏自治区政协文史资料委员会编《西藏文史资料选辑·怀念十世班禅副委员长专辑》,1989年6月。

行改革的工作，说试办的好坏会对全区发生影响。帕巴拉堪穷表示，昌都的土地几乎全是我们寺庙所有，只要帕巴拉活佛说一句话就行了。但夏苏说，"不同意谈什么改革"，即使改，"改革的手段要好"。台吉德赖拉布旦和堪仲曲康·洛桑曲旦说，"可以不改寺庙，至于寺庙今后的收入够不够，他们不要管，据说哲蚌等寺的喇嘛都主张不进行改革"。还发现有的贵族、寺庙出卖庄园，分散财产。鲁康娃去山北他自己的庄园时，一喇嘛要打他，还说："以前你骑在我们头上，现在你还想欺负我们吗？"还反映，噶厦已很长时间不办公，工作陷于瘫痪。达赖在六七月间曾找噶伦开会，提出要整顿噶厦，并表示："对于债务、乌拉等可以考虑全部废除，至于因此而给政府增加的开支，可以请求中央补助。"随后，噶伦等开了两天会，提出废除执行前请求中央补助，经中央批准后再执行。改革试办得由筹委会统一领导，还提出参加筹委会工作的官员要"定期开会汇报和请示"等。

通过处理旺杰平措事件，1957年12月30日筹委会召开第23次常委会，通过了《关于免去西藏各族人民参加国家机关工作人员、学员的人役税的决定》：今后西藏地区的地方政府、班禅堪布会议厅委员会和昌都地区人民解放委员会所属的各宗、溪和主管头人，不得对西藏各族人民参加国家机关工作人员、学员和学生本人继续摊派各种人役税；不得转而摊派他们的家属支应；对上述人员，绝不允许直接或间接地加以迫害。筹委会还做出《关于重判本根却珠毒打学员旺杰平措案件的决定》：此案虽经基巧办事处予以判处，但这些处分不仅过轻，而且在执行时本根却珠对旺杰平措极其蔑视，本根却珠的妻子也有教唆和参加犯罪的行为。据此，重判如下："由本跟却珠家给旺杰平措献哈达并赔偿医疗费藏银3000两，得由本根却珠夫妇亲自献送；判处本根却珠拘役4个月、格登拘役2个月，前后依次执行。在拘役期间对其夫妇进行教育，使他们深刻认识到：对力求爱国、进步的国家干部或参加学习的人员，除了衷心地爱护外，不得有直接或间接地进行迫害的思想和行为。"

1958年1月8日《西藏日报》刊登了筹委会的决议和决定，并配发了社论：这是"支持反帝、爱国、团结、进步，反对分裂和倒退活动的有力措施。这对今后西藏各族人民的革命干部的逐步成长具有重大而深远的影响，完全符合西藏各族人民的利益。这是一项能表达西藏人民意愿的决议和决定，是有关保护藏族干部和学员，使他们安心岗位工作和安心学习的一项重大和必要的措施"。3月9日，中央电复西藏工委，同意这一决议，认为"对于保护藏族干部使他们免遭封建贵族这方面的打击，对今后培养藏族干部的工作都是有好处的，并且也在群众中扩大了党的政治影响"，也指出，现在西藏不进行民主改革，对于免除人役税这一类的斗争，可以适可而止。

这一事件的处理，在一定程度上触动了旧制度，加拿大藏学家谭·戈伦夫在谈到这一事件时，曾做过这样的分析："有时候，中国人不得不被迫作出一些棘手的决定。……如果这一事件不处理，将会助长其他封建主不让他们的农奴与汉人合作。反之，如果出面调解，将意味着徭役制度的较大改革，最后中国人决定进行干预，不让所有西藏干部再服乌拉徭役。这鼓励农奴更加愿意当干部，从而进一步分化了西藏社会，更加孤立了封建上层人士。"①

三　西藏民主改革被延迟的几个原因

当和平进军西藏的任务基本实现之后，根据协议开展改革工作应该成为下步与噶厦协同工作的重点。而1952年三四月间的"人民会议"事件，是在和平解放西藏基本完成之后的第一次围绕改革问题的重大较量，虽然得到了"恰当"的处理，但在实际上却直接导致了改革的推迟。

但是，和平解放基本实现的意义仍然十分重大，它直接规定了一个"古老"社会形态的未来走向，这就是社会主义道路。1956年自治区筹委会的成立，在客观上造成了一种局势：西藏地区的民主改革即将大规模地展开。而且在当时主持工作的地方领导人身上也体现了这一点。实际上，在筹委会成立之前，西藏工委召开党代会，即已提出民主改革准备的安排。② 1956年4月，昌都地区抽调丁青中心县委书记、各县军事代表等十多人，参加张向明带队的西藏工委赴甘孜学习土改工作团，到甘孜州学习民主改革经验。

---

① ［加拿大］谭·戈伦夫：《现代西藏的诞生》，伍昆明等译，中国藏学出版社1990年版，第188页。

② 1956年3月昌都召开党代会，贯彻西藏工委党代会进行民主革命准备工作的精神。

这里还有一个全国背景的因素在内，1956年3月内地完成了社会主义的"三大改造"，那个时期日新月异的局面，对于西藏工作是一种触动。

1956年5月31日，张国华陪同陈毅副总理乘坐试航成功的飞机返京，以后就留在北京治病；张经武也和代表团一起离开西藏到北京，这样，西藏工委工作就由副书记范明主持。"在当时的情况下，他本来应该按照中央的指示，继续宣传西藏实行民主改革的必要，宣传党在西藏进行改革的方针政策，尽力稳定西藏的形势。但范明同志却离开毛主席、党中央的指示，急躁冒进。全面铺开民主改革的准备工作，搞起了大发展。"[1]

基于对形势的判断，西藏工委认为改革的时机已经成熟，1956年6月30日，西藏工委向中央上报了《关于西藏地区一九五六年至一九六〇年五年规划的初步意见》，对形势做出这样的判断："西藏目前的政治形势，已经进入了一个可能进行和必须着手进行民主改革的新阶段。"提出了比较完整的民主改革和民主改革准备工作的方案：改革的任务是，"废除农奴封建制度，实行人民的人身自由和政治平等，废除封建领主的土地牧场占有制，实行土地、草山、草场的牧民集体所有制，废除农民对封建领主的债务和乌拉，废除封建阶级的一切特权，消减商业中的封建性，并在民主改革的过程中，适当地、逐步地结合对农牧业和工商业的社会主义改造，解放社会生产力，改善人民生活"。"今冬明春"在昌都和班禅地区实行民主改革重点试验和大力宣传；各宗成立公安警察，全区共4000—6000人，另全区再增人民武装、经济警察2400人；吸收培养4万到6万名本地藏族干部；发展当地藏族党员2万—3万名，团员3万—5万名；从内地增派6000名干部；成立西藏各级工会；发展藏族工人5万到7万人；大力扩大青妇组织等。[2] 废除乌拉、旧债、调整新债；充分发挥筹委会的作用；准备在次年下半年成立西藏自治区；解决藏币问题；整编藏军，改为解放军或公安部队；打击"人民会议"活动；降低物价，等等。提出，要在到1960年的五年内，"西藏地区的总任务就是在西藏地区逐步地完成民主改革"。

1956年7月10日，西藏工委确定民主改革要大力宣传和重点试办：

---

[1] 张向明：《关于原西藏工委内部分歧的情况报告》，铅印本2002年，第61—62页。
[2] 《中共西藏党史大事记》，第64—65页。

"西藏的民主改革已经提上了议事日程,由于达赖、班禅在自治区筹委会上提议并经过会议全体通过,事实上已用法律形式固定下来。过去我们对这个形势估计不足,现在必须抓紧这个机会,大力进行宣传和重点试办工作。"并拟定了宣传大纲,要求在各阶层开展广泛宣传。同时要求的还有在社会上开展建党、建团工作。

为了准备民主改革,西藏工委报请中组部,1956年7月开始,从各省市抽调大批干部陆续进藏,在社会上也开始吸收大量藏族干部职工,全区干部从1952年底的1791人增加到1956年底的6157人[1],"工委作了培养藏族干部计划上报中央,范明同志给西藏日报写了文章,人民日报也发了消息,这年全区总共吸收了近万名农牧民子女"[2];西藏工委要求各分工委对民主改革"大力进行宣传和试办"。此时,昌都地区各县吸收大批农牧区青年参加藏族干部训练班,"迎接民主改革工作"。

"由于在范明同志主持下,工委提出了一系列过高、过急的要求,全区出现了增加机构,扩大编制,增加人员的大发展局面。加之在我们的宣传鼓动下,很多群众联名要求改革,形成了'山雨欲来风满楼'的气势。上层人士很恐慌,有的甚至铤而走险,以武力对抗,形势很紧张。"[3]

对于1959年前为民主改革所做的工作,多为在不恰当的时机所进行的不成功的尝试。实质性的民主革命,只能是在1959年后。

从现有文献看,最先意识到需要停止进行改革宣传和试点工作的是毛泽东主席,1956年8月18日,他在给达赖的复信中说,"现在还不是实行改革的时候",需要等各方面想通了、都安排好了再做这件事。实际上,到这个时候,自治区筹委会只能在形式上起到一点作用。作为向正式的自治区成立的过渡机构,要等到1959年后才有了可能。

1956年"九四指示"中关于"六年不改"方针的发出,成为一个转折点。应该说,到这个时候,对于西藏地区推迟进行民主革命,至少在中央是形成共识了的。西藏工委副书记张国华在八大会议上的发言中谈道:"党所主张的团结的原则是反对帝国主义、爱护祖国。凡是拥护这一原则的人,不分民族、不分阶层、不分信仰,都应该紧密地团结起来,结成反帝爱国统一战线,为建设祖国建设新西藏而努力。在统一战线中,我们对

---

[1] 《中国共产党西藏自治区组织史资料(1950—1987)》,第17页。
[2] 白云峰:《西藏民族学院前身西藏公学的创建》,载《西藏党史通讯》1987年第2期。
[3] 张向明:《关于原西藏工委内部分歧的情况报告》,第62页。

于上层人士要坚持长期合作的方针,并在合作中帮助他们进行自我教育,逐渐成为建设西藏的有用的人才。对于极少数仍然采取非爱国主义态度的人们,则希望他们能够及早觉悟,回到祖国人民的怀抱中来。"①

1957年1月召开的西藏工委扩大会议,认真学习了中央"九四指示",检讨"大发展"的错误。1957年2月,西藏工委拟定了《一九五六年工作基本总结和一九五七年的工作方针与任务》,提出"适当收缩、巩固提高,稳步前进的方针"。

1957年2月27日,毛泽东主席在最高国务会议第十一次(扩大)会议上发表《关于正确处理人民内部矛盾的问题》的讲话,指出:"西藏由于条件还不成熟,还没有进行民主改革。按照中央和西藏地方政府的十七条协议,社会制度的改革必须实行,但在何时实行,要待西藏大多数人民群众和领袖人物认为可行的时候,才能做出决定,不能性急。现在已决定在第二个五年计划期间不进行改革。在第三个五年计划期内是否进行改革,要到那时看情况决定。"中央"九四指示"下达半年后,"六年不改"方针通过毛泽东主席讲话的方式正式向外界公布。

1957年6月16日筹委会常务委员会做出了"关于整编机构和减少汉族干部的决议",自治区筹委会机关撤销合并了一些机构,将筹委会民政处、公安处、司法处合并为民政处,建设处、工商处、财政处、农林处、畜牧处合并为财政处,撤销财经委员会,全区成立不久的基巧办事处全部撤销;撤销了拉萨、丁青、波密、山南等分工委(改为工作队)和除亚东、丁青、江达三个宗以外的其他宗党委,71个宗办事处除昌都地区的外一律撤销。各项改革实验均被停止。汉藏族干部、工人、学员从45000人减少为3700人,其中汉族工作人员精减92%,陆续调回内地;撤销一大批工作机构;太昭以西总共不超过8000人(含部队)。

西藏军区采取"保点、保线、自卫作战"的原则,对部队进行了缩编和部署上的调整。全区兵力主要集中在拉萨、昌都、日喀则、阿里、当雄、江孜、宁静、察隅、黑河、泽当、塔工、亚东、扎木、丁青等14个点。撤销了五十三师,调出了大批部队,只保留一些独立团,军区机关作了相应精简,总员额由原来的39172人减至1.8万人。交通运输方面只保留了一线两段,即青藏公路全线及川藏公路成都至怒江桥、林芝至拉萨两

---

① 《中国共产党第八次全国代表大会文献》,人民出版社1957年版,第309页。

段通车。这种部署，既着眼于控制西藏的全局和等待西藏上层的觉悟，又十分谨慎地采取要点驻兵、重点设防，确保交通干线，加强党政军领导机关及独立要点的防卫能力，以对付可能发生的叛乱武装的袭击。

西藏全局性叛乱发生之前，毛泽东主席就已经明确认识到了，西藏的改革问题发展到了这样一种局面：极有可能要通过一场重大的斗争才会出现改革的时机。出于这样的判断，中央把西藏工作的重点做出了一定的调整，那就是将立足于西藏上层主动进行改革的策略，改变为立足于打，以打促改。

1959年1月22日，毛泽东主席在两份与西藏有关的文件上指出："在西藏地区，现在及今后几年内，是敌我双方争夺群众和锻炼武装能力的时间。几年之后，例如三四年，五六年，或者七八年之后，总要来一次总决战，才能彻底解决问题。""这种战争，很有益处，可以发动群众，可以锻炼部队。最好经常打打，打五六年，或七八年，大举歼敌，实行改革的条件就成熟了。"2月28日，毛泽东再次做出批语："西藏越乱越好，可以锻炼军队，可以锻炼基本群众，又为将来平叛和实施改革提供充足的理由。"[①]

四 西藏改革的基本情况

1959年全局性叛乱的发生，"六年不改"方针自然是不能继续执行，1959年3月22日，中央经由在北京的张经武代表向西藏工委下达《关于在西藏平息叛乱中实行民主改革和若干政策问题的指示（草案）》：因为叛乱的发生，"六年不改"政策自然不能再执行下去，为了保证平息叛乱的彻底性（也就是群众基础的获得问题），消除叛乱的根源，平息过程中必须同时进行民主改革，提出边平边改。3月28日，国务院发布命令，解散西藏地方政府，由自治区筹备委员会代行地方政府职权。民主革命在平息叛乱的同时，在西藏高原展开。

1959年6月28日—7月19日，西藏自治区筹委会召开第二次全体委

[①] 见《建国以来毛泽东文稿（1959年1月——1959年12月）》，中央文献出版社1993年版，第10、12、46页。

员会议，委员和列席代表600多人参加会议，在代理主任委员班禅额尔德尼的主持下，7月17日，通过了《关于进行民主改革的决议》。叛乱发生后，中央与西藏工委先后提出的一系列改革措施和方案比较完整和全面地体现到了"决议"之中，拖延了多年的西藏民主改革由是正式全面开展。"为适应人民当前要求，改善人民生活，发展生产，并为土地改革奠定基础"，7月23日，通过了《西藏地区减租减息实施方案》，为"组织全体农（牧）民，有步骤地实行民主改革，发展农（牧）业生产，改善农（牧）民生活；在农牧民中进行爱国反帝和人民民主以及社会主义的政治教育，提高政治觉悟；实行人民民主的权力，保护劳动人民的利益，团结各阶层人民，巩固祖国统一，加强民族团结，贯彻执行政府的一切政策法令"，决定组织农民协会，通过了《西藏地区各县、区、乡农民协会组织章程》，"区、乡农（牧）民协会在民主改革期间，代行农村基层政权职能"。

《西藏日报》为此次会议配发了社论《迎接西藏民主革命的新阶段》，宣布"西藏开始进入了一个和平的民主革命新阶段"，"这一场革命，是一场和平革命，就是说，是不流血的革命"。

9月20—22日筹委会第三次会议决定，在完成民主改革第一步"三反双减"的地区，转入以分配土地为主要内容的第二步。通过了《关于废除封建农奴主土地所有制，实行农民的个体所有制的决议》《关于西藏地区土地制度改革的实施办法》《关于成立土地制度改革委员会的决定》，通过了关于农村阶级划分的决定和有关牧区政策的报告。此后，土地改革运动迅速铺开，由农会干部、土地工作组干部和熟悉土地情况的农奴代表组成的"土地评查小组"，以乡村为单位按人进行土地分配。

1961年7月筹委会制定"牧业三十条"，开展"三反两利"，建立人民民主专政制度，实行牧民个体所有制和牧主所有制，提出稳定牧民个体所有制，互助组不搞公共积累。到1961年10月全区农村已有90%以上的农户组织了互助组，随着牧主牧工"两利"政策的执行，牧主对牧工的封建奴役关系已被废除[1]。

在收到西藏工委1962年2月2日上报的《关于牧区当前若干具体政

---

[1] 见全国人大常委会副委员长、西藏自治区筹委会代理主任委员班禅10月17日在第二届全国人大常委会第45次会议上《关于西藏工作的报告》。

策的规定》修正稿后,同年9月11日中央在批示中提出两个需要注意的方面:"(一)这几年,在国内一部分牧区,由于没有认真执行以牧为主的方针,盲目地开垦草原,使畜牧业受到很大损失。在西藏所有牧区,都必须集中力量发展畜牧业,切实执行以牧为主的方针。在这些地区,凡是气候、土壤适合的,将来,逐步地、有计划地发展一些农业,对牧业也是有好处的。但这要很好地研究准备。目前,不要提倡牧民开荒,不要提'农牧结合'的口号,不要提出牧民开荒不征公粮。机关、部队不要在牧业区办农场。国营牧场,除有条件的专区可以试办一个以外,其他单位一律不要办。在半农半牧区,农牧民放牧牲畜的草场、牧场、冬窝子,不要开荒;对机关、部队在半农半牧业区开荒,也要严加控制,要经过一定的批准手续,并且必须取得当地群众的同意。(二)在西藏牧业区,应该坚决贯彻执行党的依靠劳动牧民(特别是贫苦牧民和牧工),团结一切可能团结的力量的阶级路线。在五年不办合作社的情况下,要很好地注意执行牧工牧主两利和扶助贫苦牧民的政策。要采取各种办法(例如发放低息贷款等),解决贫苦牧民生产、生活上的实际困难,扶持他们发展畜牧业生产。对于未参加叛乱的牧主、领主、领主代理人,要坚持争取、团结和耐心地进行教育改造的政策。当前对他们的要求应当是:反帝、爱国和拥护党的领导。对他们当中一部分直接经营管理畜牧业生产的人,应当鼓励其经营畜牧业的积极性;对他们参加劳动生产,要坚持自愿原则,自愿参加劳动生产的,应予赞助和鼓励,但不要强制他们参加劳动生产。"[①]

关于西藏民主改革时期的工作,以中央1961年4月发出的"关于西藏工作的指示"最为完整,不进行社会主义改造,"我们在西藏的一切政策的基础,就是放在使农(牧)民富裕之上,让每户农(牧)民的生活天天向上"。

五　略论西藏社会主义革命

1954年9月15日第一届全国人民代表大会第一次会议的《关于中华

[①] 中共中央文献研究室、中共西藏自治区委员会编:《西藏工作文献选编(1949—2005年)》,中央文献出版社2005年版,第281—282页。

人民共和国宪法草案的报告》中专门谈到了像西藏这样的少数民族地区的社会主义改造（社会主义革命）问题："在某些少数民族中进行社会主义改造的事业，将比汉族地区开始得晚一些，而且他们的社会主义改造所需要的时间也会长一些，当这些少数民族进行社会主义改造的时候，社会主义事业可能在全国大部分地区已经有了很大的成效，这些少数民族将来的社会主义改造事业也就会有更为顺利的条件，因为在那个时候国家会有更多的物质力量去帮助他们。少数民族的广大人民，由于看到全国范围内社会主义胜利的好处，也会愿意走这条路。即使还有少数人担心社会主义改造会损害自己个人的利益，国家也会采取必要的政策，妥当地安排他们的生活。所以社会主义改造，在少数民族地区，可以利用更多的时间和更和缓的方式逐步地去实现。现在还没有完成民主改革的少数民族地区，今后也可以用某种和缓的方式完成民主改革，然后逐步过渡到社会主义。在我们国家内，在各少数民族中，任何人只要拥护人民民主制度，团结在祖国大家庭里，就都有自己的光明前途，在社会主义社会中都有自己的出路，这是一定的。"[①]

在西藏地区进行社会主义革命的时候，内地已经完成了这一历史任务。因而，西藏地区的社会主义改造就有了一个很好的参照系。对于社会主义革命的认识，中央经历了一个认识过程，特别是1957年的"反右派"斗争。1957年9月18日《人民日报》社论《这是政治战线上和思想战线上的社会主义革命》指出："在经济战线上，在生产资料所有制方面的社会主义革命的胜利，使我们有更好的条件来进行政治战线上和思想战线上的社会主义革命；而政治战线上的社会主义革命的胜利，又将反过来促进和加强经济战线上的社会主义革命，加速现代化的工业基础和现代化的农业基础的建立。"[②] 政治战线上的社会主义革命，就是要在国家的一切方面把无产阶级的领导巩固起来；通过群众性的辩论，使一切愿意悔改的"右派分子"得到改造的机会，使群众得到教育。对于中间派，要使他们克服两面性，在思想上进行自我改造，过好社会主义关。

土改后建立起来的个体的、分散的经济制度仍然是小农经济，它虽然能一时调动农民的生产积极性，有利于农业的发展，是一个历史的进步。

[①] 《西藏工作文献选编（1949—2005年）》，第112—113页。
[②] 《社会主义教育课程的阅读文件汇编（第一编）》，人民出版社1957年版，第431页。

但这种进步与发展是不可能持久而稳定发展的。它不仅不能抵御自然灾害，而且很快会出现贫富两极分化。所以，土地改革任务完成后，立即面临着走社会主义还是资本主义两种制度的选择。集体化是共和国前30年最基本的农业政策。这一政策的实现，为中国农村、农业、农民走上社会主义道路奠定了的基础。

个体手工业、私营商业的社会主义改造，"过去，西藏的市镇是封建性并带有殖民地性的消费市场，商业不发达，除了手工业，基本上没有现代工业，基本上是农村中小市镇的城乡交流的集散地"①。民主改革后，生产得到了恢复和发展，市场逐渐活跃起来，市镇商业有了发展，西藏工委在1961年底提出，到1965年不实行私营商业的社会主义改造，并将之作为过渡时期，主要任务是创造改造的条件，要求在国营经济的领导下，对私商"利用、限制、加强思想教育"。

稳定手工业者个体所有制并积极恢复和发展，从1961年起，5年内不办手工业生产合作社，以自购自产自销为主，国家扶持为辅；对那些适合在农村分散解决原料、分散生产和分散供应的品种不要都集中到市镇搞。恢复发展有益于国计民生的手工业，无发展前途的逐步组织转产，手工业者可以自行采购原料，推销成品，可以与供销合作社直接进行购销。到1961年底，商业流通有四个渠道，国营商业、供销合作社商业、自由交换、私营商业；逐步建立了按行政区域或行业成立的商业联合会组织和手工业联合会。改造之义并不仅限于组织形式，这一时期真正体现改造内涵者在于服务对象的变化，手工业生产服务对象由为领主服役而转为面向群众和生产；商业活动改变了围绕上层生活方式的经营方式，与此相适应的是一些行业的发展与衰落。

2011年

---

① 见1961年12月31日中共西藏工委《关于市镇手工业、商业若干政策的规定（试行草案）》。

曼陀罗：西藏发展的认识问题

新世纪开端的中国，大事、喜事不断，西藏更多几分欢庆之处：西藏和平解放 50 周年的庆典活动，青藏铁路格拉段的开工，中央第四次西藏工作座谈会的召开。这些重大的活动和事件，与整个国家在这个年份所表现出来的兴盛局面结合在一起，的确令人振奋，对于西藏前景的乐观主义声音成了一时的"最强音"。但是，这种声音掩盖着另一种倾向，有关西藏发展及其延伸性问题未能得到重视。

对于中国社会变革、发展、稳定若干重大问题，思想界进行广泛而深入的讨论的时候，西藏相关问题的讨论显得沉寂，原因有三点。(1) 有关西藏话语本身的敏感性，只有为数不多的自由职业者和生活在内地的人士有所论及，其有碍"政治正确"和所论的偏颇，使它们难以进入公开的媒体（网络由于自身的特点是一个例外）。(2) 为学科发展和知识积累着想，从事藏学研究的国内学者把主要精力放在了技术性层面上（这当然是必要的也是必需的）。(3) 对于西藏认识上有偏差，出现"二重话语的借用"而缺乏对待西藏的历史主义的态度。所谓"二重话语"，一是指直接套用西方有关经济增长和社会发展的理论，未能引入西藏实践所提供的对这些理论修正的参照系，隐含着对于西藏经济和社会发展道路大异其趣的忽视，普遍主义的方法在起作用；另一重是套用内地发展起来的认识模式，未能看到西藏社会发展中的被动性和历史的沉重包袱，学术实践上就是直接沿用他者分析框架和模式（特别是经济方面），对西藏发展中显眼的问题习焉不察。

一　西藏发展的回顾性分析

回顾历史，既是为了以史为鉴，也是为了证明现在；通过追溯历史，来为未来走向提供认识价值。

中国古代中央王朝对边疆地区的统治，与对中原地区的统治相比，在出发点与方式上有较大的差别。而在"因俗而治"和"分而治之"政策下，包括西藏在内的边疆民族地区也出现了"治同内地"的一体化趋势。① 这里有两方面的含义，一方面是进入近代以后，为了抵御外敌而改变旧的行政管理体制，希望通过采用行省制度，以制度变革的方式改变西藏与内地的交往关系；另一方面则是在长期的发展和交往过程中，逐渐形成的一体化趋势。

西藏的近代期从19世纪末20世纪初也就是英印两次发动侵藏战争时期开始。它对西藏社会带来的冲击和国家贫弱之际外交上的变数，随后发生的种种变化（如地方上层开始把眼光认真投向外部世界、对于军事近代化的努力、对于改革社会运作机制的活动等），不论它们的复杂性有多大，也不论外国势力在其中出于利益的要求起了什么样的作用，一个主要的趋势是西藏打开了封闭之门。现代问题由是肇端，到20世纪50年代经历了半个多世纪的缓慢演变过程。它首先是对外部挑战的回应，最初回应的动力在这一整个时期都存在，并且依旧沿着殖民主义的模式在发展变化，在40年代末期，新的回应迅速占据了上风，最终导致了社会的大变迁。

西藏虽然也是在进入近代期（晚于内地）后开始现代化努力的，但到20世纪50年代前并未形成一次现代化运动，我将之界定为"西藏现代化的过渡时期"。② 发生在20年代西藏内部班禅与达赖两大政治集团之间的矛盾，最直接的原因是与扩充军备有关的费用分摊问题（当然还有其他原因），导致了九世班禅出走内地。这从一个侧面反映了西藏基本的农牧业产品收获量无力增长的特点，反映了它在外部世界前的封闭与边缘的地位，任何一点对于经济需要的异数，都能对整个经济结构产生动摇根基的影响，带来财政危机。其时，来自外部世界的物质剩余十分有限，而作为内部来源的贡赋维持在一个较低的水平上，这样一种相对稳定的经济结构下的社会是贫穷的，几乎看不到生产领域技术进步的累积，也就是说生

---

① 参见苏德《试论晚清边疆、内地一体化政策》，载《中国边疆史地研究》2001年第3期。

② 参见郭克范《本世纪上半叶西藏政事的现代性分析》，载《西藏研究》（汉文版）1999年第4期。

产力发展水平处于相对停滞状态。"西藏现代化的过渡时期"并未对社会结构产生有效冲击,近代工业也只出现萌芽,现代价值观念只在少数分子中有所影响,没有扩展到社会中去。直到和平解放后,才在一种自觉的影响工作的促动下及于观念层次,与制度改革的目标前景因素结合在一起,人道、公正的生活成为直接的推动力。

第一次现代化在西藏的真正启动发生在和平解放以后,表现出来的主要特点是在不同时期的政策引导下的实践活动,与反现代性的现代性运动关系密切。[①] 20世纪50年代初的和平解放为其开端,50年代末60年代初民主改革运动以革命性社会变革来实现西藏的现代化转型。社会制度的根本性改变,人身依附关系的打破,成为此次运动的基点,社会改革所打开的新生活之门也就是时下所认识的社会主义制度。由于认识上的差异,不同的时代确立了具有各自时代特色的社会认同指标,并在达到和完善这些指标的社会实践中经历了较长的时段。

西藏当时发生重大变迁的内源力应该是人类普遍共有的求发展、过上幸福生活的愿望,这种愿望的长期受压抑,成了人们的一种潜意识,共产党人所代表的那种生机勃勃的政治力量,正好与之相契合,将之激发出来了,成就了第一次现代化运动。另一重动力是随着社会开放度的增长,带来的观念、制度变革的压力所造成的应对心理。

西藏叛乱的发生、迅速平息以及伴随平叛斗争而开展的社会改革运动,意味着西藏发展的梗阻被冲破,一个历史上从来也没有也不可能有的充满活力的时代来临。

虽然当时不可能明确提出进行现代化建设的政治号召,但是摆脱西藏经济在生产、分配、消费结构上严重不合理的状态,调动人民的创造热情,发展社会生产力,提高人民生活水平,既是社会的要求,也是共产党人所代表的政治力量所开创的新社会所寻求的目标。在这一进程中,尽管对经济发展和社会进步关系的认识上出现了偏差,但现代化发展的框架始终没有受到根本性破坏。从这个意义上说,西藏现代化从50年代至今是一个延续性过程。

---

① 汪晖认为,"马克思主义是一种批判现代性的现代性方案,因为它也把自己建立在历史目的论的逻辑之上。""反现代性的现代性理论"是近代以来中国思想的主要特征之一,这一特征归因于传统因素和近现代中国历史社会危机的语境,参见汪晖《当代中国的思想状况与现代性问题》,载《死火重温》,人民出版社2000年版。

二　新的发展框架分析

1. 现代化问题

将发展冠以现代化的名目，隐含着一种简单化的处理问题的思路。现代化面对的是一种目标，表达的是一种接近的过程，与文化一类概念类似，所指向的目标同样是模糊的。它是发展概念，具有经济目的论色彩，反映的是一种落后状态的心理焦虑。现代化是指社会的全面转型过程。①在社会心理上，人们也许并不将现代化仅仅视为经济的增长，而在具体问题上并不然。西藏的发展是在"乡土西藏""宗教西藏"的基础上开始的，而"乡土西藏""宗教西藏"建立在相对原始的生产力水平下，与之相应的社会制度对秩序起着维护作用。西藏的现代化进程是直接或间接地在西方发展主义观念影响下被卷入的，50年代以后又加上了马克思主义政治思想的大前提。在这种紧张关系中，出现了很多问题（并非当时的问题，而是反思性问题）。

基于一种认识上的考虑，承续长达半个世纪的西藏第一次现代化运动时期，我将新世纪开端作为新一轮的起点，这种简约并非是要舍弃对这一时期内的丰富性和阶段性考察，也不同于一般的历史分期。第一次现代化运动时期所解决的问题是消除发展的制度性障碍，打破与外界交往的壁垒，而新起点所要求的则是建立自身发展的经济基础。如此近距离地进行历史认定，历史深处的复杂性难以"超脱"地梳理清楚，但我仍然希望尽量客观地分析这又一个"起点"所包含的意义；另一层考虑是，我以为现时对重大的认识问题的态度是模糊的，而认识的明晰化则直接关系到新一轮发展的走向。

旧西藏的社会结构模式主要是自上而下的线性结构而非网状结构，横向联系少，几乎不存在自下而上的互动关系。政治结构（也是一种经济结构）上呈现出鲜明的两极分化状态，不存在对缓和两极分化紧张关系起作用的中间阶层、地方精英，政治秩序的文化联系主要依靠宗教社会心

---

① 在此，笔者基本上将现代化概念当作一个值得肯定的概念来对待。对于其中所蕴含的西方中心主义色彩、概念的起源和发展中的复杂关系姑且淡化处理。

理来维系。

长期以来，西藏处于一种不自觉的现代化运动之中，未被说出的"现代性力量"实际上存在着结构性缺陷，在时代政治的追求中更是走向扭曲之地，甚至可以认为，西藏至今的发展是在一个倾斜的航线上克服非现代性的过程。"一个相对缺乏现代性的或现代性不充分的体制……终究会使经济翻车。"① 现代性因素、现代化目标，虽然始终存在着反思性批判，但至今无法逃脱资本主义话语体系的约束，自然也伴生着资本无遏制扩张的因子；汉文化思想中有一个重要观念：天人合一；西藏作为一个环境相对脆弱的地域，其文化也有与"征服自然，改造自然"反其道而行之的思想。我想这些都能给人以借鉴和启发。

2. 援藏工作

援藏，在不同时代有不同的内涵和表现形式。新型援藏工作从20世纪50年代起即已展开，最重要的就是以川藏、青藏公路为主的交通建设。随后（举其大者），1980年中央召开的第一次西藏工作座谈会明确提出，"中央部门和各省市都要做好援藏工作"；1984年中央第二次西藏工作座谈会确定9省市"四十三项援藏项目"，后又启动"一江两河"工程。1994年的中央第三次西藏工作座谈会将援藏工作提到一个新的高度，明确提出"西藏的稳定，涉及国家的稳定；西藏的发展，涉及国家的发展；西藏的安全，涉及国家的安全"和"绝不能让西藏从祖国分裂出去，也绝不能让西藏长期处于落后状态"，把援藏工作与西藏的发展、与全国的发展联系起来，并提出了一个发展目标和确定实施"六十二项工程"。实施"分片负责，对口支援，定期轮换"的方针，中央国家机关和15个省市（最初为14个，后重庆成立直辖市从四川省分出去，而成15个）对口支援自治区直属机关、各地市、大部分县市，选派人员援藏（1995年至今先后有三批援藏人员1953人次，第三批到2004年结束），对口支援省市在对口支援地无偿援建了若干项目（在援助人员到位后陆续确定）。基本上可以认定，从1995年开始，国家有意识地加大了投资力度。

2001年6月召开的中央第四次西藏工作座谈会将这一援藏工作方式加以肯定和延续，提出"西藏的发展、稳定和安全，事关西部大开发的实施，事关民族团结和社会稳定，也事关我们国家的形象和国际斗争"，

---

① 尹保云：《什么是现代化——概念与范式的探讨》，人民出版社2001年版，第5页。

加进了西部大开发等广阔的内涵,援助的力度和覆盖面进一步加大。实际上,演变至今,援藏工作已经形成了一种发展模式,延续多年的发展进入了一个新的阶段,国家援助西藏的政策实实在在地放到了全社会协调发展的大局之中,可以视为今后一个时期的主导操作模式。但其中也表现出了一种被动性,隐含着对创造性的抑制和对市场化取向的背离。

3. 以 2001 年为分析的考察点

现在西藏处于发展的新起点上,新起点的意义是两方面的,一是为发展所注入的力量的变化,一是反思性的,即改弦更张的可能性与必要性。

西藏 2001 年 GDP 为 138.73 亿元,比上年增长 12.8%,全社会固定资产完成 85.77 亿元,增长 29%,投资在经济增长中的贡献率达 80% 以上。三次产业的比重由上年的 31:23:46 调整为 27:23:50。其他方面的增长(外贸进出口例外,下降将近 20%)依然是顺延的发展而已,如中央第四次西藏工作座谈会确定的 117 个建设项目的续建、对口支援项目的建设,并未构成结构性的重大变化。交通建设在投资上大幅度增长(比上年增长 70%);能源建设上的瓶颈制约和结构性矛盾有所缓解;社会保障事业和一些制度性改革在国家统一的政策范围内有所推进。

考察该年度的经济和社会发展的主要指标,反映出来的主要是国家的力量和西藏本身的"随波逐流",应有的调整的努力没有出现。

三 初步认识

西藏经济发展自中央第三次西藏工作座谈会后进入快车道,连续多年保持两位数的增长,发展速度上超过全国平均水平。这里我们应注意它的基本前提:这种发展是在中央和内地省市在人力、物力、财力上的无偿支援的基础上实现的,亦即主要是由外部推动力来实现的。从全国范围来看,为加快经济一体化进程,努力消除东西部发展的差距和巨大的不平衡,以共同发展和协调发展为基础来打牢西藏乃至国家长治久安的基础,实施国家行为的西部大开发战略有着更长远的考虑。在这一过程中,西藏发展中的结构性问题没有得到较好的解决,"他们更关注经济'基础'是如何塑造社会的;但是他们根本没有意识到,一个'社会'是被它与另一个社会的关系塑造的,更没有意识到,所有的社会共同参与一个世界经济这一情况,也塑造着各个社会"。① 存在着单纯发展的思想,没有将促进发展的各种因素放到一个更广阔的背景之中,没有看到这些因素对社会发展的负面影响。

2000年底,区党委全委会提出了以制度创新为根本的"三个创新",如果这一认识是从对社会状况中分析中得来的话,那么,提出的创新方案应该从社会中存在的不公正关系中寻找创新的力量,这种不公正关系溯源只能归结到经济活动的不公正。观念创新也要求对于经济建设与社会制度层面的改造问题,对于西藏比较突出的稳定与建设的问题,以及对于在怎样的社会环境和条件下进行以怎样的方式促进发展,等等,应认识得更全面一些。

新西藏的管理体制,从一开始实行的就是中央直接具体领导。随着时间的推移,这种管理方式有所变化,但没有根本的改变。在事关大局的问题(如对达赖集团的方针政策问题)上仍由中央直接掌握,其他经济社会发展问题,西藏自身具有相当的自主权,但由于西藏不具备自我发展建设的力量,旧的管理方式也只能延续下去。发展建设上主要由国家包下来的政策,也导致地方缺乏主动性和创造性;而且,对于经济社会发展的管理方式上,西藏是"全能性"的,工作绩效评价机制与做实事、提高经济效益、促进事业发展产生矛盾。

拥有宽而泛的国有经济,是实行计划经济的一个重要条件,宽而广的政府管理的存在也随之有了存在的必要性,而在向市场经济转型的过程中,加大了政府管理从直接管理转变到间接管理的难度。西藏不存在大型企业,虽然国有经济所占的份额不小,但经济总量并不大,历史包袱较轻,对一些不应由政府直接投资的领域,至少不用花费很大的精力来推动企业走向市场。从这方面而言,西藏国有经济的力量较弱,某种程度上也能对发展创新带来一些方便之处。同时也因为如此,市场关系的扩展在西藏仍然很狭窄(就全国而言,市场关系对社会生活诸领域的全面渗透正是通过改革计划经济制度尤其是改造国有经济实现的),但随着经济体制改革的深入,这种扩展将只是时间问题。

在全球化的大趋势下,区域化是主流。在西藏讲区域化发展,讲扩大

---

① [德国] 安德烈·贡德·弗兰克:《白银资本:重视经济全球化中的东方》,刘北成译,中央编译出版社2000年版,第55页。

开放，有几层意思。一是小区域化，与国内周边藏区的联动发展。一个不容忽视的事实是，西藏与邻省藏区并不具有同等的扶持政策。没有其他藏区的同步发展，西藏发展的长期性与协调性会受到一定影响。二是与周边南亚邻国的互补性发展。这里的主要影响因素是政治性的，尤其以与印度的边界问题为最。三是与国内西部其他省份和全国大市场内的分工合作发展。现在还受到交通等因素的制约，随着交通条件的改善，一个动态的发展方向将会逐渐显现出来。

四 经济增长与内源性因素

西藏的发展主要是外力推动的结果，在内源性动力不足的情况下，发生着重大的偏离。

1. 西藏经济社会发展的基本格局

在全国发展的整体格局中，西藏的经济规模、发展水平的巨大差距是显而易见的，还有社会发育程度和经济结构上存在严重的不适应性。截至2000年底，西藏的发展状况是，在地域广大、人口稀少情况下的经济规模很小（全区国民生产总值为117.4亿元），缺乏真正体现自治区发展的支柱产业，几十年供给式的财政政策体制，在促进经济社会发展的同时，西藏社会在一定程度上产生了依赖心理。进入新时期，从实施"四十三项工程"到"六十二项工程"，从一些技术性、文化性的领域实施对口支援到全面实施对口支援，成效很大，但与此同时，也在进一步强化供给型的体制。客观地分析，这种政策为改善西藏的面貌和打下初步的发展基础起到了决定性作用，如果依靠自身的力量是根本无法做到的；90年代以来，这一政策在加强西藏与内地的联系，对于促进国人更好地认识西藏、理解西藏，作用可谓巨大；同时这些努力只能是一定时期的必需，发展壮大自身的能力已成为一项十分紧迫的任务。

2. 产业相关性

西藏的发展现状存在着明显的弱关联性，也就是所谓城乡"两张皮"。增长的指数与发展的效果不成正相关关系，发展主要集中在城镇，收入分配不公，技术进步体现弱。从三次产业的构成看，2000年三次产业的GDP比例关系为31∶23∶46，就业结构为72.9∶5.9∶21.2，[①] 20世纪90年代以来产业的变化没有改变这种大的趋势。很明显，产业间缺乏基本的关联，主要是依照国家投入的多少按各自的轨迹发展。而且在乡村内部，呈现自然经济或半自然经济状态。越是交通不便的地方，自然经济的生产生活方式越明显。

促使自给自足经济向货币经济过渡已成为一个突出问题。一般而言，在货币经济形态中，资本的技术性扩张对手工业的冲击最为明显，或者被工业生产替代而遭到破产，或者被彻底改造。而在当今的西藏，传统的家庭性、作坊性的手工业仍然遍及农牧区，且很难感受到生存的压力。说到底，这是一种政治安排下的结果。如果不能处理好关联度的问题，现代化发展就是一个与最广大群众无关或者说是以牺牲他们的利益为代价的发展；也就难以有效回应达赖集团的攻击和诬蔑，他们就还保有潜在的进行破坏的社会基础。

3. 城乡发展的脱节

城乡经济发展的失衡即城乡发展上的差距很大，反映的是在全局性收入分配依靠国家财力支持的前提下，内部收入的不平等。有这样一组数据，2000年农牧民人均纯收入1331元，城镇居民人均可支配收入达到6448元，城乡居民的收入比由1990年的（1685∶649）2.60∶1、1994年中央第三次西藏工作座谈会之前的（3576∶1334）3.68∶1增加到2000年的4.84∶1，2001年则为5.07∶1。即使考虑到统计中的干扰因素，还是可以看出城乡收入差距是十分明显的，"九五"期间农牧民收入年均增长幅度为8.5%，城镇居民收入增长幅度为11.6%。西藏近年来的发展速度不低，但这种城乡差距过大的格局不但没有随之缩小，反而在不断拉大，这是反映在统计数据上的情况；在直观感受上，农牧区与城镇之间的"文明"反差就更突出。80年代以来全国支援西藏，至少在初期，重点在实施"形象工程"，重点在城镇建设方面，也变相地拉大了城乡发展的差距。而且"肤浅的、表面的'现代事物'，并没有在不发达地区传播现代性，而只是增加了社会中高消费阶层与贫困人口的反差"。[②] 公共服务方面，农村更是无法与城镇相比，在一些领域如医疗上，虽然对贫困农牧民

---

① 本文所涉及的2000年数据主要来自西藏自治区统计局编《2001西藏统计年鉴》，中国统计出版2001年版。

② 见《什么是现代化——概念与范式的探讨》，第232页。

有一定免费医疗的政策，但是相关设施水平低下，使政策作用的发挥大打折扣，更遑论交通、教育和现代文化服务等方面的差距。在评价"九五"成就时，有这样的基本估计，农村"绝大多数群众的温饱问题得到基本解决，部分群众生活达到小康水平"，"城乡居民的衣食住行条件明显改善，物质文化需求层次、生活质量和健康水平有所提高"（2001年9月区党代会报告）。由于城乡之间和乡村内部巨大差距的存在，上面的这一基本评价意义不大。

4. 差距的社会后果

西藏社会的单极繁荣，对地域和人口规模更大的方面（农牧区、农村人口）而言，是严重的内需不足，社会缺乏促进经济发展的购买力。① 这样的社会要实现全面的现代化发展就是一个难以企及的梦想。

当政府的经济管理行为、当社会改革所涉人群无须承担改革的成本和社会为之提供财力支持的情况下，社会不平等的产生和持续扩大，也就只涉及个人先天禀赋的差别以及后天个人的努力，收益的不均与社会再分配基本无关，所以西藏并没有出现像内地那样的分配性冲突。比较受损一方对安全、社会稳定的需求与他们所行使的经济权利、生活方式和生产方式没有产生对立性因素。

西藏城乡居民收入的构成情况呈现互不影响的局面，农村处于一种与城市经济不相干的水平上，国家对他们基本没有负担要求；农村居民收入问题中还有一个与内地不同的地方，在一些群众中一方面现金收入很少，同时又拥有较多的粮食、牲畜。这不完全是一个"惜售""惜杀"的问题。对他们来说，可能是适宜的生存方式的选择，解决这一问题的途径重点放在转变农牧民观念而没有必要的辅助措施，是徒劳的。另外，区域内一体化程度不高也起了一点防范作用，低水平下的经济平衡，以家庭或以小而封闭的小区域为单位的自足经济还比较普遍。

因为群众与政府只存在单方面受益性的经济关系，义务承担严重不成比例，对政府的认同感会比较淡，政府将面临失去群众基础的可能，外因的涉入便可能动摇基础，这是第一。第二，各个地域和人群间的收入差距

---

① 就经济大国的情况看，其经济形态一般都是内需主导型的，美国2000年外贸依存度为20.7%，日本为20.1%，我国同期为44%左右。经济学家刘国光先生认为，其中有高估的可能，与我国特定的出口结构有关，也有其合理性，但经济的回旋余地、对外部经济的依赖、对抵御国际经济风险都带来了一定的风险，这也是国家努力扩大内需的一个重要原因。

到了一定程度，政权的"道德基础就将发生动摇"，社会中便会产生经济不安全情绪。[①] 第三，市场萎缩和市场"两分"，现代经济所必需的需求动力会大大受损，经济发展及开拓创新都将难以为继。

谈到农村发展的症结，还有市场发育程度和农牧民群众对进入现代化的生活状态的理解问题，历史和自然的原因也就是我们常讲西藏的特殊性问题，比如生存环境相对恶劣，人口密度小，交通不便利，解放后逐渐形成的供给式的财政体制，文化商业运作中的无端神秘性的渲染培养出的社会惰性（包括思维、观念上的惰性），等等，都在加深着经济社会发展和转型的困难。

对外开放程度低下也是影响西藏发展的一个重要原因，这一点在进出口总额上可以看出（2000年对外贸易总额1.30亿元，其中进口1.13亿元，出口为0.17亿元）。西藏的对外开放主要是在政策主导下的开放，未能走入法律框架下可预见的开放。西藏在很多方面还笼罩着虚幻的神秘性光环，开放的领域和深度的不够，给外界一种难以把握的印象。而且在西藏，非贸易性生产、消费的特征依旧鲜明，这也是一重结构性影响因素。

五　社会运行机制、文化认识问题

在"西藏一九五九"时期，以制度变革为主的社会大转型的合法性基础，在于造福于民的承诺与实践，这一点在现在依然没有变化。服务理念（权自民出）和公开合理地按规操作则是仍有待于完成的将来式。西藏社会浓厚的行政主导的特点，使社会许多方面的运作缺乏一定的透明度，在做事情上交际费用较大。社会资源按计划进行集中分配，个人的报酬与其努力程度没有很明显的相关性。这种意识有两个基本来源：一是随着改革开放由内地带来的封建特权思想、等级观念所造就的形式主义、官僚主义；一是西藏社会所自有的封建观念在社会各阶层中有着深远的影响，在表现上却以前者为严重。社会有明显的两极分化特点，其地方特色很难用通行的社会学理论恰当地画出社会结构图，社会有机性主要体现在局部而不是整体上，传统与现代同时存在而又不是相互融合，整体上的联

---

① 参见王绍光《收入不平等的政治影响》，载《改革内参》2000年第18期。

系是机械的。从这个意义上说，西藏更多地表现出的是"共同体"而非"社会"的特征。

　　实际上，在西藏近代期官员人数最多时也不过四五百人。① 在庄园制经济下，庄园领主承担着一个个小型政治实体的作用，地方政府并未将许多职能承担起来。但是，这种议论没有联系社会结构的分化、细化和社会分工所带来的社会复杂程度所需要的管理成本的扩张（包括机构和人员）。同时，党务、行政系统的最初建立，更多的是体现国家政治生活一体化的内在要求，具体地说，就是一种机构设置的对应关系，诚然在人员规模上有变化，而这种变化并不主要是由社会经济发展状况的需要所决定，而是由相对单一的用人渠道所决定，并通过膨胀而形成。事后分析，如果社会情形允许，当时未尝不可由此推动社会管理制度的创新，但这种假设不可能得到当时社会政治意识形态的允许。

　　亨廷顿在《变革社会中的政治秩序》中，对发展中国家提出了"稳定压倒一切"的主张，表明在外源性现代化社会中的当下，有了更多更"美好"的参照系的存在，如果没有经济果实加以平衡，社会分子中"被遗弃"感增强，就容易导致社会不稳定。而"稳定压倒一切"的口号在西藏是"深入人心"的，但它有时也会成为掩饰失误的借口；不管是否有着必然的联系，有时也出现对稳定的考虑、对民族关系的考虑优于对于通行规则的考虑。诚然西藏最大的政治性困扰莫过于境外存在一个分裂主义政治集团，它的影响也许比我们认为的要大得多。我们所说的达赖问题，并不是一个静态的问题，自50年代至今一直存在着。如果说一直到80年代初达赖问题还显得有些单一，经过了80年代以来的政治变动和流亡集团内部结构、神权观的变化，已随之发生了变化，达赖问题的复杂性大为增加，更由于有一个始终未超脱政治化的宗教集团的或明或隐的影响，这一问题将长期伴随社会环境而发生互动。我们提出要努力消除分裂势力存在的社会基础，宣传教育、加强基层政权建设，从小处看都不失为可行的方子，但最根本的可能还在于如何营造出发展上的群众性休戚相关感和经济的高关联度，从义利层面上让一般人产生对于稳定的依赖性。

　　交往实践条块分割和封闭条件下的政治参与只是形式上的参与，公民

---

① 参见［美］梅·戈尔斯坦《〈喇嘛王国的覆灭〉的分析》，杜永彬译，北京时事出版社1994年版，第6页。

对公共服务、公共政策和公共管理的理解是被动的，公民的参与也就缺乏实质性意义；个人利益多元化空间狭窄，政治参与的社会基础和主动性与实际生活的联系脆弱。为人所称道的"草根民主"建设（村民自治活动）、民众的政治参与问题，乐观的认定中包含了以理论来框套现实的削足适履的做法。比如分析手段中的技术问题（选点数量与样本数量）和理论适用问题，至少对于后者应追究其源，需要引入区域特点、区域内部的地区差异，更重要的是民族意识（历史形成的特异背景下）问题，这里是应该讲特殊性的。将顺从参与视为自觉参与，陷入技术性的数字陷阱中，是其中一个根本的误区。

文化发展上，破旧的工作可谓卓有成效，立新的工作相对滞后。现代文明的大众文化在市场力量驱使下，在城镇发展得较为迅速，其中一些"沦丧"性的方面甚至有如火如荼之感，本土文化中的"精英文化"如服饰文化等方面也有了较大的发展，而在惠及广大群众的本土文化上仍在原有的民间文化的基底上缺乏创新，也就没有形成一种与时代变化相匹配的鼓舞人心的发展。

把现代性归结为一种把自己与时代、与未来关联起来的态度，是福柯（Michel Foucault）在《什么是启蒙?》中表达的观点。应该看到这种态度在西藏的增长，也更应该看到这种态度并没有成为"主流"。与时代的关联，不过是按部就班地过日子，与未来的关联是死后、来生，不是活着的人的延续性未来，说到底是为己而不是为众的幸福观，人生的意义取向没有从神学体系中改变过来，社会的变革只能是被动的，没有现实性的未来可言，社会变革的成就镶嵌进一个荒谬的框架中，而有可能成为社会发展中的四不象。藏传佛教作为一种教理与实践相背离的宗教，对它所覆盖的人群的蒙蔽作用，并没有社会等级之分和阶层之别，同样都是一副锁链。宗教被打上太多非宗教的色彩后，其道德教条便是扭曲的，说教与实践之间是背离的，不会指向人的本性。弘扬民族优秀传统文化也好，引导宗教与社会主义社会相适应也好，需要从这种关系的改造中获得两相其宜的效果。

改变农牧业的内部封闭状况，改造传统产业，对劳动者的文化素质的要求有一个通行的标准，那就是：小学以上文化程度的劳动人口占总人口的比例在5%以上。到2000年，西藏地区的适龄儿童入学率85.8%，已经不低；但是小学学龄儿童入学率还是在1997年以后才达到80%，小学以上阶段学生的在校生比例不高（2001年在有所增长的情况下，初中入学率39%，高中阶段入学率16%），接受初中以上学校教育后返回农牧区的人员更少，本来学校教育就有巨大历史欠账的情况下，西藏农牧区劳动力的平均受教育年限很低。这给提高劳动者素质，推广普及科学文化知识，增加了相当的难度。重视学校教育在扩大惠及面和程度上任重道远，这是提高民族整体文化素质的大事，现代化发展的主要基础条件之一。

中央政府的区域倾斜政策和财政支持必不可少，这种支持在可以预期的时间内仍将继续，力度还会增大。问题在于这种倾斜政策需要建立在西部开发产生内在的动力和形成良性循环的条件上，投入产出率也应引起重视，一个沉重的现代化是大家都不愿看到的。我们还可以换一个角度看待国家对西藏的援助（文中不需要特别说明的地方，均把各省区市对西藏的援助特别是90年代中期以来的援助统称为国家援助，这是一种国家政策推动的结果，对援助方而言获得的更多的是政治意义，也许在西藏经济达到某种程度后会改变这种状况），这就是全国性市场的角度。虽然西藏在1994年就提出，要在建设社会主义市场经济的进程中，与全国"框架一致，体制衔接"，但远未达到预期的目标，还存在着种种人为的和自然的限制性因素，但与全国性市场之间不存在根本性壁垒，可以将援助视为国家对不发达地区的税收调节分配（不仅仅是国家财政的转移支付，现在这还是小头），直接承担着水利、电力、交通、电信、生态环境等公共建设和教育、行政、卫生、扶贫等支出。

六　西藏跨越式发展目标的分析

新一轮发展，西藏提出了现代化的政府性目标，这一目标在2001年6月下旬中央召开的第四次西藏工作座谈会上被规范、统一表述为"两个跨越"，即促进西藏经济从加快发展到跨越式发展，促进西藏社会局势从基本稳定到长治久安。跨越式发展的经济指标在2001年区党代会上确定为："十五"期间，力争国民生产总值年均增长12%以上，到2005年力争人均国民生产总值进入西部地区前列；到2010年，力争人均国民生产总值达到全国中等水平，为使西藏与全国一道进入现代化打好基础。严格地说，这是实现现代化的基础性目标，对于其经济指标，还没有实在的意义分析。

它所强调的是经济总量的增长，人均占有水平的增长，但它在社会发展上的意义究竟是什么呢？其实主要是指经济的现代化，而现代化是现代性在物质的、制度的、观念的三个层面的增加和扩展，物质层面只是其中之一。

跨越式发展在字面上也就是指现代社会的转型。这种转型在不同的国家、社会中动力源并不一致，可以是由经济增长所积累的变革力量来推动，也可以是外在政治变革力量起第一推动力。随着经济的增长，社会结构的分化，关于西藏的新起点的问题，需要追问的是，为可能的发展创造了什么条件？

实际上到 2000 年，西部 10 个省区市的人均国民生产总值为 4606 元，西藏为 4559 元，处于中游水平，远远超过贵州省和甘肃省，与四川省、云南省、陕西省、宁夏回族自治区在同一水平线上。西藏要走上现代化道路，仅仅体现在人均数字上没有多大意义，关键在于经济发展的数字所反映的产业化结构、消费结构和采取什么方式上面。从西藏近几年来的发展实践看，经济的快速增长主要得益于投资拉动，2001 年更是达到 80% 以上。也就是说，西藏经济发展主要是由计划经济方式推动的，市场配置资源的作用十分有限。在所有投资中，政策性资金（中央和全国的无偿援助下的工程投资、无偿支援，说到底，还是属于计划经济体制下的拨款性质的投资）的支撑，资金的投向又主要在基础设施建设方面，投向具有提高区域经济竞争力的方面很少。2000 年西藏地区的财政收入不过 5.38 亿元，财政自给率不足 9%。如果按照"既定"的模式发展下去，"不论人均生产达到何种水平，都不可能转变为自主中心和自我推动的增长"。[1] 跨越式发展从小处看，是为了避免出现"他者"在发展过程中的不必要弯路，从大处看，则是国家协调平衡发展的需要。经济发展是现代化运动中的重要目标，但没有人文的同步发展，没有社会的进步，经济发展不可能是可持续的和良性的发展。

增加农村居民的收入，缩小城乡差别，已经越来越显示出重要性，也是新一轮发展的题中之义。第四次西藏工作座谈会要求："要把国家对西藏的巨大投入同实现各族群众的根本利益结合起来，把项目建设同农牧民的

---

[1] ［埃及］萨米尔·阿明：《不平等的发展——论外围资本主义的社会形态》，商务印书馆 2000 年版，第 169 页。

增产增收结合起来,在实践中走出一条随着国家援藏力度不断加大,农牧民收入不断增加的新路子。"提出了在投资拉动发展中增加农牧民收入的问题,作为一种增强发展关联度的重要尝试,方向值得肯定。2001 年年底全区经济工作会议提出把增加农牧民收入作为经济工作的首要任务。① 在改造传统产业链、缩小差距方面,政府性的、研究性的方案可谓多多,不外乎两方面:一是体制维护心态下的改良,一是进行体制创新的改革。引导农牧民,为其进入市场创造条件、提供通道,是能较快见效的举措,但根本的是需要走出这种狭窄的思维模式,从经济发展的未来和社会公正的全局上做出制度上的安排。制度创新不能包治百病,但它能提供一个有效的框架,这点确实值得我们认真对待。加入 WTO,对于政府经济管理的透明度、统计工作的规范与公开性提出了要求,建立在自由贸易基础上的现代资本体系,它所具有的无遏制的扩张力,不会"温良恭俭让"地等待我们慢慢地做工作,被动应对只能导致步步被动。

　　收入分配的不公正、社会经济上的不平等,主要是外因在起作用(在某种程度上,已经成为制度化的内因性结构因素),解决这一问题也应该从这个基础上着手。(1) 加强产业创新,增强政府的财政汲取能力,降低经济增长的援助依赖度,也增强政府调节再分配的实力。(2) 缩小收入差距,自然不宜采取经济上的平均主义措施,否则不过是进一步增强整个社会的依赖心理而已,应把重点放在改变基础设施和基础生活条件上来,把对农牧区休养生息政策从偏重于"休养"转向"生息"的条件创造上;对分配差距扩大的纠偏,并不是要导向追求收入分配平等这样一种平均主义的后果,如何促进竞争合作性体制的出现才是合适的目标追求。(3) 开征农牧业税等基本税收(这与加大对农牧业的投入并不矛盾),作为增强社会凝聚力的辅助条件之一。(4) 通过产业结构调整增强内部发

---

　　① 提出的主要政策措施有:要以搞活流通、完善基础设施、增强服务功能、加快农牧区市场体系建设来引导农牧民进入市场;以发展特色农牧业、提高农畜产品质量和市场竞争力来调整农牧业结构,特别注重畜牧业的发展;建设一批具有规模优势和区域品牌特色的农畜产品基地,培育一批带动农户能力强、科技开发能力强和市场开拓能力强的龙头企业,以发展农牧业产业化经营和组织农牧民向二三产业转移;加快发展非农产业和劳务输出,转移剩余劳动力,如建立农牧区的建筑施工队伍、劳务公司等,使之进入市场,只要农牧民能够承担、参与、服务的工程项目,在保证工程质量的前提下都要使用农牧区劳动力;稳定农牧区基本政策,加强基础设施建设。但如果没有实质性的制度安排,任何措施都难以进行下去。

展的关联度，保障经济安全，促进合作精神的成长，努力消除"大多数民众在经济和社会体系中的被排斥"感受。[①] 非自主性地发展或曰顺波逐流式的发展，必然会对社会结构不同方面的发展产生强化和弱化的影响，并形成一种难以回头的社会后果，寄希望于未来"恰当的时候"统筹解决的想法是不现实的。

交通状况的改善和可以预见的根本性改观，是我们在这个新世纪可以明确看到和意识到的最激动人心的变革，对它的意义的估价，只要对西藏有所了解的人士都能深刻感受到。路网（区内路网和与区外联系的路网）的扩展，受到冲击的首先是生活方式，人们常常有一种矛盾的心态来面对这一点。这个过程将会很漫长，对于广大农村牧区而言，现代生活方式毕竟一时难以与他们的习惯相吻合。我更关心的问题是，一旦新的消费观形成后，农村牧区将在现代经济大社会中扮演什么样的角色。韩少功对购买力将向经济核心区集中，广大的处于被动地位的农村将沦为纯粹的原料供应方表示了忧虑，"只要消费力仅局限于都市富裕人家而与大面积的农民无关，与都市里贫困人家也无缘，那么这个市场就太小，高附加值农产品就太容易过剩滞销"，"沿着公路而抵达乡村的经济市场化、自由化以及一体化"的另一面是"各种资源的流动和集中，将加剧地区贫富差距"。[②]

从内部方面考虑，需要再提城镇化建设问题：让更多的农牧民退出传统农牧业，才能有效地提高农牧业劳动者的收入水平；城镇化使人口相对集中，对于改善基础设施和农牧民群众的生活质量的成本也会大大降低，城镇化的发展本身就能够创造出相当大的就业需求，特别是服务业方面，一种人道的生活方式（便利的交通、通信、水电、住宅、公共服务）才能有效地接近处于不公正的社会群体。家庭副业在西藏可以说是个大有潜力的传统产业，现在我们所认为的"乡镇企业"相当部分其实不过是一些家庭副业而已，使之走向产业化应该是一种不错的出路，而且在这方面已经有了小型规模的启动。促进农畜初级产品的转化，增加附加值（农区畜牧业在粮食基本自给的前提下加快粮食转化，改变牧业区的经营方式，提高牲畜的出栏率、商品率），也是促进农村产业化发展、增强产业关联度的重要途径。

将旅游当作支柱产业，作为实现跨越式发展的重要方面，是谈论最多

[①] 参见王绍光《开放性、分配性冲突和社会保障——中国加入WTO的社会政治意义》，载李陀、陈燕谷主编《视界》第3辑，河北教育出版社2001年版。

[②] 韩少功：《谈全球税及其它》，爱思想网站2001年1月19日。

也是各方面取得"共识"的方面。这一观点,实际上是基于分工经济中的"比较优势说",如果它能被社会大多数接受并能参与进去,以及能惠及西藏良性发展的话,这种共识未尝不可。但实际情况又是怎样的呢?一般地谈论发展旅游业无所谓对与错,一旦在实际上形成了旅游主义,就将掩盖两种关系,一是依赖性的发展关系,二是产业孤立化道路。其背后隐藏的是不平等的贸易关系、不平等的发展模式。

有学者从发达国家的经验提出,西藏没有农业的现代化就没有工业的现代化。看到了内源性现代性因素生长和扩张的作用,也看到了农村地区隔离于现代化进程外的不切实际,但对西藏发展倚轻倚重的后果形成的结构性困难看得太不够。既不能单纯地执行"增长战略",也需要完整地考虑实行农牧结合发展战略的现实可能性,考虑生态环保产业对西藏经济贡献的大小;在内源性发展的基础上农牧区可能还是要"组织起来",走产业化发展的路子。一些学者曾经指出,重点放在走工业化道路上将会有不少弊端,最集中的一点是面对脆弱的生态环境,工业化可能造成的破坏性影响。但工业化与环境保护并不总是一对水火不相容的矛盾,西藏必须有选择地走工业化的路子,因为没有可靠经济增长的经济是脆弱的经济,参与大市场的分工协作需要以一定的实力为基础。农牧业、旅游业以及通过对外开放促进商业发展等,均不能支撑起西藏发展的大厦,国家的扶持与支援也不可能一直保持这一水平,西藏经济也不能在依赖性的路子上越陷越深。总结起来,可以这样说,农牧业需要走工业化的路子,也就是利用工业化的技术改造传统产业,工业需要走知识经济的路子,服务业需要走产业升级的路子。(虽然西藏的第三产业占全区 GDP 的比重达到了 45.9%,在西部 10 省市区中为最高,但是这个数据不能从根本上反映问题,这是在整个经济状况低下的情况下的比较,无法用需求结构的发展和生产率的发展来解释,包括行政开支在内的过度膨胀而产生的财政危机实际上是国家在一力承担。)技术变迁的速度往往决定了一个地区社会发展的潜力和可能,在西藏这样一个缺乏足够的技术、人才储备的地区,技术的引用消化都成问题,技术创新和变迁也就更难。在方兴未艾的援藏大潮中,引入这一关键性因素对于西藏的持续快速发展至关重要。

西藏提出了扩大开放特别是扩大对内地开放的政策,西南地区省区市间的经济协作早已有之;在做好这种区域化发展文章的同时,扩大藏区内部的交流与合作,缩小发展上的差距,西藏的发展进步才会走上良性的轨道。开放带来市场的扩大，会在潜移默化中调整社会关系。这是一个全球化的时代，至于"化"到什么地方去，如何"化"，可谓见仁见智，但作为一个趋势，描绘了现代性的不可阻挡的力量。全球化也包含有对多样性的强调，多样性是一切事物的天赋秉性，人类文明的发展是不同文明交流、借鉴和融合的结果；文明具有层次性，有普适性的方面，也有特性的以及介于二者之间的方面（宗教信仰、价值观、思维模式）。从这点看待西藏现代化发展中文化特性的保护问题，除了在该作为的地方努力而为外，没有必要将之看得过分严重；历史上出现过的文明间的冲突，不论表现形式怎样，实质是物质利益的争夺，而非源于文明间的差异。这里应该注意的是如何引导农村走向现代化，防止出现在农村现代化发展的同时，与传统文化和生活方式过分脱节而造成社会的动荡。

七　结语

一切政策的制定、措施的实施，如果不能对自主发展能力起促进作用，所有的努力都将是白费，甚至带来更多的负面作用。经济与政治的关系问题永远都是一个社会发展变迁的根本问题，这个过程中的所有不平等关系的内在演变与此密不可分。对于西藏，供给型经济体制的转变仍然漫长，依附性的经济关系正在成为一种可能和危险。2002年3月召开的世界筹资大会所提出的问题，比如非慈善性、创造发展的基础、改善基础设施等，大多可以用来反映西藏现实。解决社会结构的失衡问题，要求发展的正当性与合理性，改变其中几成积重难返之势的结构性问题，应该成为新发展的首要之举。

在藏传佛教密宗里，曼陀罗是一个十分重要的概念。按我的个人理解，它首先是一种形式的存在，具有两个重要的特征。一是讲求对称性，这种对称不一定是严格物理意义上的对称，更是内在对称。二是注重内在的统一与协调性，在大型彩砂曼陀罗中这点可以看得很清楚，表面上各个小单元自成一体，能够以单元的形式表达一种结构并体现一个完整的功能；而在整体上却有着不可分割的内在亲和性，能够发挥出即使是将所有单元和单元结构物"堆放"在一起也无法体现出的更为重要和深刻的意义。应该说曼陀罗作为形式繁复且种类众多的存在，在长期的历史发展中，无论是在形体特征还是在象征意义上，已经渗透到藏文化的各个方面，构成了藏文化的隐性结构之一。也应说，这种影响，因为是从藏传佛教密宗当中开出的，至今依然附着着宗教的神秘光环，与世俗文化的联系停留在表层上，这里有一个结合的问题。我所理解的西藏现代化也是应该具备曼陀罗特征的现代化，即它是有机的、可持续的、城乡协调发展的现代化，是开放的现代化，既有经济上的持续快速发展，能够激发社会的活力，有在富有生机的文化机制下的社会演进，也有绝大多数社会成员对于发展和稳定的高度认同感。

2002 年

毛泽东治藏思想漫谈

中国共产党的治藏政策和策略，甚至其方式方法，在改革开放前30年中，都深刻地打上了毛泽东的个人烙印，谈中国共产党这个时期的治藏思想，在很大程度上就是谈毛泽东治藏思想。

毛泽东的为政行事风格

党内高级干部中，曾经有人比较过周恩来总理与邓小平同志的为政行事风格，有一个基本的评价：周恩来是举轻若重，邓小平则是举重若轻。在这方面，似乎没有人对毛主席进行评价，事实上，也很难用这样的方式来对毛泽东主席进行定位。

作为一位卓越的战略家，毛主席在原则性重大问题上，自然是举重若轻，同时在不同时期的具体问题上，既有举重若轻的一面，也表现出细致、慎重的一面。也就是说，毛主席把一些看起来似乎是小的事情放在全局高度去看，当作大事进行处理。

在"十七条协议"签订之前，毛主席对于与和平协议签订有关的各项具体事宜，均亲力亲为。当时英国、印度、巴基斯坦都已经在外交上承认了新中国，"接手西藏问题"的美国，"不便"公开插手，我国所面临的外部环境相对有利，毛主席适时（1949年年底）做出了"进军西藏宜早不宜迟"的重大决策。

1950年10月昌都战役之前，毛泽东主席向西南局发出了如此一个询问电报："（一）甘孜到昌都一段很长道路是否能随军队进攻速度修筑通车；（二）昌都能否修建机场及是否适于空投；（三）一个师进攻昌都是否够用，藏军似有相当强的战斗力，必须准备打几个硬仗，这方面你们有足够估计否?"① 这可以视为举轻若重的一个突出的例子。

　　和平进军西藏任务基本实现后,毛泽东曾经三次明确指出,有关西藏的重要问题由中央处理,实际上也就是由毛主席亲自把握,这就是"举轻若重"的表达。第一次是在1952年4月8日,"中央并决定嗣后关于我方和藏方发生的政治、军事、外交、贸易、宗教、文化等交涉,均集中由中央解决,西藏工委直接向中央作报告,同时告知西南局"。西藏地方党委和军区内部事宜,则仍由西南局和西南军区主管,"西藏工委凡关与藏方发生交涉事件及对印度、尼泊尔等国的外交事件,均应每事报告请示,方能办理"。并指出,"最近在拉萨创办小学一事没有报告和请示,是不对的。此外似乎还有一些事也未事先报告和请示"。②

　　第二次是1952年5月19日,"再一次指出,你们和西藏人相关的各项工作,每项均须事前报告中央,经过批准,然后执行。此点工委应向所属各机构发一严格的通知,责令遵行,不得忽视"。③

　　第三次是1952年12月29日,毛主席在西藏工委关于成立西藏农牧部未报中央的情况和检讨给中央并西南局的报告上批语:"根据中央过去规定,我党委和军队一切与西藏人民和西藏政府有关的重要问题,都须报请中央处理,不归西南处理。西藏工委和军区有些事并未遵守这一条规定。请(西南局和中央统战部)引据规定原文给以再次指示"。④

　　在处理1952年"人民会议"事件中,毛主席指出,这一过程中,"必会发生许多新情况,请你们在采取每一个步骤时随时向我们作报告,其中重要者须得中央批准,然后执行。你们已经有了确定的总方针,在采取具体步骤时就须要又坚决、又慎重,才能准确地打中敌人的要害,争取广大的群众。因此,宁可花费一些时间和中央交换意见以后再去动手为有利"。⑤

　　一般地说,对于一支部队主要任务侧重点的安排,应该属于小的方面,比如说十八军部队进军西藏第一年的主要任务是以修路为主还是以生产为主的问题。协议签订后,毛泽东曾专门问过这支部队的军事主官张国

---

① 《毛泽东西藏工作文选》,中央文献出版社、中国藏学出版社2008年版,第21页。
② 同上书,第66页。
③ 同上书,第84页。
④ 同上书,第93页。
⑤ 同上书,第77页。

华，张的回答是应该以筑路为主，他是认为在 1952 年内即可修通到拉萨的公路，粮食问题可以很快得到解决。对这一回答，毛泽东仍然持一定的怀疑态度。在部队进军的过程中，毛泽东对能否在较短的时间内修通公路予以了很大关注，关注的结果是"明年修通是不可能的，也许需要两年至三年才能修通"。为此，毛泽东专门给西南局领导交代，"定为生产与筑路并重，即令甘孜到拉萨沿途所驻部队以一部分担任生产，以一部分担任筑路，在生产季节以较多的人从事生产，在其他季节则以全力筑路。此点在现在（信件日期为 9 月 13 日）就应确定，以便在冬季有所准备"。①进军西藏后的这项中央决策由此确定下来，而实际上，后来康藏公路修通至拉萨已到 1954 年年底了。

毛主席"举轻若重"的一面，还表现出了鲜明的历史阶段性特点。随着中国革命形势的发展，"经营西藏"提上议事日程之后，第一个"举轻若重"时间段主要围绕和平解放协议签订和进军西藏的安排；第二个时间段是 1952 年 3—4 月，也就是班禅一行正在进藏途中，还未到达拉萨之前、人民解放军和工作人员还未完全站稳脚跟时所发生的"人民会议"事件；第三个时间段是 1956 年底到次年上半年，即达赖一行出访印度发生风波时期；第四个时间段则是 1959 年西藏叛乱时期。第五个时间段则是 1962 年中印自卫反击战时期。

每一个关键时间段，当工作走上正轨之后，毛主席会将"继续推进"方面的工作，放手让相关人员和部门去做，比如说西藏叛乱时期，到 1959 年 5 月 11 日，毛主席总结了一个时期以来的工作包括对印度的政策与策略，对于一些大的方面做出安排以后，他的"主要精力又转移到纠正在'大跃进'和人民公社化运动中'左'的倾向上来，不让西藏问题干扰我们纠正'左'倾错误的进程"。不过，一旦出现重大事件和形势出现大的转变，毛泽东主席也会将目光转移过来，比如说，1959 年达赖一行出逃印度之后，印度方面挑起边界问题冲突，毛泽东主席再次在一段时间内把精力放在这个问题上②。

---

① 《毛泽东西藏工作文选》，第 54 页。
② 吴冷西：《十年论战》，中央文献出版社 1999 年版，第 203、210—215 页。

"建立人民民主的西藏"

　　毛主席对于西藏发展历史目标的把握，有着长远的思考，这是作为新中国的缔造者高于其他人的地方，什么时候从原则上把握，什么时候连具体细节也要进行关注，取决于某件事情在全局中的地位与作用。这一基本着眼点就是"建立人民民主的西藏"。

　　毛泽东始终处于这样的大背景下推动西藏地方的转化。建立人民民主的西藏，是一项完整而系统的工程，到西藏自治区正式成立告一段落，以后则纳入国家的整体运行之中；把西藏改造为"人民民主的西藏"成为了西藏革命和建设的根本落脚点。

　　毛泽东在1950年1月2日的电文中首次提出这一思想，他指出，解放西藏就是要把西藏"改造为人民民主的西藏"；1956年12月16日，再次指出，如果发生重大的叛乱事件，"那就有可能激起劳动人民起来推翻封建制度，建立人民民主的西藏"。

　　对于"人民民主的西藏"，毛泽东有着具体的目标设定。和平解放之前，是"统一的富强的各民族平等的新中国大家庭中的一分子"以及"西藏的解放"、西藏人民与内地人民的"团结"，西藏自治区筹委会成立后（1956年4月）是"更加团结和进步"。

从政治上着眼统筹考虑问题

　　西藏和平解放之前，毛主席即指出，1950年内占领昌都，"对于争取西藏政治变化及明年进军拉萨，是有利的"，"有可能促使西藏代表团来京谈判，求得和平解决（当然也有别种可能）"。[①]

　　在处理1952年"人民会议"事件中，毛泽东指出："我们在政治上必须采取极端谨慎的态度，稳步前进，以待公路修通、生产自给并对藏民

[①] 《毛泽东西藏工作文选》，第23页。

物质利益有所改善之后，方能谈得上某些较大的改革。"①

在民族聚居地区实行民族区域自治，这是《共同纲领》中确定的基本方针。西藏地区解放之后，实行民族区域自治制度当然不是一个需要讨论的问题了，不过，当时还只是确定了基本原则，如何有效地实行这一创新制度，还处于摸索阶段。对此，毛主席向中央领导同志郑重提出，"区域自治问题，牵涉很广"，"问题甚多，需加统筹"。②

对于社会制度改革等重大问题，在还不具备条件的情况下，毛主席为创造必要条件所实施的工作，归结起来就是两方面：影响和争取群众工作（这里的群众主要是指广大的农奴，也可以包含上层在内）以及上层统战工作。其实上层统战工作也是广义上的影响和争取群众工作。毛主席在分析形势时指出："我们在目前不仅没有全部实行协定的物质基础，也没有全部实行协定的上层基础，勉强实行，害多利少。"进藏部队和工作人员要站稳脚跟，"达到不流血地在多年内逐步地改革西藏经济、政治的目的"，就必须解决生产（努力做到自给）和贸易（与印度和内地打通贸易关系）两个问题。③

毛主席在长期的革命实践中，形成了一系列战略思想。在重大的斗争中，有一点体现得十分鲜明：做最坏的打算，争取最好的结果。部队进藏初期，由于内地运输粮食和物资的公路未通，粮食主要借道印度运入和直接从印度购买运进。毛主席在制定和平解放初步实现后的工作时，对西藏工委提出了要立足于生产自给，除了以此来影响群众的考虑外，还强调指出，"我们的立脚点，应放在将来有一天万一印度不给粮物我军也能活下去"，④ 这一点成了到1954年底公路通车前的工作重点。虽然这一时期没有出现印度在粮食问题卡我们的情况，但是从坏的方面打算仍是必要的，而且也确实争取到了最好的结果。

在西藏，宗教与社会的关系问题始终是一个无法回避的大问题。毛主席在论及在西藏实行宗教信仰自由政策时，有几点十分重要的具体化，一是这一政策的含义不仅仅在于信仰宗教自由，更有不信仰宗教也自由；二是这一政策不是权宜之计，而是我们的长期政策；三是信教自由不能搞不

---

① 《毛泽东西藏工作文选》，第61页。
② 同上书，第29页。
③ 同上书，第62—63页。
④ 同上书，第63页。

同宗教之间、同一宗教不同教派之间的厚此薄彼；四是对于宗教信仰问题采取尊重的态度、保护的态度，不是认同与接受唯心主义体系的态度；五是只要人民还信仰，就不能人为地去取消宗教。这一政策包括其一些具体内涵，至今仍旧是毛主席当年确定下来的。

和平解放基本实现后，着眼于将来在进行改革中需要有大批民族干部的考虑，在改革还远未提上议事日程的情况下，毛主席就提出了这一战略任务。"每年还可以选送一些青年来内地学习，长期学习和短期学习都好。因为这样可以更多地培养一些建设西藏的民族干部。"① 后来，在执行"六年不改"政策，实行大收缩的同时，大规模地培养干部就开始了。

坚持原则性与灵活性的统一

在处理西藏问题上毛主席确定了几条基本原则，"西藏是中国领土，西藏问题是中国内政问题。人民解放军必须进入西藏"。地方政府的代表"应速来京"。对于前一点，"西藏为中国内政问题，任何外国无权过问"，"中国军队是必须到达西藏一切应到的地方，无论西藏地方政府愿意谈判与否及谈判结果如何，任何外国对此无置喙的余地"；② 有的国家把它与中国进入联合国这两个性质完全不同的问题联系起来，是不能接受的。在涉及国家主权、内部事务问题上，刚刚站立起来的中国人民的那种自强、自信的姿态，很多人在时隔半个多世纪之后，在毛主席的这些言论中，深深感受到了。

对于后者，1950年5月24日毛主席指出，"西藏代表必须来京谈判，不要在港谈判"，③ 因为这不仅仅是一个谈判地点的问题，直接关系到从一开始就有着驱逐帝国主义势力影响的问题。

用和平方式解决西藏问题，是毛泽东主席一以贯之的思想。这一思想在西藏和平解放、提出"六年不改"政策、民主改革（对未叛统治阶级人员实行赎买政策）、稳定发展、社会主义改造各个时期都得到了充分的体现。

---

① 《毛泽东西藏工作文选》，第107页。
② 同上书，第33—34页。
③ 同上书，第15页。

虽然制定了主要以和平方式处理西藏问题的方针，但这并不意味着彻底放弃非和平方式，否则，和平方式也就有可能难以达到目的。对于可能出现的复杂局面有足够的准备，规模不大的昌都战役就是这种原则性与灵活性体现的典范。作为一位杰出的战略家，毛主席在和平解放西藏的基本原则下，审时度势，用局部小规模战争来促进和平解放的实现，"这对于争取西藏政治变化及明年进军拉萨，是有利的。……如我军能于十月占领昌都，有可能促使西藏代表团来京谈判，求得和平解决（当然也有别种可能）。"

和平解放时期毛主席提出"慎重稳进"的工作方针就是和平改革思想的反映。1951年5月23日，也就是签订"十七条协议"的当天，毛主席就对即将率领部队和平进军西藏开展西藏工作的张国华军长（也是西藏工委书记）说："在西藏考虑任何问题，首先要想到民族和宗教这两件大事，一切工作必须慎重稳进。"①

"十七条协议"中，提出了暂时维持西藏制度现状的条款，这是基于西藏地区宗教影响很深，缺乏立即进行社会改革的群众基础和上层基础而做出的安排。提出这一政策，也是为了消除上层疑虑和社会的对抗情绪，与清朝初年"立即宣布承认黄教大喇嘛原有的社会地位"②的做法有相似之处。

毛主席在多次谈话和文稿中一再强调，这并不等于西藏地区不要改革，改革是不容置疑的。"十七条协议不实行可以不可以？不可以，一定要实行。但其中哪一条你们现在不愿实行，可以暂时不实行，可以拖。因为协议上并没有说哪年哪天一定要实行。已经拖了三年，如要拖，可再拖三年。三年过去后，还可拖三年，拖它九年也可以。不能干人家反对干的事情，要等待人民的觉悟。我们相信人民一定会觉悟。"③ 1957年2月27日，毛泽东在《关于正确处理人民内部矛盾的问题》的讲话中说："西藏由于条件还不成熟还没有进行民主改革。按照中央和西藏地方政府的十七条协议，社会制度改革必须实行，但是何时实现，要待西藏大多数人民群众和领袖人物认为可行的时候，才能做出决定，不能性急。现在已决定在第二个五年计划期间不进行改革。在第三个五年计划内是否进行改革，要

---

① 转引自《中国共产党西藏历史大事记》第1卷，中共党史出版社2005年版，第41页。
② 张羽新：《清政府与喇嘛教》，西藏人民出版社1988年版，第93页。
③ 《毛泽东西藏工作文选》，第105页。

到那时看情况才能决定。"① 社会制度的改革必须进行，与协议中暂时维持旧制度不改并不矛盾。

对于少数民族地区的社会制度改革，毛泽东主席提出的基本方针是和平改革，"条件不成熟，不能进行改革。一个条件成熟了，其他条件不成熟，也不要进行重大的改革。……没有群众条件，没有人民武装，没有少数民族自己的干部，就不要进行任何带群众性的改革工作"。对于西南局所拟的与西藏地方代表谈判的条件，毛泽东主席之所以强调与"西藏领导人员"协商处理改革事宜，就是和平改革思想的体现。

为达到和平改革的目的，毛泽东主席从各个方面付出了极大的心血。举一个广为人知的例子：1952 年 8 月到 1957 年，西藏组织了 13 批 1000 多人的致敬团、参观团、观礼团等，毛泽东主席多次亲自接见。"参观团的参观很有益处，大家应当相互交流经验。"② 也是为改革创造条件的重要工作。

在处理"人民会议"事件中，原则性与灵活性统一体现得很明显，"我们目前在形式上要采取攻势，责备此次示威和请愿的无理（破坏协定），但在实际上要准备让步，等候条件成熟，准备将来的进攻（即实行协定）"，强调"不要自缚手脚"，"为了完成军事准备及利于持久，你们要加紧储粮集弹，筑工事，此外油盐及柴火也要储集"。③ 在这一思想的指导下，成功地处理了"人民会议"事件。

资产阶级民族主义思想给民族关系带来了危害，毛主席在批判它时，不同时期的重点是不同的。1953 年时，国内主要是大民族主义思想的影响，毛泽东主席为此专门起草党内指示，要求进行认真教育，逐步解决这一问题，同时"进行公开的批判，教育党员和人民"。

没有区别就没有政策，它的前提是对人、对事要看到和抓住本质。以"人民会议"事件为例，其提出的"请愿"意见多种，如果只看到具体的意见，就无法从全局角度去认识，更难以妥善地处理。毛主席一针见血地指出，"他们也不是对协议中某些条文的实行步骤和方法提出建设性的意见，而是根本反对实行协议"。④ 对于以两司曹为首的分离主义势力幕后

---

① 《毛泽东西藏工作文选》，第 161—162 页。
② 同上书，第 142 页。这是毛主席 1956 年 2 月 12 日与藏族人士谈话时所讲。
③ 同上书，第 70—71 页。
④ 《毛泽东西藏工作文选》，第 73 页。

操纵搞"人民会议"事件，提出要让广大的官员、上层僧侣充分明了两司曹的罪恶所在，在社会面的基本认识上，做好舆论工作，促进西藏工作转入正常的轨道上来。

原则性与灵活性的统一，也表现在辩证地对待发展的速度问题上。在与达赖谈话时，就指出：对于西藏的发展事宜，"是不能性急的，性急反倒慢了，不性急反倒会快。现在在西藏上层反对改革的人较多，如果勉强去办，你就会孤立。改革的事，没有多数人赞同是办不通的"。①

关注西藏革命和建设的阶段性

西藏革命和建设事业，具有鲜明的阶段性。这就要求我们做工作的时候，考虑这一特点，适时调整和提出阶段性的目标任务。

和平解放基本实现，人民解放军和进藏工作人员站稳脚跟，初步打开工作局面后，毛主席就提出了新的工作方向："我们的方针是团结进步，更加发展。"②

自治区筹委会成立前后，1956年2月12日毛主席在接见在京藏族人士时说："西藏现在不是搞合作社的问题，而是进行民主改革的问题。什么时候进行，由你们自己去决定。自治区筹备委员会成立后，可以对这个问题进行研究，要由达赖喇嘛、班禅额尔德尼下决心，要由西藏的僧俗官员和寺院的喇嘛、堪布们决定。要有一个酝酿的时期，一年、两年、三年，通过讨论，打通思想。有人赞成，也有人反对，两方面的意见都可以讲。多酝酿、多讨论有好处，大家都讲，慢慢地就讲通了。"③

1956年12月16日，毛主席在修改中央给西藏工委的复电中明确做出"六年内不改革"的决策："改革一定要得到达赖、班禅和僧侣领导人的同意，要各方条件成熟，方能实行。现在无论上层和人民条件都不成熟，所以目前几年都不能实行改革。"与此同时毛主席还估计到另一种可能："如果受外国指挥的反革命分子不通过协商而一定要通过反叛和战争破坏十七条协议，把西藏情况打烂，那就有可能激起劳动人民起来推翻封

---

① 《毛泽东西藏工作文选》，第110页。
② 同上书，第103页。
③ 同上书，第140—141页。

建制度，建立人民民主的西藏。"① 毛主席把这个复电加发给正在印度访问的周恩来。12月30日，周恩来把这个决策向正在印度参加释迦牟尼涅槃2500周年纪念活动的达赖喇嘛做了传达。

认识到阶段性特点，并不意味着工作中的无所作为，要积极努力推进下一阶段条件的转化，不失时机地推进西藏革命和建设事业的加快发展。"要有计划地、逐步地创造改革的条件，如增强互相信任，培养人才，进行经济、文化等方面的建设工作。"

1959年1月22日，毛主席指出："在西藏地区，现在及今后几年内，是敌我双方争夺群众和锻炼武装能力的时间。几年之后，例如三四年，五六年，或者七八年之后，总要来一次总决战，才能彻底解决问题。西藏统治者原有兵力很弱，现在他们有了一支斗志较强的万人叛乱武装，这是我们的严重敌人。但这并没有什么不好，反而是一件好事，因为有可能最后用战争解决问题。但是（一）必须在几年中将基本群众争取过来，孤立反动派；（二）把我军锻炼得很能打。这两件事，都要在我同叛乱武装的斗争中予以完成。"②

3月12日，正在武昌的毛主席致电中央说："照此形势发展下去，西藏问题有被迫早日解决的可能。"同时指示西藏工委："目前策略，应是军事上采守势，政治上采攻势。目的是分化上层，争取尽可能多的人站在我们一边，包括一部分活佛、喇嘛在内，使他们两派决裂；教育下层，准备群众条件。"还说：西藏工委争取在拉萨打一大仗更为有利。"如果达赖及其一群逃走，我军一概不要阻拦，无论去山南、去印度，让他们去。"同时提出两种处置办法："（一）宣布为叛国者，以后只有在他悔过认罪之后，才可以回来；（二）宣布为被人挟持者，仍然希望他设法脱离叛众，早日回来，罗布林卡位置及人大位置，仍给他留着。"③

1961年的"4·21"指示，是在毛泽东等的多次谈话指示的基础上形成的。"从今年算起，五年以内不搞社会主义改造，不搞合作社（连试点也不搞），更不搞人民公社，集中力量把民主改革搞彻底，让劳动人民的个体所有制稳定下来，让农牧民的经济得到发展，让翻了身的农奴群众确

---

① 《毛泽东西藏工作文选》，第158页。
② 同上书，第170页。
③ 转引自《毛泽东年谱（1949—1976）》第3卷，中央文献出版社2013年版，第630页。

实尝到民主改革给他们带来的好处。在这五年我们在西藏的一切政策包括经济政策、财贸政策、社会改革政策、民族政策、对上层人士的团结改造政策、宗教政策等等，都一定要力求稳妥，都要防左防急。"①

关于毛泽东西藏工作文稿

对于西藏工作，毛主席留下了大量的文稿，这是一笔巨大的精神遗产。

2001年也就是西藏和平解放50周年之际，中共中央文献研究室、中共西藏自治区委员会、中国藏学研究中心联合编辑出版了《毛泽东西藏工作文选》，收录了毛泽东同志1949—1961年的101篇文稿，相当部分是首次公开发表。2008年，在增加了三篇文稿后又出版了第二版。这是目前收录毛泽东同志西藏工作文稿的最为集中的本子。在《毛泽东选集》第五卷、《建国以来毛泽东军事文稿》上中下三卷本、《毛泽东军事文集》六卷本、《毛泽东文集》八卷本、《建国以来毛泽东文稿》十三卷本中，也收录有不少西藏文稿。

在这些正式出版物之外，见于历史当事人回忆文章中的毛泽东西藏文稿也有不少，比如广为引用的师哲的回忆文章，记载了1949年2月4日毛泽东在西柏坡会见米高扬就西藏发表的谈话："西藏问题也并不难解决，只是不能太快，不能过于鲁莽。因为：（一）交通困难，大军不便行动，给养供应麻烦也较多；（二）民族问题，尤其是受宗教控制的地区，解决它更需要时间，需要稳步前进，不能操之过急。"②

比如阴法唐同志文章中提到的，西藏和平解放前毛泽东同志审时度势做出"进军西藏宜早不宜迟"的决策③；1951年5月23日"十七条协议"签订的当天，毛泽东同志向十八军领导交代："在西藏考虑任何问

---

① 西藏自治区党史资料征集委员会编：《西藏的民主改革》，西藏人民出版社1995年版，第239页。
② 见师哲《毛泽东在西柏坡会见米高扬》，转引自《党的文献》编辑部编《中共党史重大事件述录（增补本）》，人民出版社2008年版，第46页。
③ 见阴法唐《毛泽东在西藏革命和建设上的伟大实践》，载1993年12月20日《人民日报》。

题，首先要想到民族和宗教问题这两件大事，一切工作必须慎重稳进"，明确提出了和平解放初期西藏工作所应坚持的基本方针即现在广为人知的"慎重稳进"方针[①]。

  中国共产党领导下的西藏地方历史，和平解放以来半个多世纪，是具有延续性的整体，但我们所看的，却有意或者无意地被分割成了两大块。恢复历史的本来面目，从历史中有所借鉴，更好地推动我们的事业发展，这是常识性的道理。就西藏地方史来说，只有编辑出版相对完整的毛泽东西藏工作文稿，才可能促进前30年研究深入。在适当时机，编辑出版毛泽东西藏工作文稿相对完备的集子，对于更好继承历史遗产，对于完整准确地认识历史，对于促进西藏社会的和谐发展，都是一件具有重大意义的事情。

2013 年

[①] 阴法唐：《浅谈毛泽东治藏方略》，载《党的文献》2004 年第 1 期。

西藏传统中受到忽视的一面

在关于西藏传统文化的言说中,虽然很少有人做出时间上的界定,但是大多数人不约而同地泛指西藏"民主改革"之前,西藏和平解放以后特别是民主改革后的历史进程所造就的一切,一般并不在"传统"的范围之内。在藏族聚居区,"被发明的传统"不是个案,在看到传统被发明出来一面的同时,其实很容易认识到传统被忽视的一面。

这里所说西藏传统中受到忽视的一面,是指民主改革时代所造就的集体主义文化传统。本文以有关民主改革时期档案文献的整理与分析的课题为例,结合自己以前开展的西藏农村社区调查,进行一点说明与分析。一点基本的结论是,表现为一种生产方式和生活方式的集体观,同样是一种文化传统,其精神价值需要有足够的认识。

一 西藏与"传统"

中国是一个统一的多民族国家,不同的民族都有自己独特的文化,同时这些民族文化又是在"中国文化"或者"中华文化"概念之内的。文化当然有时代差异,也有地区差异,它们也有共同性,西藏文化当然也不例外。

人们会常常谈到西藏的历史、文化。这就涉及对"传统"的认识。费孝通先生说:"文化也是一样,如果脱离了基础,脱离了历史和传统,也就发展不起来了。因此,历史和传统就是我们文化延续下去的根和种子。"还说:"创造不能没有传统,没有传统就没有了生命的基础;同样,传统也不能没有创造,因为传统失去了创造是要死的,只有不断的创造才能赋予传统的生命。"①

不论是讨论如何继承和发扬传统文化的优秀成分,还是有人指责西藏地区"传统文化毁灭",这些宏大的论说之中,很少有人对传统的时间边界进行明确的界定,不过大多又不约而同地泛指西藏"民主改革"之前,也就是说,西藏和平解放以后特别是民主改革后的历史进程所造就的一切,并不在"传统"的范围之内。我们认为,这种认识是偏狭的。

英国学者霍布斯鲍姆(E. Hobsbawn)曾提出过一个概念:"被发明的传统"。这个概念是说,那些表面看来或者声称是古老的"传统",其起源时间往往是相当晚近的,而且有时是被发明出来的。被发明的传统意味着一整套通常由已被公开或私下接受的规则所控制的实践活动,具有一种仪式或象征性,试图通过重复来灌输一定的价值和行为规范,而且必然暗含与过去的连续性。②《传统的发明》一书中对一些如是"传统"进行了具体的分析。这为人们认识传统提供了一个有用的分析工具。

在西藏,扩大一点范围说,在藏族聚居区,"被发明的传统"不是个案,云南省迪庆藏族自治州中甸县改名为香格里拉县的过程就是最为典型的例子。云南省的学者对此进行了一些总结,名之曰"传统的三次发明"。

对于传统的认识,刘梦溪先生干脆就说我们所以为的"传统"就是"被误读"的产物,他说:"我认为我们可能误读了我们的思想文化传统。很久以前就误读了,现在还在误读。"③

人们在看到传统"被发明"出来一面的同时,其实很容易认识到传统被忽视的一面。从后一点看西藏的传统,它究竟意味着什么呢,或者说它的外延有多大呢?

二 集体主义传统在西藏的被忽视

不管是有意识还是无意识地,人们在忽略一点:发生在20世纪五六十年代那场波澜壮阔的伟大革命中所形成的革命传统不在人们谈论的视野

---

① 方李莉:《费孝通晚年思想录——文化的传统与创造》,岳麓书社2005年版,第49页。
② [英]E. 霍布斯鲍姆、T. 兰格:《传统的发明》,顾杭、庞冠群译,译林出版社2004年版,第1—2页。
③ 见刘梦溪《传统的误读》,河北教育出版社1996年版,第18页。

之中。人类学家庄孔韶先生把人民公社体制也就是20世纪五六十年代的延续性历史，视为以家庭为单位的生产责任制之适应性转换，并以为"可视为政治对文化的妥协，即承认文化的连续性和否定文化中断的可能性"。这是与庄先生的一个判断联系在一起的："那时社会组织的特征和上下层沟通的蚌状结构是乌托邦社会改造思想推行与盲从的基础。"① 我的看法则相反，文化中断恰恰是发生在这一责任制之后。

费孝通先生在20世纪40年代撰写的《乡土中国 生育制度》一书中，曾深刻地指出，中国社会所具有的是个人主义，而不是自我主义。"我们所有的是自我主义，一切价值是以'己'作为中心的主义。"② 费先生指出这就是中国传统差序格局的构成特点。在我看来，中国共产党人最为伟大的功绩之一，就在于把一盘散沙式的中国集合起来，并且让集体主义观念深入人心。作为中国共产党人领导下的革命的一个重要组成部分，西藏革命同样具有这样的实践结果。把众人变成群众，将群众组织起来，组织起来的群众具有着巨大的创造性力量。

而发端于20世纪80年代初（就西藏而言，比内地要晚一些）的农村组织形式的转换，能够承载集体观念的基层平台逐步被取消；与此同时，金钱、利益至上的观念逐渐渗透社会生活的各个方面，对于一个时代、对于那个时代的领袖的丑化、抹黑，承载那个时代的精神信仰随之瓦解，而社会又未能提供一个信仰支撑，社会再度陷入一盘散沙的局面。

由于集体生活这一消息中心的消失，人与人之间交往关系的亲密度的消减，人与人之间的隔膜自然会出现。

三 集体主义传统的当年造就

关注西藏发展的人士、对于西藏历史有所了解的人，多知道西藏的民主革命的基本内容和大致的脉络。简单地说，就是废除封建农奴制度，通过没收与赎买这两种方式，从根本上改变封建领主土地所有制，变为劳动者个人土地所有制。这是民主改革在土地制度上的体现，它又是以废除农

---

① 庄孔韶：《银翅》，三联书店2000年版，作者导言，第3页。
② 费孝通：《乡土中国 生育制度》，北京大学出版社1998年版，第26页。

奴与奴隶的人身依附制度为基本前提的。民主改革所带来的西藏人民生产方式、生活方式的根本性变化，是颠覆性的。在某种程度上说，所谓文化，就是在一定的生产方式与生活方式基础上形成的。这种颠覆性，带来的必然后果就是文化的延续、发展在一个崭新的基础上进行，同样，也必然带来新的文化形式的出现。

这个时期之前，仅从农区而言，集体观在西藏人民中是很淡薄的。这与那个时代制度性的人身依附直接相关。作为领主家奴的囊生实际上就是领主家的私人财产，会说话的工具而已；而占人口多数的差巴，租种一份耕地并以此来支差，他们被束缚在土地上，在生产方式上多为各干自己的事情，没有统合在一起的方式。

那个民生凋敝的时代，人们常常遇到连基本的生计也无法维持的局面，但是，成规模的反抗却很少出现（只有逃亡等消极反抗情形出现）。一些学者的研究结论是，之所以出现这种状况，宗教意识形态的钳制在其中起到了根本性的作用。对这个结论我是认可的，只是我觉得还可以从集体观这个角度做进一步的分析。那个时代农奴阶级的人都是有"主"的，差巴也好，囊生也好，脱离领主后除非你到主要寺庙入籍，否则，你就永远摆脱不了被抓回去受严厉处罚的命运。人身的被限制从根本上阻止了聚合成众局面的出现，而以个体来对抗是不现实的。

在我看来，集合成众并形成集体观念，是在民主改革时期开始出现的。2011年夏天以来，我在做一个有关民主改革时期档案文献的整理与分析的课题，可以从那些档案资料中，就西藏集体主义观念的形成略加描述。

（一）通过"三反双减"运动，把群众发动起来

1959年9月20日，扎囊县在对三个月"三反双减"（反叛乱、反人身奴役、反乌拉差役和减租减息）运动进行总结，其中说：

> 主要进行了以下方面的工作：（1）对敌打击斗争。针对的是参加叛乱的人员和寺庙。（2）"三光"，即叛乱人员的自首和抓捕光、枪支弹药收缴光、反动文件收缴光。（3）实行"谁种谁收"，针对参加叛乱的领主土地1959年实行。（4）废债，即废除领主在1958年前贷给群众的一切债务。（5）减租，即对于未参与叛乱的领主及其代理人实行"二八减租"。（6）减息，即对未参加叛乱领主及其代理人

1959年的债务进行减息。（7）烧契约。（8）没收叛乱领主牲畜。（9）解放朗生并给他们安家。

在开展这些事情的过程中，把群众组织发动起来并追求发动的深度，在这份总结中予以了特别的强调：

> 全县总人口21499人，其中除去打击对象6%，94%属于劳动人民的队伍，其中成人占到60%左右，12—16岁的少年占到11%，11岁以下的占到29%，在60%的人中除去年特老、有病、产妇等类不能参加斗争的人约2%，所以实际发动组织面是，成年、老年占58%即11658人，12—16岁的少年占11%即2211人，两类共实应组织面13869人。现已发动组织11277人，占应发动组织的81.4%，其中已充分发动7173人，占已组织的63.6%，基本发动的2450人占21.7%，未发动的1654人占15.7%。

以下，分农村男、女、老年人、少年人以及寺庙僧人、尼姑等六种类型，进行了详细的数据说明。还给出了基本判断：僧尼比俗民发动深、广，农村中男比女深、广，少比老深、广。不仅如此，还分为中心农区、边沿区、半农半牧区、寺庙四种不同类型的地区做出了发动情况的分析。

（二）把群众组织起来，需要有适宜的组织形式，在民主改革初期，就是成立各级农牧民协会

这份总结是如是描述的：

> 八月廿四日成立县农筹会，区农筹会已全部成立，其中有一个区已于七月十三日成立正式农会，乡农会27个，其中正式农会7个，农筹会20个，还有一个乡未成立农筹会。各级农会组织共有委员以上干部384人，其质量从成分看，朗生57人占14.9%，堆穷284人占73.6%，差巴41人占11%，小手工业者2人占0.5%。在斗争中表现立场坚定，斗争积极，觉悟高的积极分子1698人，其中朗生547人占32.2%，堆穷729人占42.9%，差巴402人占23.6%，其他20人占1.3%（上述积极分子中的差巴是穷差巴）。
>
> 乡农会共发展会员3473人占应发展的42.5%。应发展数的计算

是指应组织发动的 16 岁以上成人 11658 人，除去其中的 30%（还俗僧、尼、游民、成分好但出身不纯有历史问题的、商人等等），实际应发展会员数是 8161 人。已发展的 3473 名会员的质量情况是，从成分上看，朗生 913 人占 26%，堆穷 1900 人占 54.7%，差巴 661 人占 19.3%。

总结说，通过几个月的工作，已经在农村中树立了以贫雇农为核心的领导优势，在寺庙中树立了以斗争中立场坚定，斗争积极，阶级觉悟高的贫苦喇嘛为领导的力量。广大群众已发动起来，壮大了核心领导力量，群众树立了自我解放的信心和决心。目前群众情绪异常高涨，特别是经过挖总根、鸣放、辩论，更提高了阶级、政治觉悟，划清了敌我界限，认识到只有跟共产党，听党的话，彻底摧毁三大领主的反动统治，自己才能彻底翻身得解放，又由于实行谁种谁收、分配土地，使群众得到实际果实，斗志、干劲更是十足旺盛。

（三）利用当时已经成型的形式，进行较为深入的发动群众，使集体观念开始扎下根

有几个现在已经不再被提及的几个词，大鸣大放大辩论，在民主改革中是作为一个发动群众的基本工作方法来使用的。

1959 年 10 月 8 日，扎囊县一个乡的"三反双减"总结说：

"大鸣大放大辩论是发动群众思想，解决群众思想，提高群众思想的有效方式。我们在三反双减后期采用了这个方式"。

培养重点，推动全盘。西藏劳苦群众过去没有发言权，也害怕讲错话触犯了封建领主，大会小会容易形成一个人说什么其余的都赞成。新社会劳动人民有了发言权，可是旧思想、旧习惯还不能一下就改过来。鸣放之先，工作组应该有步骤地培养几个敢于鸣放的重点，以便在鸣放会上起带头推动作用。鸣放重点可以选择积极分子，也可以选择落后分子，总之要事先做好培养，不能临时再抓。

解除顾虑，轻装上阵。首先要解除鸣放重点人物的思想顾虑，鼓励他大胆地鸣放，其次要三番五次地给群众讲清楚，鸣放是为了提高思想，光讲不戴帽子，群众的顾虑还是不能消除，必须结合重点人物的鸣放，反复教育，才能形成鸣放的空气。

鸣放出来，辩论清楚。工作组深入一个小组，具体掌握鸣放意见，然后把所有鸣放出来的意见，加以综合归类，再交由大家辩论。辩论时也要培养"对立面"，没有"对立面"就辩论不起来，辩论不好也就失去了鸣放的意义。敏珠林乡在辩论西藏劳动人民能不能彻底消灭叛乱（群众顾虑逃亡印度的叛国分子重回西藏）、达赖喇嘛和三大领主是好人还是坏人、共产党有没有宗教信仰自由等问题时，"对立面"和大家辩得很热烈，有时故意提出一些反面的意见进行辩论，争辩的结果，最后统一正确的认识，群众都感到教育很深，真正的明白了许多新道理。

（四）互助合作运动的发展，标志着集体观念已经成为共识
以下是扎囊县扎其乡的一份报告的摘录：

> 互助合作运动分为两个阶段：第一阶段是在民主改革基本胜利的基础上，由于广大群众思想觉悟的提高，迫切要求发展生产，走组织起来的道路，从1959年11月中旬开始，农民参加互助组的户数很快就占到了总户数的84%；第二阶段是在组织起来显示优越性的基础上，经过12月中旬整顿工作后，互助组有了很大的提高和发展。全区共有1136户5123人，2876个男女全半劳力，14416克土地，已组织去来互助组112个，其中常年性的67个，占总组数的70%，临时季节性的45个，占30%。参加互助组的占总户数的94%，占总人口的96%，占总劳力的97%，占总土地的97%。
>
> 1959年12月中旬、1960年1月中旬，扎其区的互助组先后整顿过两次，这次整顿工作是在售粮后，通过开展增产节约活动，从1月28日开始。
>
> 从领导生产入手，摸清底子，澄清问题。目的是把生产运动掀起来，把组内存在的思想问题和其他问题完全摸清；全面贯彻政策，深入思想发动。具体作法是系统的进行社会主义教育，宣传互助合作政策，通过修订六零年计划，制定五年远景规划，进行农村发展方向的教育，目的要达到提高思想，分清是非，坚定办好互助组的信心和决心；充分发扬民主，解决具体问题。主要是具体解决计工算账、领导方法、组织建设等问题。目的要达到进一步贯彻互利政策，加强民主

管理；充实领导，健全制度。

这个时期，是合作化前的时期，新的文化形式的出现表现在两大方面：一是劳动互助观念的形成和对社会改造性影响；二是对于农区经济基础的彻底改造。民主改革时期之后，西藏不久就与全国一道，进入"文化大革命"时期。"文革"结束之际，西藏社会主义改造才完成。

四　被忽视的并不是被彻底遗忘的

下面略举几个小例子来说明。

七八年前，我曾经做过一个农村社区的社会学考察，其基本的成果就是 2009 年在中国藏学研究出版社出版的《甲玛沟的变迁》（英文版于 2011 年由五洲传播出版社出版）。这里我说一个很小的方面，一个在书中只是略加涉及根本没有展开的小的方面：人际关系的变化。西藏民主改革之后迅速建立起来的集体主义的生产方式，经历了 20 多年之后，随着家庭承包责任制的实行，集体生活方式在很大程度上被制度化地切断。实际上，在我们进点进行考察的时候，已经感受到了这一重大变迁所造成的后果：那就是农村的凋敝，农村熟人交往圈维系社区稳定的瓦解。

当然，农村的这种令人不安的变化，与内地特别是中部地区的农村相比而言，在形式上明显不同。自 1980 年开始实施的免交农牧业税的政策一直延续到新世纪国家取消农业税时，在农牧民本来负担就较内地农民为轻的情况下，西藏农村居民感受到了在国家这个大家庭中的扶持上的温暖；内地自 20 世纪 90 年代初出现的汹涌的外出打工潮在西藏没有出现。这两点在很大程度上缓解了西藏农村社区的瓦解进程，但是从一般意义上说，这一进程仍然无法阻挡。因为这一社区距离中心城市拉萨较近，所谓现代文明的影响很容易渗透到那里，脱离种植业、养殖业，到城市寻求发展，在别的行业中寻找机会，至少在我们所在的那个社区、在年轻人当中已然形成了一种风气。个人感受很深的一点是，从这里走出去的人、依旧生活在这里的人，很少有把这里当作一种家园来对待的——近几年随着旅游业的开发，有一些走出去的人回归，但是他们所看中的与家园感无关，只是与经济出路有关。

20 年的集体主义的生产方式以及由此带来的集体生活方式，同样是一种传统，其精神价值需要有足够的认识。在旧西藏时期，因为实行的是庄园制领主经济形式，谈不上在互助组、合作化时期的那种集体劳动，这一生产方式、生活方式形成的历史并不久远。在西藏工作，比较容易体会到的，一年一度的望果节、每年的"六一儿童节"这些让居民聚集在一起的平台，甚至是偶尔的集体性的植树造林活动、并不经常举行的村民大会，都能让人重温大家在一起的"美好时光"。

2011 年，我曾到藏东昌都地区的一个村子待了将近两个月的时间，其间，村里要修建一个小型水电站，设备、技术方面不需要由村民负责，村民需要做的是投劳修引水渠。这个水电站建成后能够享受到好处的只是其中的两个村民小组，但是在义务投劳修水渠的工作中，全村所有村民小组的人都来了。我把它视为对于集体生活的一种怀念和重温。按道理说，这个村子与甲玛沟分别处于差异性很大的不同的亚文化区域，但是在对集体生活上所表现出来的一致性令人难忘。

对于还在社会生活中发挥作用的传统之类型，人们有不同的划分方式。不论怎么划分，"革命时期"的传统都应该是其中的一个方面。劳动者合作经济曾经是中国内地广为采用的经济方式，并以此构建了新型的社会关系，它曾经被认为是社会进步的一大标志；它现在却主要成了留存于人们记忆中的传统，一种被忽视的传统。而在当今世界，在社会经济生活中，资本的地位似乎远远大于劳动的地位，时代的变迁并不总是令人鼓舞。

2012 年

关于"西藏自古以来是中国的一部分"命题

"西藏自古以来就是中国的一部分"命题，讲的是西藏历史的定位。它作为一个理论问题，是已经解决了的。不过，理论上的解决并不等于应用上的明晰。我们还是常常读到在这一重大理论问题上出现明显错误的论说。

2011年《西藏日报》刊发的一篇文章中，有一节是"西藏自古以来就是祖国领土神圣不可分割的一部分"，本来这里着重要阐明的应该是，包括藏族在内中国各民族共同缔造中华民族、包括西藏在内共同缔造中国的过程，藏族是中华民族的组成部分，西藏地区的历史是中国历史的一部分。而在这篇文章中，谈得最多的是西藏与内地的交往史，其中隐含的一个意思是把中原政权等同于中国政权，把行政隶属关系的确立作为西藏是中国一部分的前提，这与无法在理论上自圆其说的"版图说"有多少实质性的差别呢？

按照这个逻辑，文章又在大谈西藏的主权问题。国与国之间的争端才用得着主权观念。西藏的归属问题根本就不是一个问题，我们与哪个国家在争西藏的归属吗？当然没有。这就好比在谈论内地某个省份时，强调历史上某个时期它的主权归属中国一样，实在不恰当。

不仅如此，在"西藏自古以来就是中国一部分"中间加进"领土"一词，也是不当的。

中国的少数民族地区与祖国的关系，中国的各个民族在中华民族中的地位和作用，在这几个基本问题上建立起完整而正确的认识，两位学者的研究工作贡献最大，一位是历史地理学家谭其骧先生，一位是社会学家费孝通先生。

谭先生1981年在《历史上的中国和中国历代疆域》中确立了中国概

念的范围,在这个范围内活动的民族都是中国历史上的民族,在这个范围内建立的政权,都是中国历史上的政权。也就是说,中国政权史是由包括中原政权史、其他民族建立的政权史共同构成的,所有这些区域的活动都是历史上中国的一部分。中国这个概念的外延随着历史发展不断扩大,我们应该用现在的眼光来看待它。

从民族看,中国人既包括中原地区的汉族,也包括边疆地区各个民族;1840年前中国境内的民族都是中国民族,其历史即是中国历史。谭先生特别强调,"我们一定要分清汉族是汉族,中国是中国,中原王朝是中原王朝,这是不同的概念。在1840年以前,中国版图之内的所有民族,在历史时期是中国的一部分"。并分析说明:吐蕃是中国的一部分,但不是唐朝的一部分。[①]

18世纪50年代清代完成统一之后,一直到19世纪40年代帝国主义入侵以前的中国版图,是几千年来历史发展所形成的中国的范围。历史时期所有在这个范围之内活动的民族,都是中国历史上的民族,他们所建立的政权,都是历史上中国的一部分。谭先生主持的《中国历史地图集》力求把这个范围内历史上各民族、各个政权的疆域政区全部画清楚。有些政权的辖境可能在有些时期一部分在这个范围以内,一部分在这个范围以外,那就以它的政治中心为转移,中心在范围内则作中国政权处理,在范围外则作邻国处理。

顺便说说,我们无形中有一种不正确的认识,那就是在谈民族间、地区间历史上的交往时,似乎认为只有友好交往才算交往,战争交往就不算交往。谭先生在那篇文章也谈到这一点,他指出:"我们历史上中原王朝跟边疆少数民族的关系到底是什么关系?主流是什么?是和平共处,还是打仗?我们看不必去深究它,确实有的时期是很好的,和平共处,有的时期是打仗,有的时期打仗还打得很凶。但是,总的关系是越来越密切……形成了一种相互依存的关系。"[②] 不同形式的交往都是交往,它们的作用是促进民族间、地区间联系的密切化,并形成一种相互依存关系,这是缔造中华民族和缔造中国的历史进程中重要的环节。

费孝通先生的功绩(1988年)是在此基础上更进一步鲜明地提出了

[①] 谭其骧:《长水梓编》,河北教育出版社2000年版,第16页。
[②] 同上书,第7—8页。

"中华民族多元一体"学说,突出地强调了中国的各个族群共同缔造了这个国家,是中华民族这一国家层面的"民族"的组成部分。

至于涉及西藏地区,对这个问题建立起完整、准确的认识,经历了一个不算短的、反复的过程。

在我们还未陷入现代民族-国家话语、主权话语的怪圈的时候,对这个问题的认识是到位的。著名的"十七条协议"的开头部分有这样的表述:"西藏民族是中国境内具有悠久历史的民族之一,与其他许多民族一样,在伟大祖国的创造与发展过程中,尽了自己的光荣的责任。"这实际上就是各民族共同缔造中华民族的通俗表达,各民族的历史是中国历史的组成部分的通俗表达。1965年西藏自治区的成立,与西藏和平解放一样,是西藏现代史上的一件大事,9月10日,《人民日报》为庆祝自治区的成立而发表的社论《为建设社会主义的新西藏而奋斗》中,同样提出了相同的认识:"西藏藏族是祖国大家庭中优秀的民族之一。藏族人民有勤劳勇敢的传统,有刚毅豪迈的精神;他们在与各兄弟民族共同缔造祖国的斗争中,在反抗帝国主义的侵略、维护祖国统一的斗争中,在同反动残暴的农奴主的斗争中,作出了巨大的贡献,写下了光辉的篇章。"

国家在实行开放政策的时候,接受了西方的一套包括在民族问题上的话语体系,或者说常常是在那套话语中进行言说,这就带了一些认识上的困惑。谭先生、费先生的工作,就是在重建自己的话语体系上的努力。不过,如何运用到对于西藏的研究和实践,并不是很顺利的。

在藏学研究领域,老一辈藏学家王辅仁先生是首先批驳"版图说"(1984年)的,对于"自元朝以来西藏归入中国版图而成为中国一部分"的观点做出了正本清源的阐释。王辅仁先生运用逻辑反推法指出,"西藏在元代归入中国版图"这一论说,等于是说元代以前的西藏是外在于中国,那么,元代以前的西藏属于那个国家呢?它不属于任何别的国家,在元代以前西藏就是中国的一部分。[①] 这是谭先生理论在西藏历史地位上的一个出色的运用。此后,"版图说"开始基本退出言说(不过,此后还是在一些论述中见到"版图说"的影子,这是一些研究人员自己的问题。)

不过,王辅仁先生的说法("西藏自古以来就是中国领土的一部分")还是留下了不严谨之处。对这个论题,我们是从民族、历史、领

---

① 李丽主编:《王辅仁与藏学研究》,中央民族大学出版社2006年版,第67—73页。

土（行政管辖）三个层面进行论述的，藏族是中国境内的少数民族，是中华民族大家庭中的一员，是中华民族的一部分；在这个基础上，藏族形成和发展的历史是中国历史不可分割的组成部分；藏族聚居和生活的地方是中国领土的一部分。笼统地用"西藏自古以来是中国领土的一部分"的说法，实际上是把"自古以来说"和"元朝开始行使行政管辖权"这两个不同层次的论述放在一起了。一般情况下，我们说西藏是中国领土的一部分，自然是可以的；而在作为"自古以来"说的框架下再将"领土说"放在一起，则可能会自己绕混。

2006年5月，全国政协主席贾庆林视察中国藏学研究中心时，提出要研究"西藏自古以来是中国的一部分"的重大课题，为此，中国藏学研究中心开展了专项研究，取得了正本清源的研究成果。2010年，中央第五次西藏工作座谈会通过的文件，把"西藏自古以来是中国不可分割的一部分"这一重要结论载入中央正式文件。所以说，这一论题是已经解决了的，我们需要反省的是如何正确地运用。

下面，换一种方式，我们对这个论题再进行一下梳理分析。

几十年来，关于祖国与西藏地方关系的表述有：（1）西藏自元以来归入中国版图；（2）早在13世纪西藏就是中国不可分割的一部分；（3）西藏从元朝以来正式纳入中国的行政管辖；（4）西藏自古以来就是中国领土不可分割的一部分；（5）西藏自古以来是中国不可分割的一部分。

还有一些对于"自古以来"这个词的"认识"：如有人说，西藏自古以来就是中国的部分是对的，因为中央就是这么说的——这是从朴素的政治感情角度上说的；还有的人说，元朝也是古代，所以说西藏自古以来是中国的部分是对的。这些说法，反映的是对这一理论问题认识还未到位。

比如，2003年纪念李有义先生诞辰90周年，作为李先生弟子的张江华先生在纪念文章《李有义先生对中国藏学研究的重要贡献》中这样说："李先生在对西藏历史发展过程和政治制度进行深入研究后提出了自己的看法，他说，'元朝看见过去吐蕃的分裂不易统治，就册封花教萨迦派法王为大宝法王，后又加封大元帝师，让他统治整个西藏，这是西藏在政治上正式隶属于中国的开端'。这个观点在解放后国内发表的藏学专著中，是由李先生在《今日的西藏》中最早提出的。关于西藏何时归入祖国版图这一问题，我国藏学界一般有两种观点，李先生的'元代说'是一种，还有自古以来西藏就是祖国领土的'自古以来说'。两种观点都是对的，因为元代也属于中国历史的'古代'。但是'元代说'更具体、更明确，事实更充分，更具科学性，已为多数藏学家所认同，并已成为批判西藏分裂分子'藏独论'的有力论据。"而实际上，李有义先生在《今日的西藏》（1951年出版）中所说的是这个论题中的第二句话，即元朝开始对西藏行使行政管辖权，根本不是版图说；而对版图说的不当，王辅仁先生早在20世纪80年代前期即已廓清。

仅仅用行政管辖作为唯一标准来划定边疆民族进入中国版图，存在着重大的理论缺陷，在现实中也可能会被分裂势力所利用。这种以行政管辖为原则的方法套用的是现代国家的概念，既不能反映历史发展过程中中国国家形成的客观实际，也会导致概念上的混乱。

如何科学准确地表述历史上西藏与祖国的关系？在西藏历史地位（法律地位、政治地位）问题上，可以用两句话（两次层次）来表述，一是西藏自古以来是中国的一部分；二是中央政府自元朝开始对西藏正式行使行政管辖。

对于这个问题的认识为什么长期纠缠不清，一个重要的原因就是，我们一直是在现代民族国家话语框架内、在主权概念中打转。在现代国家、民族、版图和疆域形成等重大问题上，话语权主要掌握在西方手里，由近代殖民主义扩张以及通过武力征服而形成的概念，在被强加给"国际社会"的同时，也被用来解释一些历史悠久的文明古国的历史及其民族关系史，关于西藏地方与中国关系的问题是其中之一。

这个论题之所以重要，是因为它不仅关系到对于中国历史、西藏地方史的正确认识，更与现实反分裂斗争息息相关。

达赖集团以及支持它的西方势力，长期以来炮制了一系列鼓吹西藏独立的论调，在历史问题上，粗略梳理一下，大致有这样一些论调（纠缠于主权概念的言说姑且不论）。(1) 西藏历史上是独立的。(2) 民国时期西藏处于事实上的独立地位。(3) 元朝非中国说。这一说法中还包含有，"蒙古去中国之前就征服了西藏"，所以西藏不是中国一部分的论调。(4) 清朝非中国说。第三、第四两个论点也被通称为"蒙满非中国说"。(5) 西藏有着"自己的历史"，所以是有独立的依据的。(6) 西藏有自己的语言，和平解放前，西藏有自己的货币、"国旗"等，可以构成一个国家的条件。(7) 西藏与中国的关系只是供施关系。西藏与蒙古族和满族的关系只是这种宗教上的关系。

虽然达赖方面表白，他们不寻求"西藏独立"，只是要求西藏的高度自治，对此理论界有过不少有力的批驳。我们这里仅就其历史地位问题上的态度谈一下。在他们宣称不寻求"西藏独立"的若干年里，他们从来不在"西藏是中国的一部分"上松口，还是一直在鼓吹上面列举的一些论调。仅此一点，就可以看出达赖集团是在欺骗世人，他们的真心意图就是搞"西藏独立"，只是在不同时期有不同的策略选择而已。

我们还可以做更多的一些分析。

在国际法意义上，西藏的地位是清晰的——没有哪个国家的政府公开否认西藏是中国的一部分，它们承认是中国的自治区之一，没有一个国家公开否认中国对西藏的主权。而与此同时，"西藏问题"中间横亘着帝国主义的"承认的政治"，一种以民族国家为主权单位的承认体系。

要把这一问题说清楚，还得说说近年来在国内受到很多追捧的"普世价值"论。从一定意义上说，这就是话语权问题。所谓普世价值论，从话语权角度，我的解读是，西方文化中发展出来的资本主义文化体系就是标准，非西方文化中的论题要拿到这套话语中比照，不相吻合就要削足适履。用到这里，意思就是只能用现代民族国家体系来论说，漫长的中国历史上长期存在的朝贡模式就没有话语权。把朝贡模式纳入主权体系中，造成我们在"对话"中每每捉襟见肘。正如清华大学汪晖教授所言，西方国家承认中国对西藏的主权的同时，并不妨碍它们从别的方面支持西藏的分离主义。

主权承认的政治从来不是稳定不变的政治，南斯拉夫就是一个活生生的例子。西方国家先是按照国际法承认南斯拉夫的主权的，但是很快就打破国际法规则，单边承认从南联盟解体出去新成立的国家。F. 哈里代认为，独立问题不是由历史决定的，而是由国际性的承认关系决定的。主权国家的形成并不完全取决于历史，而是取决于国际承认的状况。

总之，西藏自古以来是中国的一部分，自元朝开始中央政府对西藏行使行政管辖权。西藏的地位是历史形成的，不容歪曲和篡改；任何企图把西藏从中国分裂出去的图谋，都是不得人心的；有着光荣爱国传统的中国人民、已经站立起来了的中国人民有能力捍卫国家的统一。

2011 年

"西藏问题"的议题设置

"西藏问题"是帝国主义侵略中国的产物，新中国成立之后，打造和经营"西藏问题"成了美国集团遏制、分化、和平演变中国的战略考量之一。以人权问题为关键词，以自治、文化、宗教、生态上的攻击与诬蔑为策应，以达赖分裂主义政治集团为主要工具，在不同的国际环境条件下，实施有差别的进攻策略，美国集团始终如一地没有放弃"西藏问题"这张牌。在这个问题上，我们不应抱有不切实际的幻想，要坚持斗争；围绕建立和谐稳定的目标，努力做好自己的事情。

对于我们身处的时代，有一点是有共识的：这是一个全球化的时代，或者说至少是经济全球化的时代。所谓全球化，也就意味着地方问题的世界化，意味着地方性问题需要在世界问题体系中思考和解决。在这个仍然以民族国家为基本单元形式的时代里，全球化对于民族国家所带来的削弱性影响，有不少显而易见的证据；有不少论者从国际资本势力的角度进行分析，认为真正主宰这个世界的是资本特别是金融资本的力量，也有一些很有说服力的证据。我的问题是，在当今世界，资本力量与民族国家究竟处于一种什么样的关系？当美国人为了保持其全球霸主地位或者说为了保持美元的霸主地位，进而保持其战略上的绝对主导地位，对于同样是资本势力主导的欧洲、日本，也在实行压制政策。仅就2008年以来美国的"实践"来看，也是一个明显的情形。

或许我们现在还只能这样去判断：在美国范围内，资本力量与国家力量是重合的，超出美国范围，在美国人眼中，资本力量还得服从于国家力量；而在面对社会主义国家和第三世界的时候，美、欧、日资本势力的协同一致确实是清晰的。本文所谈"西藏问题"的议题设置，这是一个必须加以考察的背景。

美国是有长远战略谋划的国家

这里所说的美国战略，是指美国对华总体战略，新中国的诞生，是美国对华战略的基础。第二次世界大战结束到20世纪40年代末，世界政治格局发生了重大的变化，中华人民共和国的成立，社会主义阵营的力量得到了极大的加强，美国作为头号资本主义强国，在国际政治舞台上占据了一个耀眼的位置，社会主义阵营与资本主义阵营两极对立的冷战格局迅速形成。

插手那些可能与之地位有着某种关系的世界各地的事务，便成了美国人"自然"的选择。美国人扶植的蒋介石集团土崩瓦解，中美两个意识形态上相异的国家已经不可能站在同一阵线里；而新生的中国政权百废待兴，美国人除了表达其当时看来显得渺茫的第三代、第四代"和平演变"的期望外，还在做着不甘心的种种举动。比如说介入朝鲜战争，围堵中国，试图扼杀新生的人民政权；比如说下力气"保卫""不沉的航空母舰"台湾，等等，而在"西藏问题"上有所作为也是一个"自然"的选择。遏制并孤立中国，是美国自新中国成立开始就实行的对华战略。坚持不懈地推进"和平演变"战略的同时，按照美国人的意图"塑造"中国，是美国对华政策的基石。

一些历史研究者指出，1946年3月英国首相丘吉尔发表著名的"铁幕"演讲，是冷战开始的起点，而当时美国国内并没有如英国人那样明确的意识。这只是看到了表象，没有深刻认识到历史发展的无法逆转的趋势，美国人的深谋远虑就是这种趋势的表现。

所谓"西藏问题"，是美国对华战略中的一个重要方面，始终服务于总体战略需要。西藏民主改革以来60多年，不同的历史时段，或者说不同的国际环境条件下，"西藏问题"或者美国人打"西藏牌"的力度有着明显的不同，阶段性特征明显，而"西藏问题"在美国对华战略中的位置又是始终如一的。

在"西藏问题"上，美国人谋略之深远还可以往前推。1942年底，也就是英国人还在主宰着印度次大陆的时候，中国还作为二战同盟国之一进行反法西斯战争的时候，美国人即把战略目光投向了西藏，美国战略情报局（OSS，CIA 前身）以勘察经西藏的中印公路的名义，派员进入西藏进行"有战略意义的"接触，两位 OSS 特工到拉萨后，带给达赖的是美国总统罗斯福的亲笔信和礼物，怂恿西藏地方当局考虑出席战后和会，等等。他们返回后给美国政府的建议是，"美国政府应该绕过中国政府支持西藏，以满足西藏从中国独立出去的愿望"。西藏和平解放前，西藏地方组建的"西藏广播电台"就是这次"接触"后的产物。

1947 年 1 月，美国驻印使馆官员曾提出，"西藏无论在意识形态方面还是在地理位置上都具有极为重要的战略意义"。认为在抵制苏联的影响方面，西藏是个极佳的缓冲地带。西藏可能成为"反对共产主义在整个亚洲蔓延的一个堡垒……和政治动乱大海中的一个保守主义岛屿"[1]。虽然美国当时没有对这一计划做出反应，但是把西藏作为一个战略棋子的打算随后得到贯彻。

1949 年初，也就是中国政局大势明朗的当口，美国国务院曾有过一场对西藏政策的讨论，有这样一些结论："目前暂不表露改变中国对西藏的主权"，"一旦中国落入共产党手中，那么承认西藏独立比把她看成共产党中国的一部分对美国更为有利"。支持在联合国大会上正式提出西藏问题。1949 年 1 月 8 日，美国驻印度大使韩德逊给国务院的备忘录中，建议"假如共产党成功地接管了整个中国，或者发生了某些相应的影响深远的事件，我们就应当准备把西藏作为实际上独立的国家对待"[2]。1949 年 12 月 30 日，美国国家安全委员会通过第 48/2 号文件，是为美国远东遏制战略形成的标志。与西藏有关的内容是：要遏制中国向南亚和东南亚的扩张，而西藏是南亚的屏障，应防止西藏被共产党中国控制。此前，"七八事件"发生时，美国通过派遣"哥伦比亚广播公司评论员"汤姆斯父子到拉萨，携带美国总统和国务卿的信件给西藏地方当局，一个主要的目的就是阻止人民解放军进藏。

新中国成立前后，印度也获得了独立并正式建国，风光一时的大英帝国退出印度次大陆，而英印经营多年的"西藏问题"遗产便交给了印度人。在美国人看来，印度是民主国家，是可以视为盟友级别的国家，不存在意识形态上的纷争，但是如果只是依靠印度方面的力量，是无法在

---

[1] 转引自《现代西藏的诞生》，第 128 页。

[2] 转引自胡岩《美国对中国西藏政策的演变》，载拉巴平措、格勒主编《真实与谎言》，中国藏学出版社 2004 年版，第 144 页。

"西藏问题"上发挥应有的作用的。

在和平解放时期，美国集团把"西藏问题"作为一个重大的议题，是希望把西藏打造成遏制共产主义的屏障。1959年以后，则是把"西藏问题"作为遏制中国、搞乱中国的一张大牌。因为有达赖集团的存在，他们在使用这张牌的时候就有许多的便利。这是美国集团多年来打造的结果。

现在讨论"西藏问题"的议题设置，我们无法回避美国人的"亚太再平衡"战略动向。美国人战略重心转移不是近年来才提出来的，2001年上半年，在拔掉南斯拉夫联盟这颗钉子之后，美国新任国防部长立即宣布：美国的战略重点要转移到亚洲特别是东亚。他们并不是说说而已，配套的是一系列动作，比如说在关岛新设瞄准中国大陆的导弹，向台湾出售到那时为止最多也最先进的武器，支持菲律宾在南海抢占中国岛屿和惹事，在亚洲连续举行军事演习，即将卸任的美国总统访问越南，积极拉拢盟友日本和盟友级别的印度，等等。在美国"9·11"事件发生时，一个对于中国的经济、政治、文化、军事的包围圈在加紧建设并已初具规模。当然，这其中也少不了利用他们多年苦心经营的棋子，陈水扁作为台湾地区领导人第一次过境纽约，美国政府领导人见达赖，也在2001年上半年上演。只是"9·11"事件暂时打乱了美国人的路线图，中国难得地获得了近十年的发展自己的战略机遇期。在新世纪头一个十年结束之际，美国人重提并大力推动，不过是在表明，这是他们对华战略不是心血来潮的临时策略。

"西藏问题"议题的打造

全面而在形式相对低调地接手西藏事务，还只是第一步。把西藏打造成一副好牌，就成了美国人处心积虑要做的事情。

1950年1月，中国外交部发表谈话，"拉萨当局当然没有权力擅自派出任何'使团'，更没有权力去表明它的所谓'独立'。西藏的'独立'要向美国、英国、印度、尼泊尔去宣传，并由美国的合众社加以宣布，使人们不难看出这种消息的内容即令不是出于合众社的创造，也不过是美帝国主义及其侵略西藏的同谋们所导演的傀儡剧"。① 1950 年 6 月朝鲜战争爆发后，美国人更加坚定了把西藏变成反对共产主义体系的东方战略包围圈中重要一环的决心。1950 年 6 月 13 日，美国国务院向英国驻美大使提交声明，提出美国将可能采取行动，鼓励和支持西藏反抗中国的控制。为此，美国人确实做了不少的工作，而随着"十七条协议"的签订，美国人的这一波"努力"没有收到实质性效果——但并不是说没有任何效果。

　　西藏和平解放后，美国人与西藏分裂主义势力之间的接触与商谈，一直就没有中止。分析 20 世纪 50 年代的西藏所发生的种种事件，如果没有美国人"始终不渝"的背后支持与怂恿（如 1956 年开始的美国 CIA 训练叛乱人员并送回境内，如 1958 年起多次给叛乱武装空投武器弹药），和平解放后的西藏是很有可能顺利地走上和平改革与社会主义建设道路的；而 1959 年西藏叛乱后达赖一行逃亡印度，这既是美国对华战略重要一环的一个结果，在美国人看来，也是一个不错的起点——虽然与达赖集团留在国内直接搞"西藏独立"相比差了一些，更何况他们留在国内也不大可能明目张胆地搞独立活动。

　　当达赖一行逃到印度后、试图以印度为基地开展独立活动时，印度方面出于自己的考虑提出了警告和反对，达赖之兄嘉乐顿珠向美国总统和国务卿致信请求支持，美国方面毫不犹豫地给予了支持，按照当时美国代理国务卿狄龙的话就是，"如果我们不对达赖喇嘛的吁请做出积极回应，那么尼赫鲁的政策有可能占上风"，这"意味着达赖喇嘛作为一个反抗中共在政治、文化方面实行暴政的形象不复存在"。② 美国远东事务助理国务卿帕森斯在给国务卿赫脱的备忘录中说："如果我们不对抵抗运动事业表示明确的同情，他们的士气有下降的危险，……如果美国完全忽视达赖喇嘛的请求，会削弱他向世界揭露西藏问题的决心，也会损害美国作为国际道德捍卫者的声望。"③ 这就是达赖 6 月 20 日在穆索里记者招待会上发表叛国声明的背景。

　　因为直接支持搞"西藏独立"有不合时宜之处，美国人打造"西藏

---

　　① 西藏自治区党史征集委员会、西藏军区党史资料征集领导小组编：《和平解放西藏》，西藏人民出版社 1995 年版，第 151 页。

　　② 1959 年 6 月 16 日"代理国务卿狄龙致艾森豪威尔总统备忘录"，见陶文钊主编《美国对华政策文件集》第三卷上册，世界知识出版社 2005 年版，第 459 页。

　　③ 1959 年 10 月 14 日，见《美国对华政策文件集》第三卷上册，第 465 页。

问题"议题的重点便放在了"人权"上，至于旧西藏时期农奴主集团对待西藏人民糟糕的人权记录，"美国集团"要么视而不见，要么就是给予香格里拉式的美化，总之，就是一定要把旧西藏与人权话题彻底脱钩。美国人从人权角度打造西藏议题，重点放在把叛乱说成是"反抗中共要摧毁西藏自由，消灭西藏宗教和杀戮人民的企图"。要达赖方面"从强调人权的角度而不是从主权的角度出发"提出西藏问题，因为这样"将更有利于在西藏问题听证会上争取到更广泛的支持"，多争取一些国家的同情，特别是"与联合国其他成员在此问题上的磋商"，有利于加强"我们的观点"。[①]

除了要求达赖方面出面外，还要他们一手扶植的"国际法学家委员会"成立"法律调查委员会"调查"西藏事件"，以提供法律依据。这是达赖出逃后，在美国的操纵下，联合国大会分别于1959年10月21日（第十四届）、1961年12月20日（第十六届）、1965年12月18日（第二十届）通过三个决议的背景，它们都是从保护人权上着眼——"呼吁尊重西藏人民的基本人权""庄严重申呼吁停止剥夺西藏人民包括自决权在内的基本人权和自由之行径""庄严重申呼吁停止剥夺西藏人民一直享有的人权和基本自由的一切行径"，不触及"西藏独立"问题。

同时，支持流亡集团在尼泊尔木斯塘地区建立基地，开展对西藏境内的袭击、破坏活动，其经费、武器、物资均由美国提供；每年给流亡集团提供不菲的资金支持，这些支持都是暗中进行的。

20世纪50年代、60年代特别是60年代，对于包括人权话语在内的政治话语主导权，远不是我们今天想当然以为的那样，全世界对美国镇压黑人、没有人权、支持独裁者、在全世界到处镇压民主独立运动，进行了声势浩大的批判，当时掌握人权、民主等话语权的不是美国，而是以中国为代表的社会主义国家、第三世界国家。美国人开展了争夺话语权的斗争，成功地对这些话语进行了"改造"，重新掌握了话语权，并开始对中国等进行攻击。

到70年代，美国人的对华政策走到了需要做出局部调整的时间节点。1972年初，美国尼克松总统提出大国均衡战略，也就是希望借助中国的力量以制衡苏联。在这一大背景下，"西藏问题"的重要性在表面上有所

[①] 见《美国对华政策文件集》第三卷上册，第452、463、464页。

降低，这也就是为什么在整个70年代达赖方面有很深的"被遗忘"感觉的原因，但是这并不意味着美国人要放弃这枚棋子。

1977年卡特当选美国总统，最引人瞩目的是其"人权外交"主张。"人权"这个关键词其实一直在美国人的口袋里，这个时候拿出来，新意只是把它与外交联系在一起。这个时候，"中国"还不是一个最大的问题，最大的问题仍然还是苏联。卡特时期在这个问题上，只是倡导中美人权对话，"西藏问题"当然也在人权话题之内，美国人不可能因为"有求于中国"而放弃西藏问题几十年来设置。而且他们也没有大肆嚷嚷，装作没看见，装作没听见达赖方面的一再抱怨。

80年代后期，苏东地区特别是苏联，出现了美国人眼中"可喜的积极的变化"，苏联在美国人的战略大盘中的分量在降低，中国的分量在上升，把主要目标悄然转向中国时，"西藏议题"在沉寂了一段时间后又一次彰显。

1987年6月，美国众议院提出"西藏人权问题修正案"，这是西方议会在80年代搞的第一个针对中国的决议。对于西藏局势而言，1987年9—10月份可以看作转折点。美国国会在给达赖喇嘛提供讲坛，在其人权小组委员会上发表了"五点计划"，这个计划之一就是"尊重西藏人民的根本人权和民主自由"；第二天，佩尔等支持达赖活动的美国议员便联名给中国总理写信表示支持，而随后拉萨骚乱中的一个口号也是"要人权"；骚乱发生后，10月6日，美国参议院通过的一项"西藏问题"修正案，"顺理成章"地声称中国在西藏侵犯人权，"中华人民共和国政府应该尊重国际公认的人权，结束违犯西藏人权，对达赖喇嘛就西藏未来建立建设性对话的努力作出积极反应"。10月14日美国国务院一名官员在国会作证时，一方面表示不支持达赖"五点计划"，又声称美国政府支持改善人权的要求。1988年5月10日，美国国会人权小组举行"中国侵犯西藏人权"听证会，人权小组两主席之一、众议员兰托斯说，美中关系应该建立在"成熟的人权的基础上"。

1989年是另一个转折点。1990年2月21日，美国政府发表年度人权报告，首次专门抨击中国的人权状况。1990年2月，老布什总统批准的《1990—1991年度国务院授权法案》，除了重申对华制裁措施外，还将西藏问题与中美关系挂钩：要特别注意中国是否取消了拉萨及西藏其他地区的戒严，是否允许外国新闻记者和国际人权组织的代表进入西藏，是否释放了政治犯，是否与达赖喇嘛展开了谈判。

1991年4月16日，布什总统见达赖，首开西方政府首脑见达赖的记录。此后直到2008年上台、2012年连任的奥巴马总统，历任美国总统以见达赖的方式来敲打中国就成了"惯例"，这也是美国充分利用"西藏议题"实现其战略意图的一个大手段。

1998年克林顿签署生效的《国际宗教自由法》，标志着美国主导的以"国际宗教自由"为核心的"新人权战略"正式形成。所谓宗教渗透，其实质是一种"政治渗透"。

新中国成立60周年之际，因为金融危机的爆发与持续蔓延，美国的人权议题又走到新的转折点，比过去有了更大紧迫性：必须用这个议题来"证明"中国发展的不可持续性，否则，制度问题的质疑指向就不是社会主义制度而是资本主义制度。更何况，人权本就是美国式的"普世价值"中的一项基本的、重要的内容。这就是为什么西方人在自顾不暇的情况下，十分热心地来"帮助"中国推进改革的缘故，而改革的指向则是他们自己的制度——纳入自己的制度系统中，如果水土不服是他们所希望看到的，即便还是有大的可持续的发展，则是他们自己制度的功劳；无论后果怎样，都是他们的胜利。

这是又一个"新时期"美国人对于西藏问题议题做文章的背景。2008年拉萨"3·14"事件前后，美国集团在明里暗里支持达赖集团所做的种种，均可归结到这个背景下。举一个例子，2008年4月18日，美国白宫发言人针对日本首相福田康夫说"西藏问题"已经成为国际问题的说法，这样表态，"我认为我们不能把它定性为国内问题或国际问题。我认为那不是问题的实质"，"问题的实质是，世界上有许多地方，我们关心居住在那里的公民的人权，我们对所有这些地方（人权问题）都表示关心和担忧。我们希望情况能有所改善"。[①]

这里，我们对美国国会自1988年到1998年通过的一些决议案作点分析。几个基本特点：一是指责中国在西藏践踏和侵犯人权，敦促中国尊重人权，除了"引用"达赖集团诬蔑歪曲之词外，还特别就拉萨骚乱说事，把骚乱说成是"以和平方式表达政治信仰"，把平息骚乱说成是武力镇压和践踏人权；二是支持达赖1987年9月在美国提出的"关于恢复和尊重

---

① 这一报道见2008年4月20日《参考消息》。

西藏和平和人权"的"五点计划","确认"达赖是西藏人民的领袖、"值得尊敬的世界领袖",称他"一直提倡正义和非暴力"、"争取人权";三是呼吁中国政府与达赖方面进行"建设性对话";四是要求总统、国务卿对达赖方面给予大力支持,在国际场合公开表示讨论,在处理对华关系时把西藏因素考虑进去;五是"整合"几股"人权反华力量",比如说1995年底美国参议院决议就把魏京生与达赖非法认定的班禅放到一起,表达对中国"人权实践的关注";六是由联合国或其他外部方面派员到西藏进行人权调查,允许外国记者和人权观察员进入西藏。核心关键词始终是人权。

总结起来说就是两点:一是"西藏问题"必须成为美国集团制华的一张牌;二是"西藏问题"的核心议题是人权问题。50年代美国人就明确地指点达赖方面,如果主打独立主张,不仅难以获得支持,更会失去其作为"牌"最起码的作用。而美国人提出实行"人权外交"、以所谓"人权高于主权"的名义对他国进行干涉、肢解,则是80年代初和90年代末的事情。联系在"西藏问题"上人权议题的设置,其战略考量之长远可见一斑。

"西藏问题"就是中美问题

这一判断,与"西藏问题国际化"不可等量齐观,与"西藏问题"在某种程度上是中国的内政问题也不能作简单的类比。就如当年毛主席就台湾问题所指出的,"美国想要我们答应不以武力解放台湾和沿海岛屿,来交换沿海岛屿的撤退,从而在事实上造成'两个中国'的形势"。"解放台湾是中国的内政,因为美国武装干涉中国解放台湾,造成台湾地区的危险局势,所以才需要同美国进行谈判,要求它放弃干涉和撤离台湾海峡。"[①] 1958年9月8日在最高国务会议上讲,"台湾是我们的,那是无论如何不能让步的,是内政问题;跟你交涉是国际问题。这是两件事。你美国跟蒋介石搞在一起。蒋介石这一边是内政问题,你那一边是外交问题,

---

① 1955年3月5日,见中共中央文献研究室编,《毛泽东思想年谱(1921—1975)》,中央文献出版社2011年版,第779页。

不能混为一谈"。① 毛主席在这个意义上说，台湾问题就是中美问题，其含义就在这里。

长期以来，美国人利用"西藏问题"的一个基本出发点，就如1954年初其助理国务卿华尔特·鲁宾逊（Walte Robinson）在国会做证时所说，"我们希望解决中国大陆问题不是通过进攻大陆，而是进行促使其从内部分裂瓦解的行动才对。"②

"西藏问题"就是中美问题这一判断，并不意味着达赖方面事无巨细完全掌握在美国集团的手中，达赖集团也具有一定的自主性。2011年以来特别是2012年，备受关注的藏区自焚事件就是最好的例子。我以为这是达赖方面发挥主观能动性的所为，而非出于美国人的"有意安排"，与美国人在钓鱼岛问题上态度暧昧一样，只要美国人在说些自相矛盾的话语，在说这样话语的背后是为其伙伴（不论何种性质和程度上的）说话时，基本就可以认定美国人是在面对其伙伴的自由发挥。在自焚事件上，美国人自然不敢冒天下之大不韪高调支持，但是通过一些小动作诸如美国驻华大使到访某一藏传佛教寺庙，体现姿态支持意思；美国国务院某一层级的官员会见自焚者家属，听其控诉之类。

作为战略棋子，美国人所注重的是其在两条红线之内的活动：既不可消弭问题，也不能损及美国的战略利益。这里的问题是，美国人能把握好这个度吗？在日本人走向违背人类基本的道德底线的闹腾中，人们有理由提出疑问。在"西藏问题"上，明显的事实是，在达赖方面鼓动、操纵的自焚事件中，已经突破了基本道德底线。不管美国人支持的调门是高还是低，这种支持的意味本身就是对于他们挥舞的人权大棒的嘲弄。一个失去了基本是非观的策略，是没有出路的。

放弃幻想

就是要放弃两个幻想。

一是不要对达赖方面抱有幻想，即便达赖集团内部出现重大分化，或

---

① 见《毛泽东思想年谱（1921—1975）》，第860页。
② 转引自《现代西藏的诞生》，第145页。

者达赖之后出现形式上的大变化,这一集团的基本性质都难以出现大逆转,他们这一因素仍将长期地作为对抗性、破坏性力量而存在。这既是一股分离势力,更是美国战略的需要,这就是上面所说的不能消弭问题的红线。20世纪80年代,达赖曾经一度想要回来,之所以未回,表面的说法是内部少壮派的反对,这自然是一个原因,更深的原因在美国集团。

二是不要被美国方面一时的策略性变化所迷惑,放弃对美国在"西藏问题"上善意的幻想。利用"西藏问题"议题作为对付中国的棋子之一,美国集团始终没有改变过;如果一定要说有什么影响的话,最多不过是最大限度地"发挥"达赖集团的作用罢了。美国在任总统见达赖之事,此前已经讨论过。概括地说,这其中不过是一个有点隐晦的文字游戏法而已,而不变的则是美国人的战略谋划。

我们还可以从一个大的层面来看待美国人的"西藏问题"议题。在超过一个甲子的时间里,美国人企图借"西藏问题"分裂中国、遏制中国的图谋,虽然给中国的发展和稳定带来过不小的困扰,但是在根本上他们是明白的,除非中国陷入内乱,否则他们就完全没有得逞的可能;即便如此,"西藏问题"议题依旧会长期使用下去,与什么人担任总统无关,只与美国的霸权利益有关,他们对待中国的基本战略目的我们丝毫看不出进行调整的可能,更不用说改弦易辙了;他们除了寄希望于中国内乱(这些议题也是企图促成中国内乱的措施)外,通过包括"西藏问题"议题在内诸多议题的使用,需要最大化地发挥那些苦心经营的议题的作用——这些议题也确实发挥过一定的作用。

我们应该看到,抓住并利用了重大战略机遇期的当今中国,今非昔比,我们应该有足够的文化自信、制度自信,我们应该有足够的信心和能力来应对包括"西藏问题"在内的一切干扰,全体中国人也一定能够真正做到共享作为中国人的自豪与荣耀。

2013 年

事过境未迁
——对美国总统见达赖的评说

2014年2月21日，美国总统奥巴马在其第二个任期内，"见"了一次达赖喇嘛，这是中国共产党十八大之后，西方政府首脑首见达赖，是西方世界的老大美国的总统见达赖。上一次见达赖的西方政府首脑是英国首相卡梅伦，时在2012年5月。相应的，所谓"西藏问题"也又一次受到舆论的关注。

这并不让人感到意外，因为这是美国人的"惯例"。1989年中国发生政治风波，年底达赖被授予了诺贝尔和平奖；随着东欧的剧变和苏联的解体，过去的冷战结束了，针对中国的新冷战开始了。在制裁中国的大调门中，美国总统老布什开西方国家政府首脑之先例，1991年公开见达赖。自此以来，西方世界的政府首脑见达赖的不在少数，仅就美国而言，不仅仅是每位而且是每任总统都见了达赖，有的在一个任期内还见了多次。

美国总统此次见达赖，细节上有一点不同。奥巴马上次见达赖前，提前广而告知，中国国务院新闻办为此举行专题新闻发布会，把该说的话都说了，美国人玩弄文字游戏法的小伎俩于是昭然于天下，虽说他们并不太在乎，但是毕竟是丢面子的事。这次美国官方仅在总统见达赖前一天才发布消息，似乎是要让中国没有足够做出反应的时间，但是从中国方面在第一时间做出的反应来看，美国人的预想是落空了。之所以会落空，在于这并不是一个需要做出新的谋划以应对的事件，中国的态度并没有变化。这个一贯态度就是：西藏事务是中国内政，美方无权干涉。美方这一严重干涉中国内政的行为，违反国际关系基本准则，将严重损害中美关系。

2014年是多事之秋，随后发生了几件牵动全球神经的重大事件，这个不大的新闻自然也淡出人们的视野。不过，时过境未迁，围绕这一事件进行一番梳理分析，还是有必要的。

一

　　首先要弄明白，什么是"西藏问题"？

　　作为概念，"西藏问题"充满歧义，它首先是帝国主义特别是英帝国主义侵略西藏的产物，其次是20世纪50年代开始，达赖集团和支持其立场的西方世界进一步共同打造出来的。现在所说的"西藏问题"，当然不是指西藏社会发展稳定工作中所出现的一般性问题，而是指西藏的历史地位问题；他们借用这个概念，处心积虑地想让世人相信"西藏不是中国的一部分，曾经是独立的国家"。这个概念也是达赖方面作为分裂主义政治集团"安身立命"的前提，它的逻辑导向是，"实现西藏独立或者变相独立"才是彻底解决"西藏问题"之道。

　　那么，我们就来谈谈西藏的历史地位问题。

　　西藏的历史地位建立在两个基本认识上：一是，在多元一体的中华民族形成过程中，在中国的历史形成中，西藏从来就是中国的一部分；二是，中国的中央政府自元朝开始对西藏正式行使行政管辖权。这就是我们常说的"自古以来"说的完整内涵。需要强调的是，如果只用行政管辖原则来认识西藏的历史地位，只是说明了部分的历史事实，不能完整地反映历史发展过程中中国形成的客观实际，还有可能造成把行政管辖等同于实际历史状况，导致概念上的混乱。只讲其二不讲其一，在西方世界主导话语权的背景下，曾经是一个不客观的"实际状态"。

　　在中国这个大家庭中，历史上，各个部分与整体的组成关系，在形式上并不完全相同，但是这并未从根本上影响它们作为整体的一部分。世界历史的形成过程本就是丰富多彩的，包括国家在内的人们共同体的形成，并不仅仅只有某个单一的模式，英印殖民统治者不愿（也有认识能力欠缺的原因）从文明的多样性角度来理解西藏地位，硬套西欧历史上的"宗主权"概念来指认西藏与祖国的关系，后来则干脆把西藏视为"缓冲国"。同时，英帝国主义势力侵入西藏后，按照其一贯的逻辑，极力挑拨西藏与祖国的关系，以经济利益为主要手段大力扶植西藏地方买办力量，造成西藏地方当局对于祖国采取"非爱国主义态度"。伴随着中国人民革命战争的胜利，"西藏问题"本来可以完全化解的，但是随着冷战在两大阵营之间展开，美国集团鲜明地开始了制华战略；美国人接手操作"西藏问题"，就是把它作为实行其战略目标的一枚重要棋子。

也就是说，西藏的历史地位是清楚的，所谓"地位未定论"根本就不是一个真实的命题，"西藏问题"概念指向的是一个伪命题。与其说概念的打造者是没有认识到概念指向命题之伪而打造，不如说他们正是因为明白这一点而刻意去打造，目的就是追求其中可能带来的战略利益。

二

回顾历史，我们可以很清楚地看到，"西藏问题"的根本指向，一直是稳定的；而实现这一目的的手段、被赋予的操作策略，包括话语表述，在不同的历史时期则经常发生变化。

美国人为此次总统见达赖发表的声明中，自然也谈到了"西藏问题"，说是"美国支持达赖喇嘛就解决西藏问题提出的'中间道路'方案"，说"美国将继续敦促中国政府在无先决条件前提下恢复与达赖喇嘛及其代表的对话"。按照他们的说法，达赖提出的"中间道路"所要解决的就是"西藏问题"。那"中间道路"又是条什么路呢？说白了，就是一条渐进式的西藏独立之路。美国人不是说"美国承认西藏是中国领土的一部分，不支持西藏独立"吗？这不是自相矛盾吗？玩弄文字障眼法，本就是美国世界的一贯做法。所谓一贯者，贯穿新中国成立以来60多年的历史进程也。新中国成立前夕，美国发表的中美关系白皮书和其国务卿的信件，文字障眼法就已经相当的"成熟"；通过《毛泽东选集》第四卷的相关论述，也为国人所熟知。

达赖方面所说的"西藏问题"，流亡初期明确指向"西藏独立"，20世纪80年代以来（90年代中的数年除外），他们不再使用"西藏独立"的直接话语，而转向使用包含着若干具体内涵的"西藏问题"；而以美国为代表的西方国家使用同一表述，甚至早于达赖集团。1959年达赖一行出逃印度后，美国人就"教导"达赖方面，从策略上考虑，不要直接提"西藏独立"，最后促成联合国大会通过的决议案就是这一妥协性的产物，其关键词是人权。策略上着眼点的不同，一是有冷战背景的考虑；二是所谓"独立"缺乏法理的支持，——虽然后来达赖方面内部人员以及所聘用的"国际法专家"在法理上炮制一些观点，试图证明在国际法意义上"西藏独立"是可以成立的，但都无法自圆其说（用那些无法自圆其说的话语在舆论上炒作是另一回事）；三是还不具备"政治的承认"的条件，也就是说，中国还没有出现如同前南斯拉夫那样动荡分裂的局面，难以直接宣布承认"西藏独立"。

他们之所以使用"西藏问题"这种表述，就在于与"西藏独立"这个词相比，"西藏问题"这个词，少了一些语言上的刺激性。在他们把寻求西藏独立的目标采取分阶段实施的当今，更是具有欺骗性：支持者与操作者已经达成默契，不直接提独立问题，甚至可以公开表白不寻求独立，甚至说可以在中华人民共和国宪法框架范围内解决问题，而提出的口号则为"大藏区"范围内的"高度自治"。且不说这一主张本身就与宪法抵触，也不论达赖集团在印度所作的一切就是一个独立的架构，所谓高度自治，也就是独立的第一步而已。逻辑线路是清晰的，而又可以争取到舆论的同情，何乐而不为呢？

之所以达赖方面和在背后支持、怂恿他们的西方国家使用这一表述，还在于这个词的模糊性：不说寻求"西藏独立"这一根本目标，而为实现目标而实施的系列举措却不妨大张旗鼓地进行。这里面有着明眼人很容易就能看出的"凡是"论：凡是有利于实现其目标的话语，都可以拿来言说。人权灾难、文化灭绝、生态灾难、移民问题、宗教信仰打压……"西藏问题"成了一个无所不包的筐子，什么都可以拿来指责和攻击，至于是否存在人权灾难，是否在西藏进行了文化灭绝活动之类，完全是另外一回事；而在他们的持续数十年的话语炒作下，这些攻击所指似乎就成了无须证明的"事实"了。

三

要全面认识美国人的"西藏问题"观，必须要将之置于美国的对华战略层面来认识。美国的分化、西化、制华的对华战略是一贯的，不论是新中国成立后的不承认、全面封锁，还是20世纪70年代初开始实行主动接触，不论是建交后的所谓蜜月期，还是冷战结束之际实行的制裁策略，风风雨雨60多年，美国的对华战略从根本上讲没有变化。这也是美国人可以与中国谈建立新型大国关系，而不可能与中国谈建立战略伙伴关系的关键所在。

所谓"西藏问题"是美国对华战略中的一个重要方面，始终服务于总体战略需要。西藏和平解放以来六十多年，不同的历史时段，或者说不同的国际环境条件下，"西藏问题"或者美国人打"西藏牌"的力度有着明显的不同，阶段性特征突出，而"西藏问题"在美国对华战略中的位置又是始终如一的。笔者在另一篇文章中已经进行了分析。同样做出分析的还有"西藏问题"就是中美关系问题这一认识。

归结到一点，就是不要对达赖方面抱有幻想，放弃对美国在"西藏问题"上善意的幻想。理由很简单，美国对华基本战略不变，哪有改变配合战略的道理？

四

对于西方世界拿"西藏问题"说事，我们成功应对过。

以毛泽东同志为代表的新中国第一代领导人，坚信我们的社会主义事业是正义的，坚信社会主义道路代表着人类历史发展的未来，在处理少数民族和少数民族地区发展问题上实行民族区域自治制度，既是出于这种政治合法性的自信，更是一种成功的理论创新和制度创新。一直到20世纪80年代以前，我们牢牢地掌握着与"西藏问题"相关的话语主导权，我们一直在"说中国话"。达赖流亡集团的"冷战孤儿"感，当然有国际斗争环境造成的原因，更与话语主导权在我们掌握密切相关。

西方世界炒作"西藏问题"也曾给我们带来了很大的困扰。

20世纪80年代以来，美国集团及其支持下的达赖集团，在各种不同时期拿出不同的具体话语进行炒作的策略，产生了相当大的效力。误导、欺骗了国际舆论，"西藏问题"国际化至少在舆论层面已经成为一种现实。它影响到了我们的应对方式，20世纪80年代中期以后，他们一直在给我们出题目，而我们却在忙于作答，不自觉之中我们把自己放到了"辩诬者"的位置上。

所谓"辩诬者"方式，就是无意之中，把自己置于被告的位置，囿于他人话语来为自己辩护的方式。针对1925年英国人枪杀中国人的"五卅惨案"，鲁迅先生就指出了国内舆论采用这种辩护方式的不当："无论是谁，只要站在'辩诬'的地位的，无论辩白与否，都已经是屈辱。更何况受了实际的大损害之后，还得来辩诬。"英国巡捕射杀中国人给出的理由是两条：一是赤化，二是暴徒。当时"我们并不还击，却先来赶紧洗刷牺牲者的罪名，说道我们并非'赤化'，……我们并非暴徒"。先生追问的是："我不解为什么中国人如果真使中国赤化，真在中国暴动，就得听英捕来处死刑？"因为受到诬蔑，"因此我们就觉得含冤，大叫着伪文明的破产"。先生说，"可是文明是向来如此的，并非到现在才将假面具揭下来。""公道和武力合为一体的文明，世界上并未出现"。① 应对达赖集团和美国世界抛出的"西藏问题"，如果我们在他人预设的"罪名"中进行辩解，无论在形式上成功与否，都是失败。以"辩诬者"的自我定位去回应，即使往前走一步，也难以收到合适的效果。

奥巴马第一见达赖推迟了不少时间，因为他要访华；第二次见达赖则在见的方式上做些文章：试图尽可能地降低对于中美双边关系的影响。在整个"操作规程"上，美国人拿捏准了我们使"中美关系重新走上正轨"的大体路径。对西方国家集团，我们曾经使用经济武器来应对，绕开政府首脑见了达赖的国家，给未见的国家以采购大单，希望能够传递"不要干涉中国内政""不要见达赖"的信号，一时的效果不能说没有，总体上看，实在寥寥，如果不是说被西方世界利用的话。当美国总统见了达赖之后，中美关系进入某种轨道上，美国方面则通过某种常规方式喊话，说是美国总统认识到了这事对于中国的重要性，然后再做出一些低姿态的举动，不久中美关系又回到正常轨道上来。从老布什以来，20年里，美国人的这套做法一直在重复着。这是党的十八大之前我们应对的大体路径。

五

以美国为首的西方国家是有长远图谋的——这就是为什么不管他们选择的是什么样的总统、首相、总理，他们都能按照某种路径行事；对于可能利用到的牌，西方世界也决不会放弃使用。美国人每次见达赖后，都会

---

① 鲁迅：《华盖集》，人民文学出版社1980年版，第78—79页。

说"认识"到这个问题对于中国的重要性。只是要认清，他们说"认识"到问题的存在，并不意味着会去解决问题。他们在说着"认识"话语的同时，从来没有说过"接受"的表达；认识与接受本就在两个完全不同层面上。

我们要把美国集团领导人见达赖之事置于恰当位置。"西藏问题国际化"，从舆论层面上看，是达到了目的的，而从实质上，也就是在对达赖集团的定位上，仍然没有一个国家的政府承认"流亡政府"的合法性，没有一个国家的政府否认中国对西藏的主权。

美国总统"见"达赖，毫无疑问是件大事情，因为它直接干涉了我们国家的主权。而如果我们立即采取针锋相对的措施来应对，那就有可能陷入到他们的套中。以前的处理方式既然没有多大的效果，暂时还没有更有效的反制手段，何妨进行冷处理。大半年的时间过去了，我们看到，在策略上"不太把它当回事"也没有什么大不了的；对于达赖集团及其西方支持势力，我们的冷处理，大大降低了他们利用"见"的平台以制华的效果。当然，既然损害了我们，我们就决不能置之不理，至于"理"的方式和时机，主动权在我。这也是一种自信的表现。

这次中国方面在进行口头上的交涉和表态外，实质上保留了后发制人的方式，也就没有了美国人"为缓和关系"做出的所谓"认识到西藏问题在中美关系中的重要影响"之类的、给自己也给中国"下台阶"的说法，自然，也就谈不上如何"使中美关系重新走上正轨"的一套外交举措。

2014年3月24日，习近平主席在出席荷兰"核安全峰会"期间会见奥巴马时强调，在台湾、涉藏问题上，美方应该恪守尊重中国主权和领土完整、不支持旨在分裂中国活动的承诺。东海、南海问题上，美方应该采取客观公允态度，分清是非，多做有利于推动问题妥善解决和局势缓和的事。"奥巴马重申，在台湾问题、涉藏问题上，美方尊重中国的主权和领土完整，这一立场没有变化。"习近平主席实际上是在批评美国不遵守其承诺，整体上论及，也就是把"见"之事置于一个合适的位置来看待：具体到这件事情上，美国损害了我们，从实质意义上说，达赖集团"挟洋自重"的企图什么也改变不了；而奥巴马的回应很有意思，一是企图撇清他们干涉中国内政的实质，二是继续玩弄表述障眼法，为继续干涉中国内政留下"后门"：我说的是尊重，没有说接受啊？

六

　　讨论到这里，似乎是说，因为有达赖集团在那儿，有支持其搞分裂活动的美国集团在那儿，而且将长期影响到西藏社会的安定，西藏社会和谐稳定的局面就难以实现了？当然不是。

　　虽然有难度，但是还是有解决的办法的，用通俗的话说就是做好我们自己的事情。毕竟，西藏社会的和谐稳定从根本上并不取决于外部因素。近年来，在维护西藏社会稳定上，我们下了很大功夫，确实取得了明显的效果，社会表现出了持续稳定的态势。同时，也付出了一定的社会代价，离建设和谐稳定的社会目标还有相当的距离。我们不妨从当前影响西藏、藏区社会稳定的重大事件逆推，从社会环境的改造入手来做工作，即，改造我们的文化生长环境，改造我们的文化成长环境。所谓"民意如流水，民心大如天"，真正做到"争取人心"，让一切试图通过鼓动内部动荡而达到分裂图谋的势力无机可乘，有赖于一个良好的文化环境。这是一个很大的题目，也是一个长期的题目。

2014 年

编后记

集子在上半年就编好了，写了简略的《编后记》。我本以为，这就可以了。后来说是有统一的体例上的要求，必须同时有前言和后记。写完《写在前面的话》，重新写这编后语。

首先是为什么要编这本书？

可以说远一点。自己还是一名公务员的时候，也就是1998年以前，读到张承志先生的文字，他用"出版自己的奢侈感"来形容其作品结集出版的感受，他表达了对一个古老辉煌文明的敬畏。"出版自己的奢侈感"，对我，这种感受始终存在，一直存在，在出版业畸形繁荣的现在，还别有一番滋味。

在《〈政治经济学批判〉序言》（1859年1月）里，马克思说，"它们是在相隔很久的几个时期内写成的，目的不是为了付印，而是为了自己弄清问题"。这序言里，马克思谈及了"实际上是把我们从前的哲学信仰清算一下"而写作的《德意志意识形态》，说到这部书稿出版之不能，"既然我们已经达到了我们的主要目的——自己弄清问题，我们就情愿让原稿留给老鼠的牙齿去批判了。"实际上，后来找到了书稿，也确实受到了"老鼠牙齿的批判"。

引用马克思的话，不是想进行自我表彰。这些文字，远远没有达到弄清问题的目的，结集出版的必要性又有多大呢？

与文字打交道这么多年，留下了不少的文字，但是一直没有把它们结集出版的想法。2015年属于大庆年份，对于西藏自治区，对于西藏社会科学院，都是如此。如果不是有此机缘和敦促，也就不会有它的出现了。

集子里收录哪些文字？

用"言说西藏的方式"的书名，容易让人产生误解。要说明的是，它不是一种傲慢的姿态，不是想立标杆（我还不至于如此不知天高地厚）。其实，完整的表述应该是："言说西藏的方式之一种"，或者是"我的言说西藏的方式"，而这两种表述又不太像书名。

书名也大致标出了主题范围，编在这里的，当然只是其中主题相近的文字。自己以为关系不大的，不编入；也有曾在学术刊物上发表的文字，后来以更充分的表达写在了《甲玛沟的变迁》一书中，不编入；不便公开刊出的，当然也不编入。也不是所有可以公开的、是说这个主题的都编入，其中有文字量的要求。也不限于到西藏社会科学院以后的文字，之前的文字也收了一篇。

编入集子的文章，与发表时的文字略有修改，修改只涉及"技术性"方面，不涉及观点认识。人的认识不是一成不变的，这些文章中的一些认识，现在已经有了一些改变，将来如果有机会，会把它们写出来的吧，不是在编这集子时要做的事。

这不是一本论文集，编入的文字有好几篇是"非论文"的文字；即使在学术刊物上发表的文字，也并不都是"论文"式的。想说的话，自己以为还有点意思的话，并不一定都要以"论文"形式来表达；有的也不适合写成论文。当然，这只是我个人的想法。

说实在的，我自己看重的文字还是那些"半学术不学术的东西"（李零语）。本来自己就是一个"半路出家"之人，也从未以"专家"自居（在某种语境里，专家一词已然变味、变馊）。实际上，我一直是以"读书人"自居的。我就是一读书人，读有字的书，读无字的书。读着，便会生出一些想法，有时会形诸笔墨，有时也只是在口头上说说。写下来的，说出来的，多少会想着要有点意思。

"研究"生涯，参加过不少讨论会。按照惯例，会前要提交文章；又有一个惯例（我没说惯例就是好的），讨论会上是有时间限制的，一般在十分钟左右。我基本上不说"提交文章"上的话，有点关系，会说开去。偶尔也会遇到时间富裕的时候，也就能够说出完整的意思来。这些发言，虽然也是在言说西藏，却有不合时宜之处，这集子里一篇也没有。根据提交的会议文章，修改后发表的，集子里倒是有，《曼陀罗：西藏发展的认识问题》《清代乾隆治藏特点评析》就是。《西藏传统受到忽视的一面》是为一次讨论会准备的，后来，会议取消了。

大致从十年前开始，我就看淡了文字的发表。事实上，那些以课题、项目形式完成的文字，不能正式发表的、没有发表的居多。这个集子里收录的文章，有几篇是在友人的催逼下完成的。现在想来，如果没有他们的压力，那些与课题无关的文字，没准还躺在笔记本里。应该向这些朋友表示感谢。有时，文章写成了，常搁在那儿，是熟识者的一再约稿而刊发出来的。

文章的编排，不是按照写作时间的先后，而是简单地做了一点归类处理。每篇文章之后，署了一个时间，大致是，早期的文章署的是发表的时间，后来的则为写作的时间。没有一一注明刊载的报刊，它们是：《西藏研究》《调查与研究》《西藏党史资料》《学员研究报告》《西藏档案》《西藏旅游》《中国民族报》《美与时代》《西藏文化报》，有一篇首刊于一本纪念文集。这些刊载过我的文字的报刊，有两种已经停了。

画家徐冰回顾年轻时把心思用在木刻画上的经历，非常感慨，"一个人一生中，只能有一段真正全神贯注的时期。我的这一时期被提前用掉了，用在这不问内容只管倾心创作的油印刊物上了"。现在，回想一下，我也曾经有过类似的"美好时光"。那时，自己30多岁，无牵无挂，是做"甲玛沟的变迁"的时光，虽然后来出版的书中留下了一些只有自己明白的遗憾，但是做这件事的一年多时间，正是自己的一段"全神贯注的时期"，值得怀念。

读无字之书，可以勉强划分为两档子：社会、人生。读明白，都不容易。人生这部书，要读明白，就更难。套用诗人西川的说法，我常常自诩懂得人性，只要是在底线范围内的，那些小把戏、小聪明，我可以不去理会。而世事人心，却每每出人意料。

我喜爱的哲学家维特根斯坦，有一句很有名的话，就是《逻辑哲学论》里的最后一句："对于不可说之事，保持沉默。"我敬重的哲学家冯友兰先生，有一本很有名的书，《中国哲学简史》，最后一句话是这样的："人必须先说很多话，然后保持静默。"

西川为他的随笔集《让蒙面人说话》写有一篇"命中注定的迟到者"的"自白"，有这样几句话："……难于拒绝的事物如此之多，难于抵抗的命运如此强大。生活的变化使我目瞪口呆，广识多见平添了我的伤感。置身于人流之中，置身于有关金钱、权力、性……等等问题的交谈之中，……当我观注我自己，当我把自己与他人区分开来，我不由感到：有多少往事，多少恐惧，多少沉思，需要回避！"西川的人生体验，当然与我大不相同，从他的感叹之中，我似乎看到了自己。

郭克范

2015 年 9 月 13 日